ORIGINALS
開創心態

華頓商學院最具影響力教授，不墨守成規的破局智慧

Adam Grant
亞當・格蘭特——著 姬健梅——譯

HOW NON-CONFORMISTS MOVE THE WORLD

Originals

來自各界的讚譽

《開創心態》是我讀過最重要、最引人入勝的書籍，
充滿了令人驚訝而又有力的觀念。此書不僅會改變你看待世界的方式，
甚至可能改變你度過人生的方式，也很可能將會激勵你去改變你的世界。

臉書營運長◆雪柔・桑德伯格

我曾創辦了數百家企業，從航空公司到鐵路公司，從音樂到手機，
如今還創辦了一個太空航線，
我最大的挑戰和成功來自於說服其他人用不同的方式來看待這個世界。
《開創心態》揭示了你如何能做到這一點，
並且將協助你激發創造力和改變。

維京集團創辦人◆理察・布蘭森爵士

《開創心態》這本書既迷人又令人大開眼界，
不僅能幫助你辨認出自己的獨特天賦，
也能幫助你找到力量來質疑傳統的智慧，讓你的天賦得以發揮。
亞當・格蘭特援引出人意料的研究結果和引人入勝的故事，
精采地說明該如何提倡新想法，打破長久以來阻止我們前進的迷思，
而且不僅改變我們的人生，也改變我們的世界。

《哈芬登郵報》共同創辦人◆**雅莉安娜・哈芬登**

這本極具娛樂性的非凡作品讓我們對於變動的時代有了新的了解。要如何才能做出有意義的改變？而你又該如何把此一洞見應用在自己的生活中？
亞當・格蘭特揭穿了成功故事的神話，質疑大家長期以來對於固有程序的信念，
找出那些促成深刻變革的人的共同點，給了我們強而有力的全新視角，
不僅是針對我們在這個世界上的位置，也針對我們徹底顛覆這個世界的潛力。

電影《不可能的任務3》、《星際大戰：原力覺醒》導演◆**J. J. 亞伯拉罕**

一本非趕緊去讀不可的書！一部具有開創性的作品，每一頁都會令你驚奇！
針對何謂具有創造力以及要促成改變需要做些什麼，
亞當・格蘭特改變了我們的預期。跟你所關心的每一個人分享這本書！

《紫牛》作者◆**賽斯・高汀**

閱讀《開創心態》
讓我自覺就像在一場晚宴中坐在亞當・格蘭特對面，
他是我最欣賞的思想家之一，
他的真知灼見和他對世界的奇妙新看法讓我興奮無比。

《異數》作者◆**麥爾坎・葛拉威爾**

有時候我們會覺得自己必須精通每一件已存在的事物，
才能掙得去做一件全新事物的特權，
亞當・格蘭特讓我們知道事情並非如此，
這是他的一大成就。有他這樣的引導者是我們的幸運！

PayPal共同創辦人◆**彼得・提爾**

亞當・格蘭特針對創造力而寫的新書《開創心態》將再次激勵許多人，並且讓許多人驚訝。

《富比世》雜誌

你想成為下一個賈伯斯嗎？在這本內容豐富而又實用的書裡（此書是對不遵從主流的頌歌），華頓商學院組織心理學教授格蘭特提出了幾個違反直覺的步驟讓你能夠做到（或者至少是更接近這個目標）。

《財星》雜誌

推薦序

這本書不僅會改變你看待世界的方式，也將激勵你去改變你的世界！

臉書營運長及非營利組織LeanIn.Org創辦人
雪柔・桑德伯格

亞當・格蘭特是寫《開創心態》的最佳人選，因為他本身就是個開創者。

他是位優秀的學者，熱情地鑽研如何激勵人心這門學問，打破迷思，揭示真相。他是個以知識為根據的樂觀主義者，提供了洞見與建議，針對我們如何能使世界變得更好，不管是在家裡、在職場上，還是在社區裡，而且是人人都能做到。他是個慷慨付出的朋友，鼓勵我相信自己，也幫助我了解該如何有效地提倡我的理念。

亞當對我的人生影響至大。隨著這部精采著作的每一頁，他也將啟發、激勵、支持你。

打破迷思的人

一般認為有些人天生具有創造力，而多數人都鮮有創見；有些人是天生的領袖，其餘的人則追隨在後；有些人具有真正的影響力，但大多數人做不到。

在《開創心態》這本書裡，亞當推翻了所有這些假定。他證明了人人都能提升自己的創造力，向我們揭示要如何辨識出真正具有創意的點子，如何預測哪些點子能夠成功。他告訴我們何時該信賴自己的本能，何時該仰賴他人，也讓我們知道該如何藉由培養孩子的開創力而成為更好的父母，如何藉由鼓勵多元想法以取代清一色的想法而成為更好的經理人。

在這本書裡，我學到了偉大的開創者未必具有最深厚的知識與技能，但卻能找出最寬廣的視角。我看見了要獲致成功往往不在於搶得先機，而在於耐心等候適當的時機。而令我大為震驚的是，我學到了拖延可以是件好事。凡是曾和我共事的人都知道我多麼痛恨把事情拖到最後一分鐘，都知道我一向認為凡是能做的事就該馬上去做。如果我能鬆手放掉自覺事事都得儘早完成的這份持續壓力，馬克・祖克柏和其他許多人都會感到高興，而且如同亞當所指出的，這說不定能幫助我和同仁獲得更佳成果。

以知識為根據的樂觀主義者

我們每天都會碰到喜愛的事物，也會碰到需要改變的事物。前者帶來喜悅，後者激起想要改變世界的渴望——最好是變得優於現狀。然而，試圖改變根深蒂固的想法與行為大為不易。我們接受現狀，因為要促成真正的改變似乎不可能。儘管如此，我們敢於去問：單一個人能促成改變嗎？而在最勇敢的時刻，我們會問：這個人可以是我嗎？

亞當明白確鑿地給了肯定的答覆。本書證明人人都能提倡改善周遭世界的理念。

朋友

我結識亞當的時候適逢他的第一本書《給予》在矽谷引起了廣大迴響。我讀過之後就立刻開始向任何願意聆聽的人引用這本書的話。亞當不僅是個才華洋溢的學者，也具有講學和說故事的天分，能夠以簡單明瞭的方式解釋複雜的概念。

後來外子邀請亞當去向他的工作同仁演講，還帶他回來和我們共進晚餐。亞當本人就和書裡的他一樣卓越不凡，他擁有百科全書般的知識，而且他的活力能夠感染別人。他和我談起他的研究如何能夠替有關性別的討論定調，於是我們開始合作。從那時起，我們就進行研究，撰寫一系列關於女性與工作的專欄文章。我所創立的非營利組織LeanIn.Org從他縝密的分析以及對平等理念的投入獲益良多。

一年一度，「臉書」會把全球各地的工作團隊聚在一起，二〇一五年我邀請了亞當來做專題演講。每個人都對他的智慧和幽默佩服得五體投地。過了好幾個月，大家仍然在談論他的真知灼見，並且把他的建議付諸實行。在這段時間裡，亞當和我成了朋友。當悲劇發生，外子驟逝，亞當挺身出手幫忙，只有真正的朋友才會這麼做。面對我人生中最壞的時光，他的處理方式就像他處理每一件事一樣，結合了他對心理學的獨到理解和無比的慷慨。當我以為我的心情再也不會好轉，他從東岸飛到西岸來向我說明我能做些什麼來療傷。當我想不出該如何應付一個格外令人傷心的情況，他幫助我在無計可施時找出解決辦法。當我需要有個肩膀讓我倚著哭泣，他總是在那兒。

在「朋友」這個字眼最深刻的意義上，朋友是比你自己在你身上看出更多潛力的人，幫助你成為最好的那個你。對每一個讀這本書的人來說，此書的魔力在於亞當就成了這種朋友。他提供了大量建議，讓我們克服懷疑與恐懼，讓我們勇於發言並且提出想法，讓我們在最意想不到的地方找到盟友。他提供了實際的指引，針對如何處理焦慮、疏導怒氣、在我們的缺點中發現優點、克服障礙，並且帶給他人希望。

《開創心態》屬於我讀過最重要、最引人入勝的書籍，充滿了令人驚訝而又有力的觀念。此書不僅會改變你看待世界的方式，甚至可能改變你度過人生的方式，也很可能將會激勵你去改變你的世界。

CONTENTS

獻給愛麗森

CHAPTER 1

創造性破壞

不同流俗是件有風險的事

明智之人讓自己去適應這個世界，
不明智之人執意努力讓世界去適應他。
因此，一切進步都仰賴不明智之人。

蕭伯納
愛爾蘭作家

在二〇〇八年一個涼爽的秋夜，四名研究生著手研究，試圖顛覆眼鏡產業。他們都背負著沉重的貸款，都曾經弄丟或弄壞了眼鏡，而購買一副新眼鏡的費用高得令人氣憤。其中一個人五年來都戴著同一副破眼鏡：他用一根迴紋針把鏡框別住。儘管他的配鏡處方箋已經更改過兩次，他還是拒絕花錢購買昂貴的新鏡片。

Luxottica這個集團是眼鏡業的巨人，掌控了八成的市場。這幾名研究生得要打倒這個巨人，才能使眼鏡變得更平價。他們最近觀察到Zappos這家公司，透過在網路上賣鞋而徹底改變了鞋業，他們希望自己也能在眼鏡業如法炮製。

當他們隨口向朋友提起這個主意時，總是招來尖刻的批評。他們的朋友堅稱，絕不會有人透過網路來買眼鏡，因為買眼鏡時必須要先試戴。沒錯，Zappos在網路上賣鞋的構想是成功了，但是之所以沒人在網路上賣眼鏡是有原因的。他們一再聽見朋友說：「假如這是個好主意，早就有人去做了。」

這四名研究生都沒有電子商務及科技方面的背景，更別提在零售業、時尚業或服飾業的經驗。儘管別人都說他們的主意太瘋狂，他們卻放棄了薪資優渥的工作機會，創立了一間公司。他們打算在網路上賣眼鏡，以九十五美元的價格出售平常在店裡要賣五百美元的眼鏡，每售出一副，就捐出一副給開發中國家需要眼鏡的人。

這門生意仰賴一個運作良好的網站。沒有運作良好的網站，顧客就無法檢視或購買他們的產品。在手忙腳亂地架設起一個網站之後，二〇一〇年二月，他們終於得以在開張營運前夕的凌晨四點把網站放上網路。他們替這間公司取名為Warby Parker，結合了小說家凱魯亞克（Jack Kerouac）筆下兩個人物的名字，凱魯亞克激勵他們掙脫社會壓力的束縛，展開冒險。他們欽佩凱魯亞克的叛逆精神，並把這種精神注入他們的企業文化。而此舉最後成功了。

這四個研究生原本預計每天能賣出一、兩副眼鏡，可是當GQ雜誌將他們譽為「眼鏡界的Netflix」，他們在一個月之內就達成了第一年整年的銷售目標。銷售速度之快，使他們不得不把兩萬名顧客放進候補名單上。他們花了九個月才備置了足以滿足需求的庫存量。

把時間向前快轉到二〇一五年，當《快速企業》雜誌（*Fast Company*）發布了一張全球最具創新精神的企業名單，Warby Parker不僅名列其中，而且高居榜首。之前三屆的冠軍分別是「google」、「Nike」和「APPLE」，都是員工超過五萬人的創新巨擘。Warby Parker這家新創企業是其中的新秀，只有五名員工。在五年的時間裡，這四個朋友建立起一個風行全球的潮牌，並且捐出超過一百萬副眼鏡給需要的人。這家公司每年的淨利高達一億美元，公司價值估計超過十億美元。

再把時間轉回二〇〇九年，這四名創辦人當中的一位，來向我推銷這家公司，希望能提供我投資Warby Parker的機會，但我婉拒了。

那是我這輩子做過最糟的財務決定，而我需要弄清楚我錯在哪裡。

original，形容詞，事物的開端或來源；某件事物從中發生、開展或衍生。

original，名詞，一件性質獨特的事物，一個與眾不同而且吸引人或受人矚目的人，具有新鮮創意或創造力的人。

許多年前，心理學家發現，想獲致成就有兩種途徑：順從主流或開創。順從主流，表示隨著眾人走既定的道路並且維持現狀。開創則是另闢蹊徑，提倡一套雖然違反主流，最後卻能改善現狀的新想法。

當然，我們都會向身邊的世界學習，這影響了我們的所有想法，在這層意義上，沒有什麼能說是全然開創。我們時時都在借用別人的主意，不管是有意或無心。我們都可能患上偷竊癖，不小心把別人的點子記成自己的。我對「開創」的定義是：在某個特定領域引進並倡導一個相對而言不尋常的點子，而且這個點子具有改善此一領域的潛力。

開創本身始於創造力：想出一個既新穎又有用的概念。但開創者不僅止於此，開創者會採取主動，使他們的願景成真。Warby Parker的創辦人具有開創力，想出了跳脫常規的方式在網路上賣眼鏡，但他們也是藉由採取行動，使得眼鏡容易取得並且價格合理，因此成為開創者。

這本書要談的，是我們如何變得更有開創力。而你上網時所使用的瀏覽器，就提供了一個令人驚訝的線索。

看出預設狀態的不足

不久之前，經濟學家麥可・豪斯曼（Michael Hausman）主持了一個研究計畫，想弄清楚為什麼有些客服人員任職的時間會比較長。他收集超過三萬名客服人員的數據資料，他們替銀行、航空公司和手機公司接電話，而他推測這些客服人員的就職紀錄，也許能透露出他們對工作投入的程度。他原以為常換工作的人會比較快離職，但事實卻並非如此：與五年來都做同一份工作的人相比，過去五年內做過五份工作的人離職的可能性並沒有比較高。

為了找出更多線索，他注意到從自己研究團隊保存的資料中，可以看出這些員工上網登錄求職時是使用哪一種瀏覽器。他靈機一動，檢查了員工對瀏覽器的選擇是否可能與離職有所關聯。他原本並不覺得這有任何關聯，這個對瀏覽器選擇的假設純粹是他的個人偏好。但檢驗結果卻令他大為驚訝：與使用ＩＥ或是Safari的人相比，使用Firefox或Chrome來瀏覽網頁的人，任職的時間要長百分之十五。

豪斯曼認為這是個巧合，於是針對這些員工請假的狀況做了同樣的分析。分析結果出現了相同的模式：與喜歡使用ＩＥ和Safari的人相比，使用Firefox和Chrome的人請假的比例要少百分之十九。

然後他看了看工作績效。他的研究團隊收集了將近三百萬個有關銷售成績、顧客滿意度及平均通話時間的數據。使用Firefox和Chrome的人，他們的銷售量明顯較高，通話時間則較短。他們所服務的顧客也比較滿意：任職九十天後，使用Firefox和Chrome的人就達到了ＩＥ和Safari使用者在任職一百二十天後才達到的顧客滿意度。

致使他們工作穩定、出勤可靠、做事成功的並非瀏覽器本身，而是他們從「選擇瀏覽器」這件事上所表現出的習慣。為什麼使用Firefox和Chrome的人對工作更投入，而且在每一項衡量標準上都表現較佳？

顯而易見的答案，是他們對科技比較在行，於是我問豪斯曼能否評估這一點。那些員工都做過一項電腦能力測驗，不只評量他們對鍵盤快速鍵、電腦軟體及硬體的知識，也對他們的打字速度做了計時測驗。結果顯示，使用Firefox和Chrome的人並不明顯具備較多的電腦技能，打字也沒有比較快或比較準確。就算把這些分數考慮進去，瀏覽器效應依舊存在。他們的優勢並非源自技術知識與技能。

真正造成差異之處，在於他們**如何**取得那個瀏覽器。如果你有一部個人電腦，微軟的Windows內建了ＩＥ瀏覽器。如果你用的是蘋果電腦，電腦裡預設的瀏覽器就是

Safari。將近三分之二的客服人員都使用預設的瀏覽器，從未質疑是否還有更好的瀏覽器可供使用。

要取得Firefox或是Chrome，你必須要展現出一點智慧，並且下載一種不同的瀏覽器。你並非單純接受預設值，而是採取主動，去尋找一種可能更好的選項。而這個主動之舉，就能讓人看出你在工作上的表現，不管這個行動有多小。

接受電腦預設的ＩＥ或Safari瀏覽器的客服人員，以同樣的方式處理工作。他們打銷售電話時照本宣科，處理客訴時遵守標準作業程序。他們將視職務內容為固定不變的，因此一旦對工作不滿意，他們就會開始請假，最後乾脆離職。

那些主動把瀏覽器改成Firefox或Chrome的員工，處理工作的方式就不同了。他們會尋找新的方式去向顧客推銷，並且會設法處理顧客關心的事。碰到自己不喜歡的情況，他們會去改善。由於他們主動改善了自身的環境，因此沒有離職的理由。他們創造出自己想要的工作。但他們是例外，而非常態。

我們活在一個ＩＥ的世界。一如將近三分之二的客服人員使用電腦上預設的瀏覽器，我們當中的許多人接受了自己人生的預設狀態。在一系列引發討論的研究中，政治心理學家約翰・喬斯特（John Jost）試圖探究，世人面對「不如人意的情況」會做出何種反應？相對於歐洲裔美國人，非洲裔美國人對自己的經濟情況比較不滿意，但卻**更**認為經濟上的不平等乃是合理而正當的。相對於收入最高者，收入最低者認為經濟上的不平等乃屬必要的可能性要高百分之十七。被問到他們是否會支持立法限制公民與媒體批評政府的權利，假設制訂這種法律乃是解決國家問題的必要之舉，相較於收入最高者，收入最低者願意放棄言論自由權利的人數多達兩倍，而且劣勢族群比優勢族群更為一致地支持維持現狀，喬斯特和他的同事做出結論：「說來矛盾，在現狀之下受害最深的人反而最不會去質疑、挑戰、拒絕或改變現狀。」

為了解釋這個奇怪的現象，喬斯特的研究團隊發展出一套「制度正當化」理論。其核心概念是：人有動機把現狀合理解釋，將之正當化，哪怕現狀直接與他們的利益相牴觸。在一項研究中，他們追蹤美國二〇〇〇年總統大選前的民主黨與共和黨選民。當小布希的民調上升，共和黨員對他的評價更高，但民主黨員也一樣，他們已經準備好把預料中的現狀視為正當。在高爾獲勝的可能性提高時也發生了同樣的情況：共和黨員和民主黨員都比較看好他。不管政治上的意識型態為何，當一名候選人似乎注定將會獲勝，民眾就更喜歡他，而當他獲勝的可能性下降，民眾也就比較不喜歡他。

把預設的體制正當化，具有撫慰人心的功能。這在情感上是一劑止痛藥：如果世界**理應**如此，我們也就無須感到不滿。但是這樣默默接受，也會使我們喪失反抗不公不義的道德心，剝奪了我們去思索這個世界可能有別種運作方式的創造力。

開創的特徵在於拒絕預設狀態，並且探索是否還有更好的選項。我花了超過十年的時間來研究這一點，結果發現這遠遠不像預料中那麼困難。

起始點是好奇心：去思索預設狀態何以會存在。當我們體驗到「重新相識」（vuja de）——「似曾相識」（déjà vu）的相反，就有動力去質疑預設狀態。「似曾相識」是當我們遇見某種新事物，卻覺得似乎以前就見過。「重新相識」則正好相反：面對某種熟悉的事物，卻用一種新鮮的眼光去看，使我們能在老問題中看出新意。

假如沒有一次「重新相識」，就不會有Warby Parker這家公司。那四位創辦人坐在電腦實驗室裡構想出這家公司的那一夜，他們合計有六十年戴眼鏡的歷史。眼鏡這個產品一向貴得離譜，但是在那一刻之前，他們把現狀視為理所當然，從未質疑過預設的價格。共同創辦人吉爾博（Dave Gilboa）說：「我從沒想過要去質疑。我一直認為眼鏡是醫療用品，我理所當然地假定如果賣眼鏡給我的是一位醫生，要賣那個價格總是有道理的。」

他最近有在蘋果商品直營店前排隊等候購買iPhone，他發現自己把眼鏡和手機這兩種商品拿來比較。將近一千年來，眼鏡就是人類生活的一部分，而且從他祖父的年代以來幾乎不曾改變。生平第一次，吉爾博納悶眼鏡的價格何以如此高昂。為什麼如此簡單的產品竟比一只複雜的智慧型手機還要昂貴？

任何人都可以提出這些問題，並且得到和Warby Parker團隊相同的答案。當他們對眼鏡價格何以如此高昂感到好奇，並開始針對眼鏡業做了些調查，從而發現這個產業被一家名叫Luxottica的歐洲公司掌控，該公司在前一年大賺了超過七十億美元。吉爾博說：「一得知同一家公司擁有亮視點、Pearle Vision、雷朋和Oakley等品牌，還擁有販售香奈兒及普拉達處方箋鏡框與太陽眼鏡的授權，我頓時明白了眼鏡何以如此昂貴。這些商品的成本中，沒有一項能證明這個價格是合理的。」Luxottica利用了自己在市場上的壟斷地位，所收取的費用是成本的二十倍。這個預設狀態並非原本就合理，而是某一家公司裡一小群人做出的決定，而這也表示，另一群人可以做出另一種決定。吉爾博忽然明白：「我們可以換一種方式來做，我們可以掌控自己的命運，可以自己來掌控價格。」

當我們對自己生活環境中令人不滿意的預設狀態感到好奇，就可以看出這些狀態大多有其社會淵源：規則和體制是世人創造出來的。唯有意識到這一點，才能讓我們有勇氣去思索該如何去改變這些規則和體制。在美國婦女取得投票權之前，許多女性「都把她們遭到貶抑的地位視為理所當然」，歷史學家珍・貝克（Jean Baker）說。當婦女爭取投票權的運動逐漸壯大，「愈來愈多的女性開始看出現行的社會習俗、宗教戒律和法律其實都是由男性所造，因此是可以翻轉的。」

雄心的兩面

接受預設狀態的壓力開始得遠比我們意識到的更早。如果要我們思考哪些個體在長大之後可能改變世界，我們最先想到的一群人大概會是天才兒童。這些天才兩歲就能閱讀，四歲就能演奏巴哈，六歲就能輕鬆演算微積分，八歲就能流利地說七種語言。他們的同學又羨又妒，他們的父母大喜過望，彷彿中了樂透。不過，借用詩人艾略特的詩句來說，他們的事業卻往往不是轟轟烈烈地結束，而是戛然而止。

事實是，神童長大後很少去改變世界。當心理學家研究歷史上最傑出、影響力最大的人物，他們發現許多傑出人物小時候都不是特別有天賦。而你若是去蒐集一大群神童的資料，追蹤他們的一生，你會發現，比起家境相似但不如他們早慧的同儕，他們並沒有更為出色。

直覺上，這件事似乎講得通。我們假設天才兒童具備讀書的聰明，缺少生活上的聰明。他們固然智能出眾，卻缺少能使他們在社會上發揮作用的社交、情感和實用技能。可是只要再看一下證據，就會發現這種解釋有所不足：有社交問題和情緒問題的天才兒童不到四分之一。絕大多數的天才都適應良好，在雞尾酒會和拼字比賽中一樣討人喜歡。

雖然神童往往既有天賦又有雄心，但他們沒有學到要有「開創性」，這阻礙了他們推動世界前進。當他們在「卡內基音樂廳」表演，贏得「奧林匹克科學獎」，成為西洋棋冠軍時，一件可悲的事發生了：練習可以使技巧臻於完美，但是單靠練習卻創造不出新事物。天才兒童能學會演奏莫札特不同凡響的旋律、貝多芬優美的交響樂，但從未譜出原創的樂曲。他們專注於吸收現有的科學知識，而非提出創見。他們遵守現有遊戲的既定規則，卻不是創造出自己的規則或發明自己的遊戲。他們一直努力贏得父母的認可和師長的讚美。

研究顯示，最具有創造力的孩童最難成為老師的寵兒。在一項研究中，小學老師列出他們最喜歡和最不喜歡的學生，然後在一張性格特徵表上評估這兩組學生。最不討老師喜歡的學生，是那些自己訂出規則、不遵從主流的孩子。老師往往歧視具有高度創造力的學生，替他們貼上喜歡惹事的標籤。因此許多孩子迅速學會配合課程，把開創性的想法留在心裡。用耶魯大學教授威廉・德雷謝維奇（William Deresiewicz）的話來說，他們成為世界上最優秀的綿羊。

成年之後，許多神童成為自己那個領域的專家以及所屬機構的領袖。然而，「只有極少數天才兒童最後成為具有革命性的開創者」，心理學者艾倫・溫納（Ellen Winner）惋惜地說，「那些做到的人必須經歷痛苦的轉變」，從「在某個既定領域學得又快又輕鬆」的兒童轉變成為「最終改造此一領域」的成人。

大多數的神童從未做到這個轉變。他們用平凡的方式應用自己非凡的能力，精通自己的工作，不去質疑預設狀態，也不掀起波瀾。不管投身哪一個領域，他們都只求穩紮穩打，遵循傳統的成功途徑。他們成為醫師，能治癒病人，卻沒有努力去改善使許多病人負擔不起醫療費用的不良制度。他們成為律師，替觸犯落伍法律的委託人辯護，卻從未試圖去改變法律本身。他們成為老師，規劃生動的代數課程，卻不去質疑學生是否有必要學習代數。我們固然需要這些人來讓世界順利運作，他們卻讓我們原地踏步，無法前進。

神童受阻於「成就動機」。世上許多最偉大的成就，都源自於「想要成功」的動力。當我們下定決心要出類拔萃，我們就有能量工作得更賣力、更持久、更聰明。但是，隨著文化成就的累積，開創性卻越來越被少數專業人士所掌握。

當成就動機有如天一樣高，就可能會排擠開創性：你愈看重成就，就愈害怕失敗。強烈的成功欲望驅使我們去努力追求保證能獲致的成功，而非去追求獨一無二的成就。如同心理學者托德・陸伯特（Todd Lubart）和羅伯・史坦伯格（Robert Sternberg）所言：「人在企圖獲致成就時，一旦越過了一個中間水準，有證據顯示他們會變得較無創造力。」

「一心想要成功，從而害怕失敗」，這曾經阻撓了史上最偉大的創造者和變革推動者。他們在意的是維持穩定並且獲致傳統上的成就，卻無意追求開創性。他們沒有充滿自信地全速前進，如果他們願意挺身而出，多是受到勸誘、說服或脅迫。雖然他們看似天生具有領袖特質，卻是被追隨者與同儕推舉出來，「推舉」這個詞有時是象徵性的，有時則是名副其實。假如一小群人沒有被勸誘去採取具有開創性的行動，美國這個國家也許不會誕生，民權運動可能仍舊是個夢想，西斯汀教堂的天花板還是一片空白，我們也許仍然相信太陽繞著地球轉動，個人電腦更可能從未普及。

從今日的眼光來看，發表《獨立宣言》似乎是必然之舉，但是由於主要革命人物的不情願，《獨立宣言》其實也曾差點無緣問世。獲頒普立茲獎的歷史學家傑克・拉科維（Jack Rakove）曾經詳述：「在美國獨立革命中接下指揮角色的那些人不是我想像中的一群人，成為革命家其實違背了他們自己的心願。」在獨立戰爭爆發之前的那幾年，約翰・亞當斯害怕英國的報復，[1] 猶豫著不想放棄他剛起步的律師生涯，直到被推舉為「第一次大陸會議」的代表之後才參與了獨立運動。喬治・華盛頓原本專心經營他的小麥、麵粉、捕魚及養馬事業，直到亞當斯提名他為軍隊統帥之後，才加入了獨立運動。華盛頓寫道：「我竭盡所能地避免此事。」

將近兩百年後，金恩博士對於領導民權運動一事感到憂慮；他的夢想是成為牧師及大學校長。一九五五年，在羅莎・帕克斯因為在公車上拒絕讓座給白人而受到審判之後，一群民權運動人士聚會討論該如何回應。他們同意組成「蒙哥馬利協進會」，發動了一場抵制公車運動，而一名與會者提名金恩博士擔任主席。金恩事後反省：「事情發生得太快，我根本來不及考慮透徹。假如我考慮了，可能就會婉拒這項提名。」就在三週之前，金恩和他太太「達成協議，我不該承擔任何沉重的公眾職責，我才剛寫完論文，也需要多去關注我在教會的工作」。而與會者一致同意推選他來領導那場抵制公車的運動。那天晚上他必須對群眾演講，面對此一處境，「我滿心恐懼」。後來金恩及時克服了這份惶恐，在一九六三年，以一個「對自由」的動人願景，他雷鳴般的聲音團結了整個國家。但此事之所以發生，是因為一位同事提議由金恩來擔任華盛頓大遊行的總結講者，並且結合了一群領袖人物來推舉他。

當米開朗基羅受教皇委託在西斯汀教堂的天花板上畫一幅壁畫，他並不感興趣。他自認為是個雕塑家，而非畫家，他覺得自己難以勝任這項任務，竟逃到了佛羅倫斯。又過了兩年，他才在教皇堅持之下著手畫起這幅壁畫。而由於哥白尼不肯發表他原創的「地球繞日說」，天文學停滯了幾十年。他擔心遭到排斥和嘲笑，沉默了二十二年之久，只在朋友圈裡傳閱他的研究發現。最後，一位重要的紅衣主教

1 編註：John Adams，一七三五～一八二六，美國開國元勛、政治家、律師、外交官、作家，也是第二任美國總統。他是美國革命的重要領導人之一，帶領殖民地從英國獨立。

耳聞他的著作，寫了一封信鼓勵哥白尼將之出版。即使如此，哥白尼還是又拖了四年。後來是一位年輕的數學教授攬下此事，把哥白尼的著作交付出版，這部鉅作才得以見天日。

將近五百年之後，當一名投資人在一九七七年出資二十五萬美元，給賈伯斯和沃茲尼克創立的「蘋果公司」，[2]他下了一道最後通牒：沃茲尼克必須離開「惠普」。沃茲尼克拒絕了，「我當時還想永遠留在惠普」。後來他承認：「我的心理障礙其實在於我並不想創立一家公司，因為我感到害怕。」在賈伯斯、多位朋友及父母親的鼓勵下，沃茲尼克最後才改變了心意。

有多少像沃茲尼克、米開朗基羅和金恩博士這樣的人因為沒有被拽到聚光燈下而從未實行、發表或提倡他們的開創性想法，這我們只能想像。雖然我們未必都有志於創立自己的公司、創造出翻轉西方思想的傑作，或是領導一場民權運動，但我們的確有改善自己工作場所、學校和社區的想法。遺憾的是我們當中許多人猶豫不前，沒有採取行動來提倡這些想法。如同經濟學家約瑟夫・熊彼特（Joseph Schumpeter）的名言，原創性是一種「創造性破壞」。倡導新制度往往需要破除舊有的做法，而我們由於害怕破壞現狀而退縮不前。在任職於「美國食品藥物管理局」的近一千名科學家當中，超過百分之四十擔心自己若是公開說出有關食品藥物安全上的疑慮，將會受到報復。在一家科技公司的四萬多名員工當中，有半數員工覺得在工作時提出反對意見並非明智之舉。當顧問公司、金融服務公司、媒體、製藥廠及廣告公司的員工接受訪談，有百分之八十五的人承認自己在有重大疑慮時會保持沉默，不會向主管提出。

上一次你有一個開創想法時，你是怎麼處理這個想法的？雖然美國是個講求個性及獨特自我表現的國家，但由於追求卓越及害怕失敗，我們大多數人都選擇融入而非突出。據說開國元勛湯瑪斯・傑佛遜曾建議：「在風格問題上順應潮流，在原則問題上則要堅若磐石。」但「獲致成就的壓力」卻使我們做出相反的舉動。我們選擇表面的方式來彰顯自己的獨創性，例如繫上一個蝶形領結，穿上鮮紅色的鞋子，卻沒有承擔真正身為開創者的風險。當事情涉及我們腦中的強大想法和內心的核心價值，我們就會開始做自我審查。「生活中的開創者少之又少，」知名的企業總裁美樂蒂・哈伯森（Mellody Hobson）說，因為大家害怕「當眾說出意見並且引人矚目」。而那些開創性不僅限於外表，並且能有效行動的人，他們又有哪些習慣呢？

2 編註：史蒂芬・蓋瑞・沃茲尼克（Stephen Gary Wozniak），波蘭裔美國科技創業家、電腦工程師、慈善家與發明家，也是蘋果公司的創辦人之一。

適當的特質

身為開創者需要承擔根本的風險。此一信念深植於我們的文化思維中，使我們很少停下來加以思索。我們佩服像阿姆斯壯和莎莉・萊德（Dr Sally Kristen Ride 第一位進入太空的美國女性）這些太空人具有「適當的特質」，有勇氣離開人類唯一居住過的星球，大膽地冒險進入太空；我們頌揚像甘地和金恩博士這樣的英雄，他們懷有足夠的堅定信仰，為了自己珍視的道德原則甘冒生命危險；我們崇拜像賈伯斯和比爾・蓋茲這樣的典範人物，因為他們敢於輟學、破產，在車庫裡堅持不懈，決心實現他們的科技願景。

這些具有開創性的個體激發創造力，促使世界改變，當我們對他們的成就感到驚嘆，我們往往假定他們生來就與眾不同。就好比有些幸運兒天生具有能抵抗癌症、肥胖和愛滋病毒的基因突變，我們認為偉大的創造者生來就對風險免疫，他們天生就能坦然接受不確定性，不在乎社會的認可，硬是不像我們這般在意不同流俗要付出的代價。他們注定要推翻成規、反抗當權者、起而革命、鼓動群眾、特立獨行和逆向思考，不受恐懼、排斥和嘲笑的影響。

由十八世紀古典經濟學家李察・坎蒂隆（Richard Cantillon）所創的「企業家」（Entrepreneur）一字，字面上的意義是「風險承擔者」。當我們讀到Warby Parker這家公司一飛沖天的故事，這個概念就響亮地傳了出來。一如所有偉大的創造者、發明家和變革推動者，Warby Parker的四位創始人改變了這個世界，因為他們願意大膽放手一搏。畢竟，如果你不朝著全壘打牆揮棒，就不可能擊出全壘打。

不是嗎？

Warby Parker成立六個月前，創始人之一是我在華頓商學院課堂上的學生。尼爾・布盧門撒爾（Neil Blumenthal）個子很高，性情和藹，有著一頭黑色鬈髮，散發出冷靜的活力。他具有在非營利組織工作的經驗，真心渴望讓世界變得更好。當他向我推銷這家公司，我和其他那些抱持懷疑態度的人一樣，告訴他這個點子聽起來很有意思，但我很難想像大家會在網路上訂購眼鏡。

我知道，如果顧客群抱持懷疑態度，要使這家公司順利開展需要付出極大的努力。當我得知尼爾和他朋友如何花時間準備成立公司，我的心裡一沉，覺得他們注定要失敗。

我告訴尼爾，對他們不利的第一點，是他們都還在求學。如果他們真心相信Warby Parker會成功，就應該輟學，把清醒的每一刻都投入其中。

「我們想要避免兩頭落空，」他回答，「我們不確定這是不是個好主意，也無從知道能否成功，所以我們在學年當中利用閒暇時間來進行。我們四個在開始做這件事之前就是朋友，而我們講好，公平對待每一個人要比成功更重要。不過暑假時，傑夫拿到一筆補助款，得以把全部的時間投入這個事業。」

那另外三個人呢？「我們全都得到實習機會，」尼爾承認，「我在顧問公司，安迪在創投公司，戴夫則是在醫療業。」

他們的時間不夠，注意力分散，尚未建立起公司網頁，而且單是替公司取個四人都同意的名字就花了六個月。這是第二點對他們不利之處。

不過，在我徹底放棄他們之前，我想到他們全都將在那年年底畢業，這表示他們終於會有時間全力以赴，完全投入這家公司。「喔，不見得，」尼爾踩了煞車，「我們想要兩面兼顧，以免事情最後不成，兩頭落空。我接受了一份全職工作，畢業後會去上班，傑夫也一樣。而戴夫為了確保自己有所選擇，在暑假裡做了兩份實習工作，而他正在跟先前的雇主商量要再回去工作。」

這是第三點對他們不利之處。三好球，他們出局了——而我也一樣。

我婉拒了投資Warby Parker的機會，因為尼爾和他朋友跟我太過相像。我之所以成為教授，是因為我對於發現新知、分享知識、教導下一代充滿熱情。但是憑良心說，我也是受到終身教職這份保障的吸引。我二十幾歲時絕對不會有自信去創業。就算我有那份自信，我肯定也會留在學校把學業完成，並且謀得一份工作來取得保障。

當我把Warby Parker團隊所做的決定，拿來和我腦中成功企業家所做的決定相比較時，兩者並不相符。尼爾他們缺少衝鋒陷陣的勇氣，不禁讓我質疑他們對這家公司的信念與承諾。他們並非認真想要成為成功的企業家：他們在這場遊戲中沒有下足籌碼。在我心裡，他們注定失敗，因為他們小心行事，而非孤注一擲。但事實上，這就是他們成功的原因。

我想要破除「開創需要承擔極端風險」這種迷思，並且說服各位，開創者其實比我們想像中更為平凡。在每一個領域，從商業、政治、科學到藝術，那些用開創性想法推動世界前進的人在「表現出信念與承諾」這一點上很少是楷模。他們質疑傳統、挑戰現狀，他們也許在表面上顯得大膽自信。可是當你一層層剝開，就會發現真相是他們也要設法克服恐懼、矛盾和自我懷疑。他們看起來自動自發，但他們的努力往往受到旁人的激勵，有時甚至是被迫的。他們看似渴望冒險，其實他們寧可避開風險。

在一項引人入勝的研究中，管理學者約瑟夫・拉菲耶（Joseph Raffiee）和馮婕（Jie Feng）提出一個簡單的問題：創業者是保留原本的正職比較好呢？還是辭去正職比較好？在一九九九年到二〇〇八年之間，他們追蹤了在全美具有代表性的一群人，總數超過五千名成為創業者的美國人，分別是二十幾歲、三十幾歲、四十幾歲和五十幾歲。這些創業者是否保留或辭去正職，並不受財務需要的影響；家庭收入高或是薪資高的人辭去原職以專心創業的可能性並沒有比較高或比較低。一份調查顯示，那些一頭栽進去的人是信心滿滿的冒險家。那些一邊上班一邊創立自家公司的創業者則雙面下注以防止損失，他們遠遠更討厭冒險，並且對自己沒有把握。

如果你的想法跟大多數人一樣，你會預測那些冒險家明顯佔有優勢。然而該項研究得出的結果卻正好相反：比起那些辭去正職的創業者，保留正職的創業者失敗的可能性要少百分之三十三。

如果你討厭冒險，並且有點懷疑你的點子是否可行，那麼你可能會把公司建立得更長久。如果你是個隨心所欲的賭徒，你新創的公司反而脆弱得多。

一如Warby Parker團隊，這些在《快速企業》雜誌最近列出最具創新力的公司名單中名列前茅者，其創辦人都保留了原本的正職，即使是在公司已經成立之後。「耐吉」創辦人菲爾・耐特（Phil Knight）在大學時代是長跑名將，他於一九六四年開始從他汽車的行李廂出售跑鞋，但仍舊保留身為會計師的工作直到一九六九年。沃茲尼克在發明了最初的蘋果一號電腦之後，於一九七六年和賈伯斯成立了「蘋果公司」，但仍舊在「惠普」擔任全職工程師直到一九七七年。而創立「谷歌」的拉里・佩吉（Larry Page）和謝爾蓋・布林（Sergey Brin）雖然在一九九六年想出了如何能大幅改善網路搜尋功能，但，直到一九九八年，仍然並未放棄他們在史丹佛大學研究所的學業。佩吉說：「我們差點沒有成立谷歌，因為我們太擔心要中輟我們的博士學業。」一九九七年，他們擔憂自己新創的搜尋引擎會讓他們從研究上分心，試圖以不到兩百萬美元的現金與股票出售谷歌。還好那位準買家拒絕了。

不僅是成功的企業家有這種保留正職的習慣。許多具有影響力與創造力的人即便已經從原創工作賺取收入，仍然保留他們的全職工作或繼續其學業。《逐夢大道》的導演阿娃杜威內（Ava Marie DuVernay）在擔任全職宣傳人員時拍攝了她的前三部電影，直到拍電影四年、贏得許多獎項之後，才把全部的時間用來拍片。布萊恩・梅（Brian May）開始在新樂團裡彈奏吉他時正在攻讀天體物理學博士學位，他卻沒有輟學，直到數年之後才全心投入「皇后合唱團」。在那之後不久，他就寫出了〈搖滾派對〉（We Will Rock You）這首搖滾名曲。葛萊美獎得主約翰・傳奇（John Legend）在二〇〇〇年發行了他的第一張專輯，但仍舊擔任企管顧問直到二〇〇二年，在那之前他就白天準備簡報，夜間表演。驚悚小說大師史蒂芬・金在寫出第一篇故事之後，有七年的時間擔任過教師、守衛和加油站人員，直到他的第一部小說《魔女嘉莉》出版一年之後才辭職。《呆伯特》的作者史考特・亞當斯（Scott Adams）在報紙刊出他的第一幅連環漫畫之後，還在「太平洋貝爾電話公司」工作了七年。

這些開創者為何小心行事，而沒有孤注一擲？

為什麼風險就像股票投資組合

半世紀之前，密西根大學的心理學家克萊德・庫姆斯（Clyde Coombs）針對「風險」發展出一套饒具新意的理論。在股票市場上，如果你將要做一項有風險的投資，你就會藉由在其他投資上小心行事來保護自己。庫姆斯提出，成功人士在日常生活中也針對風險做同樣的事，在組合中加以平衡。當我們在一個領域冒險，我們會藉由在其他領域多加小心來平衡自己的整體風險等級。如果你打算要在二十一點牌局中狠狠下注，那麼你在前往賭場的途中大概不會超速。

「風險組合」解釋了為什麼人們常常在生活的某一方面變得有開創性，而在其他方面卻維持守舊。道奇隊老闆布蘭奇・瑞奇（Branch Rickey）把第一位黑人球員傑基・羅賓森（Jackie Robinson）迎進了球隊，打破了種族的藩籬，但他週日不進球場，不說髒話，而且滴酒不沾。詩人艾略特的鉅作〈荒原〉被譽為二十世紀最重要的詩作，但是他在一九二二年發表這首詩之後仍保留了他在倫敦一家銀行的工作直到一九二五年，拒絕了以寫詩為職業的風險。小說家赫胥黎有一次去他辦公室拜訪他，事後說艾略特是「所有銀行職員中最像銀行職員的人」。等艾略特終於辭掉銀行的工作，他仍舊沒有成為自由詩人。之後的四十年他替一家出版社工作，以求生活穩定，只把寫詩當成副業。如同拍立得相機創始人艾德溫・蘭德（Edwin H. Land）所言：「除非擁有穩定的情緒和社會地位，否則誰也無法在一個領域具有開創性，而穩定的情緒和社會地位，來自於在他發揮原創性的領域之外，所有其他領域的穩定。」

可是，另有全職工作難道不會使我們分心，因此無法發揮最佳表現嗎？一般認為若是缺少大把時間與精力，創造性的事業就無法茁壯，而公司若是缺少密集努力就無法興隆。但這些假設忽略了平衡風險組合的最大好處：在一個領域具有安全感，使我們得以自由地在另一個領域發揮開創性。因為在財務上有基本保障，我們得以避免出版不成熟的作品、賣出拙劣的藝術、或是創立未經試驗的企業。皮耶・歐米迪亞（Pierre Omidyar）架設eBay時只將之當成嗜好，而接下來那九個月，他繼續在一家公司擔任程式設計師，直到他在網路市場得到的淨利超過他的薪水。非營利組織「全球全力」（Endeavor）的共同創辦人兼執行長琳達・羅騰堡（Linda Rottenberg）根據數十年來訓練世上許多頂尖企業家的經驗表示：「最優秀的企業不會把風險最大化，他們除去了『冒險』這件事中的風險。」

管理一個平衡的風險投資組合，並不意味著要承擔中等風險，且始終徘徊在風險範圍的中間。取而代之的做法是，成功的開創者會在某一場域冒極大的風險，而在另一個場域極度謹慎做為補償。莎拉・布蕾克莉（Sara Blakely）二十七歲時想出了製造無足褲襪的主意，冒了很大的風險把她的全部積蓄五千美元投資進去。為了平衡她的風險組合，她繼續做了兩年銷售傳真機的全職工作，利用夜晚和週末的時間來製造商品原型，並且自己撰寫專利申請書，以節省雇用律師的費用。等她終於創立了Spanx這個塑身內衣品牌，她成了世上最年輕的，白手起家的億萬富翁。一個世紀以前，亨利・福特開創他的汽車帝國時仍在愛迪生手下擔任總工程師，這給了他必要的保障，使他能夠測試自己對汽車的新發明。在他建造出化油器並且獲得專利一年之後，他還繼續替愛迪生工作了兩年。

那麼，眾所皆知為了成立「微軟」而自哈佛輟學的比爾・蓋茲呢？當蓋茲在大二售出了一件新軟體之後，他等了整整一年才離開學校。即便如此，他也沒有輟學，而是藉由申請休學一年來平衡他的風險組合，該項申請得到校方的正式核准，另外他也得到父母的資助。企業家瑞克・史密斯（Rick Smith）曾說：「比爾・蓋茲遠非世間最偉大的冒險家，說他是世上最偉大的**避險家**也許更為貼切。」

Warby Parker的崛起就歸功於這種降低風險的舉措。共同創辦人當中的布盧門撒爾和吉爾博成為該公司的共同執行長。他們拒絕依照常規選出單一領導人，認為由兩個人掌舵比較安全。而的確有證據顯示擁有共同執行長能在市場上引起正面反應並且提高公司的市價。從一開始，他們的首要之務就是減少風險。吉爾博說：「我並不想把所有的雞蛋都放在Warby Parker這個籃子裡。」在創立這家公司之後，他繼續尋找其他的生意機會，在校園裡搜尋可能具有商業價值的科學發現。擁有備份計畫使這四位公司創辦人有勇氣把企業建立在一個未經證實的假設上，亦即「大家會願意在網路上購買眼鏡」。他們不僅承認這份不確定性，而且積極努力將這份不確定性減至最低。吉爾博說：「我們不斷討論該如何去除風險。那整個過程就是一連串『可做』或『不可做』的決定。每走一步，我們都有安排制衡措施。」

為了保護自己免於風險，這四個朋友一起去上了一門創業課，並且花了好幾個月來琢磨他們的商業計畫書。為了讓顧客欣然接受「上網訂購眼鏡」這個陌生的觀念，他們決定提供免費退貨。然而在問卷調查和焦點團體調查中，大家對於在網路上購買眼鏡仍舊感到猶豫。「有很多人就是不會在網路上買眼鏡。這的確讓我們質疑起支撐起這門生意的整個前提。」吉爾博回憶，「那是我們產生嚴重自我懷疑的時刻，促使我們再度重新規劃。」

經過長時間的討論，這個團隊想出了一個解決辦法：一個在家中免費試戴的方案。顧客無須付款即可訂購鏡框，如果他們不喜歡戴起來的感覺或樣子，只要把鏡框寄回即可。這樣做的成本事實上比免費退貨要低。如果一位顧客在購買了鏡框加鏡片之後退貨，Warby Parker會損失很多錢，因為鏡片是專門替那位顧客量身打造的。而顧客若是只試戴了鏡框，然後把鏡框退回，公司還可以再利用這些鏡框。這時吉爾博充滿自信而且全心投入：「等到我們準備好開張的時候，我必須決定我們是否願意把全部時間投注在這件事上，但事情看起來並不冒險。我並不覺得我是在大膽放手一搏。」那個在家中免費試戴的方案大受歡迎，使得Warby Parker不得不暫時停止此一活動，那時距離開張不到四十八小時。

有愈來愈多的證據顯示，創業家並不比其他人更喜歡冒險，而且很罕見地，這是許多經濟學家、社會學家和心理學家居然都同意的結論。在一項以八百多位美國人為對象的代表性研究中，請創業家和上班族從下面三個選項中選擇他們比較願意創立的一項事業：

(A) 能獲利五百萬美元，成功機率為百分之二十者。
(B) 能獲利兩百萬美元，成功機率為百分之五十者。
(C) 能獲利一百二十五萬美元，成功機率為百分之八十者。

那些創業家明顯**更可能**選擇最後一個選項，也就是最保險的一個。不論受訪者的收入、財富、年齡、性別、創業經驗、婚姻狀態、教育程度、家庭大小，以及對其他幾種事業表現好壞的預期，結果都是如此。這項研究報告的作者做出結論：「我們發現比起一般大眾，創業家顯然更不喜歡冒險。」

這只是一份調查中顯現出的偏好，可是當你去追蹤創業者在現實生活中的行為，就能清楚看出他們避免去冒危險的風險。經濟學家發現，成功的創業者在青少年時期從事違規行為的可能性幾乎是同儕的三倍。可是當你去細看他們所捲入的具體行為，那些未來將成功創業的青少年只會冒值得冒的風險。當心理學家研究美國的雙胞胎和瑞典公民，他們得出了同樣的結果。

這三項研究都發現，未來成功創業的人在青少年時期比較可能有反抗父母、超過宵禁時間尚未返家、逃學、在商店裡順手牽羊、喝酒和抽大麻的紀錄。不過，他們涉及酒醉駕駛、購買非法毒品或偷竊貴重物品等危險行為的可能性並沒有比較高。而且不論他們父母的社經地位或家庭收入如何，結果都是如此。

開創者在面對風險時的態度的確各有不同。有些是高空跳傘式的賭徒，有些則是戰戰兢兢的「細菌恐懼症」患者。要成為開創者，你必須嘗試某種新事物，這意味著接受某種程度的風險。但最成功的開創者，不是那些看也不看就倉卒行事的莽夫，而是會小心翼翼地走到懸崖邊緣，計算降落的速度，三度檢查自己的降落傘，並且在崖底架起安全網以防萬一。如同麥爾坎・葛拉威爾（Malcolm Gladwell）[3]在《紐約客》上所寫：「許多創業者冒很多風險，但這些通常是失敗的創業者，而非成功的故

3 編註：《紐約客》雜誌撰稿人及暢銷作家，他自一九九六年起為《紐約客》雜誌執筆，二〇一一年，葛拉威爾被授予加拿大最高榮譽的《加拿大勳章》（Order of Canada）。

事。」

「不在乎社會認可」也並非那些開創者的與眾不同之處。在一項針對六十份研究、涵蓋一萬五千多名創業者的全面分析中，那些「無意取悅他人」的人成為創業者的可能性並沒有比較高，他們的公司表現得也沒有比較好。同樣的情況也顯現於政壇：當數百位歷史學者、心理學者和政治學者評估美國歷屆總統，他們發現：效率最差的領袖，是那些追隨民意及前任總統設下之先例的人。最偉大的總統則是會挑戰現狀，帶來大規模的改變，改善國家的命運。但是這些作為和他們是否在乎公眾認可及社會和諧完全無關。

林肯通常被視為美國歷屆總統中最偉大的一位。當專家針對「渴望取悅他人」及「避免衝突」這一點來評估各屆總統，林肯的得分最高。在內戰期間他每天花四小時在辦公室裡接見公民並且赦免逃兵。在簽署《解放宣言》之前，林肯苦惱了六個月，不確定他是否該給奴隸自由。他質疑自己在憲法上是否有權這麼做，擔心此一決定可能會使他失去邊界各州的支持、棄兵卸甲，甚至毀掉整個國家。

開創性並非固定不變的特質，而是一種自由選擇。林肯並非天生具有開創性格，挑戰爭議並非他基因裡的設定，而是一種自覺意志的行動。如同偉大思想家杜博斯（W.E.B. Dubois）所寫：「他就和你我一樣，但他卻成了亞伯拉罕・林肯。」

我們在工作上和生活中太常缺少主控的機會。幾年前，谷歌請了一位傑出的耶魯大學教授協助，想讓擔任銷售及行政職位的員工能夠更為充實的工作，這些員工自認不如該公司的工程師，不具有同樣的自由、地位，也沒有從事什麼偉大的計畫。該教授名叫艾美・瑞斯尼斯基（Amy Wrzesniewski），我和她以及另一名合作學者賈斯汀・伯格（Justin Berg）共同前往加州、紐約、都柏林和倫敦，以求找出解決辦法。

許多員工全心效力谷歌，接受自己的工作為預設狀態。由於他們把自己的任務和人際互動視為不可變更的事，他們從來不去質疑自己是否可以做些調整。

要打破他們這種思考模式，我們和「谷歌人力創新實驗室」的珍妮佛・柯考斯基（Jennifer Kurkoski）及布萊恩・威爾（Brian Welle）合作，革新了谷歌的人力分析工作。我們設計出一場講習，把一個觀念介紹給數百名員工，亦即「工作不是靜態的雕塑品，而是可塑造的積木。」我們舉例說明：有些人塑造出自己的工作，調整自己的任務和人際關係，以求更切合他們的興趣、技能與價值觀。例如一名具有藝術天分的銷售人員自願替公司設計出一個新商標，一名外向的財務分析師用視訊聊天取代電子郵件來和客戶溝通。在那之後，他們換一種方式來看待自己熟悉的工作：「重新相識」。他們著手創造出關於自身角色的新願景，比以前更為理想，但仍舊實際可行。

經理人及同事評量每個員工的滿足感與工作表現，在參加講習之前，以及參加講習數週、數月之後。那整場講習的時間只有九十分鐘，所以我們不確定是否足以造成差別。可是六週之後，那些被隨機指派、「把自己的工作視為可以塑造」的谷歌員工在滿意度及工作表現上大幅提升。在思考過可以如何修正自己的工作之後，他們採取行動去加以改善。控制組的員工則沒有參加同樣的講習，在滿意度與工作表現上沒有顯示出任何改變。當我們添加了一個環節，鼓勵員工把自己的技能和工作都視為具有彈性，這種收穫持續了至少六個月。他們不再只是使用自己現有的天賦，而是主動去培養新的能力，使他們能創造出具有開創性及個人化的工作。結果是，比起同儕，他們獲得晉升或如願調職的可能性多了百分之七十。藉由拒絕固守自己預設的工作與技能，他們變得更滿足也更有效率，同時使自己具備資格去擔任更適合的職務。他們了解到，自己之前所受到的許多限制，其實是他們自己造成的。

前文中揭示出，成功的開創者往往始於「質疑預設狀態及平衡風險組合」，這本書接下來要講的，是如何弭平「知」與「行」之間的鴻溝。當你有了一個新主意，你要如何有效地加以提倡？身為華頓商學院的組織心理學家，我花了超過十年的時間研究開創性，在範圍廣泛的各種領域裡，從科技公司到銀行、學校、醫院乃至政府機關。我也找出了當代最赫赫有名的開創者，而我想分享他們的智慧，關於「我們如何能夠更有開創性，同時不至於危害我們的人際關係、名聲和事業」。我希望我的研究結果能幫助大家培養出追求開創的勇氣和策略，也希望藉此提供領導者必要的知識，能在他們的團隊和組織裡創造出鼓勵開創的風氣。

我將藉由橫跨企業界、政壇、體壇和娛樂圈的研究結果與故事，來檢視什麼能促成具有創造性的改變、合乎道德的改變，以及組織上的改變，也會檢視阻止進步的障礙。這本書的第一部分，主要講的是如何管理發想、辨識及表達開創思想所涉及的風險。按這個定義，新點子都充滿了不確定性，而有力的證據，說明了我們該如何加強自己去蕪存菁的技巧，以避免挑中壞點子而錯過好點子。在看出一個有可能成功的點子之後，下一步是如何有效傳播這個點子。我會和各位分享提出意見的最佳做法，點出該如何選擇訊息及聽眾，讓自己的想法更能被聽見，同時避免受到嚴厲批評。在這個過程中，你將會得知史上最受歡迎的電視節目當初何以差點被擱置，一名創業家何以藉著強調「**不該**投資他所創力的公司」為理由來推銷他的公司，一位中情局的分析員，如何說服情報界不要再過度秘密行事，以及蘋果公司的一位女性員工，如何從低了三個層級的職位上挑戰賈伯斯的想法，而且獲勝。

這本書的第二部分，談的是我們衡量開創性時所做的選擇。我會從「選擇正確時機的兩難局面」開始談起：事實證明，你應該要小心斟酌要不要當先行者，因為搶先行動的風險往往比遲些行動更大。出人意料地，歷史上一些最偉大的成就與促成改變的倡議都根植於拖延，而傾向於推遲與延後，有助於創業者建立長久的公司，有助於領導者去引導變革，也有助於開創者維持其開創性。接下來，我會談到「結盟的挑戰」，探討如何替一個開創想法培養出支持者，並降低被拒絕的風險。「爭取婦女投票權運動」的那些無名英雄將說明比起「友敵」，敵人何以會是更好的盟友，而共同的價值觀為何會造成分裂而非團結。我會談及一位公司創辦人向員工隱瞞了公司的使命，而一位好萊塢導演改變了「迪士尼公司」拍攝動畫片的方向，這兩個例子將說明該如何爭取合作者，如何平衡理想主義與實用主義，並把新觀點摻進熟悉的事物中。

這本書的第三部分，是關於開創性的釋放與維持，不管是在家裡還是在工作上。我將檢視如何培養兒童的開創性，說明父母、手足與榜樣如何形塑我們的叛逆傾向。你會看見職棒選手盜壘的次數為何可以追溯至他們在家中的排行，美國最具開創性的諧星出身於類似的家庭背景，在猶太人遭受大屠殺期間，冒著生命危險進行英勇營救的那些人當年曾從父母那裡接受過一種特別的教誨，而整個國家的創新與經濟成長率，可以追溯至我們讀給孩子聽的書籍。接著，我將思考為何有些組織文化，會成為盲目崇拜，而領導者可以如何鼓勵手下提出反對意見，讓開創性茁壯。我將敘述一位身價億萬的金融奇才，為何會解雇那些不去批評他的員工，一個發明家為何沒能把創造力散播至全公司，一位專家在哥倫比亞號太空梭爆炸之後，如何協助改變美國太空總署「保持沉默」的慣例，你將會從這些人物身上學到一些東西。

最後，我將探討那些阻止我們追求開創的情緒。從推翻了一名暴君的一群二十多歲年輕人身上，以及一位藉由泳渡北極，來對抗氣候變遷的律師身上，你將能看出如何克服恐懼與冷漠。他們的例子證明了，冷靜下來並非處理焦慮的最佳方式，在生氣時發洩怒氣有時會產生反效果，還有為何悲觀有時比樂觀更具有激勵作用。

說到最後，是那些選擇捍衛開創性的人在推動我們前進。但在花了多年時間研究這些人並且與他們互動之後，我驚訝地發現他們的內心經驗與我們並無二致。就和我們其他人一樣，他們也感覺到同樣的恐懼和懷疑。使他們與眾不同之處，在於他們終究還是採取了行動。他們心知，比起不去嘗試，失敗帶來的悔恨會比較少。

CHAPTER

2

盲眼發明家和獨眼投資人

認出原創點子是門藝術，也是門科學

創造力在於容許自己犯錯。藝術則在於知道該保留哪些錯誤。

史考特・亞當斯

《呆伯特》作者

在世紀交替之際，一項發明風靡了矽谷。賈伯斯稱之為「自個人電腦以來最令人讚歎的科技產品」產品原型令他大為傾倒，他向發明者出價六千三百萬美元，想取得該公司百分之十的股權。當此舉遭到那位發明家拒絕，賈伯斯做了一件不像他會做的事：他表示願意在接下來那六個月，替那位發明家當顧問，而且不收酬勞。「亞馬遜」創辦人貝佐斯看過那件產品之後也立刻投入，告訴那位發明家：「你有一件劃時代的產品，拿來銷售毫無問題。」約翰・杜爾（John Doerr）這位傳奇投資人曾經成功下注在谷歌及多家頂尖新創企業上，他投資八千萬美元到這家公司，預言該公司達到十億美元市值的速度將是有史以來最快，而且「重要性將勝過網際網路」。

那位發明家被形容為當代的愛迪生，已經創下許多輝煌的重大成就。在他的發明中，可攜式洗腎機曾被譽為該年度最佳醫療產品，可攜式藥物輸注幫浦減少了病患壅塞在醫院裡的時間，心血管支架則置入了前副總統錢尼的心臟。他擁有的專利累計有數百項，曾自柯林頓總統手中獲頒「國家科技發明獎章」，那是美國發明界的最高榮譽。

該發明家預測在一年之內，他這項最新產品的銷售量將達到每週一萬件。然而，六年之後，他們總共只賣出了三萬件。超過十年之後，該公司仍然尚未獲利。大家原本預期，該項產品將會徹底改變大眾的生活與城市風貌，但如今，這項產品只被用於小眾市場。

該項產品是「賽格威電動雙輪車」，能自動保持平衡的個人運輸工具。《時代》雜誌將之列入這十年來十大失敗科技產品。杜爾在二〇一三年承認：「投資賽格威毫無疑問是個失敗，我對賽格威做出了相當大膽的錯誤預測。」但為什麼，這些如此具有商業頭腦的人全都看走了眼？

若干年前，兩位藝人合力創作出一集九十分鐘的電視特別節目。他們沒有編寫電視節目的經驗，題材很快就用盡了，於是他們改變計畫，改而編寫一個每週半小時的節目。當他們提交劇本，電視公司的多數主管不是不喜歡，就是看不懂。參與該節目的一個演員將之形容為「奇慘無比」。

拍完試映集之後要請觀眾試看。一百名觀眾聚集在洛杉磯討論該節目的優缺點，將之貶為「可悲的失敗」。一名觀眾坦率地說：「這傢伙就只是個輸家，誰會想要看他？」等到四個不同城市裡，大約六百名觀眾看過這個試映集之後，總結報告的結論是：「沒有哪個觀眾群會想再度觀賞這個節目」。演員的表現被批評為差勁。

這個試映集勉強擠進了播放時段，而且一如預期並不叫座。以這個結果加上試映時觀眾的負面反應，這個節目本來應該完蛋了。可是一位主管卻爭取到再製播四集。這四集節目直到試映集播出快一年之後才得以播出，卻仍然未能贏得忠誠的粉絲。眼看時間已經不多，電視公司預訂了半季節目以填補一個被停播的節目，這時其中一名編劇已經準備退出：他想不出更多點子了。

還好最後他改變了心意。在接下來那十年裡，該節目在「尼爾森收視率」調查中遙遙領先，帶來超過十億美元的收益，成為美國史上最受歡迎的電視影集，並且被《電視指南》雜誌譽為史上最佳節目。

如果你曾經抱怨過有人跟你說話時離你太近、指責一個參加宴會的人拿吃過的薯片再去蘸醬料、說出「倒不是說這有什麼錯」來否認自己是同性戀，或是用「沒湯給你」來表示「沒你的份」，你就是在使用這個節目所創造出的流行語。那麼，當年那些電視台主管，為何對《歡樂單身派對》如此缺乏信心？

當我們感嘆世間少有開創性，我們把事情歸咎於世人缺乏創造力。彷彿只要大家能夠想出更多新點子，我們的處境全都會更好。但事實上，通往開創性的最大障礙並不在於點子的形成，而在於點子的**挑選**。在一項分析中，當兩百多人憑空想出一千多個新產品與創新企業的點子，其中有百分之八十七的點子獨特無比。我們的企業、社群和國家未必苦於新點子不足，卻受限於缺少擅長選對新點子的人。「賽格威電動雙輪車」是個誤報（false positive）：卻被預測為安打，結果卻揮棒落空。《歡樂單身派對》則是漏報（false negative）：被預期會失敗，最後卻大放異彩。

這一章要講的，是挑選點子時會遇到的障礙以及最佳做法。為了弄清楚要如何減少押錯寶的機率，我找到了老練的預測家，他們學到了避免誤報或漏報的風險。你將會讀到兩位創投家如何預見賽格威的失敗，也將讀到ＮＢＣ電視台一名主管為何獨排眾議、籌措資金拍攝《歡樂單身派對》，他甚至不在喜劇部門工作，卻大為看好該節目。他們的方法質疑了在評估點子時，直覺與分析孰輕孰重的傳統觀念，也對於我們在評估想出這些點子的人時，該如何將其熱情納入考量提出了質疑。你將會看到，要準確地評估新點子對主管與試映觀眾來說為何如此困難，也會看出我們如何能在下注時做出更好的決定。

在創意的鋼索上隨意走一回

發明「賽格威電動雙輪車」的人，是個名叫狄恩・卡門（Dean Kamen）的科技奇才。他的衣櫥裡只放了一套衣服：一件粗棉布襯衫、牛仔褲和工作靴。當我請創投家形容卡門，最常聽到的回答是「蝙蝠俠」。十六歲時，他毅然決定重新設計一座博物館的照明系統，直到設計出來之後才請求館長允許他施工。在一九七〇年代，他發明了前文中提到的藥物輸注幫浦，該項發明的獲利足以讓他買下一架噴射機和一架直升機，並且在新罕布夏州蓋一棟豪宅，附有一座機械工廠、一個電子實驗室和一座棒球場。在一九八〇年代，他發明的可攜式洗腎機也大獲成功。

一九九〇年代，卡門設計出iBOT，一種能夠爬樓梯的輪椅。他看出這項科技可以應用得更為廣泛，找來一個團隊幫忙打造出「賽格威電動雙輪車」。他的目標是創造出一種既安全又節能的交通工具，能避免製造汙染並且有助於個人在擁擠的城市裡行進。由於這款交通工具十分輕巧，而且能夠自動平衡，自然適用於郵差、警察和打高爾夫球的人，也有潛力徹底改變日常生活的交通運輸。「賽格威電動雙輪車」是卡門所創造出最非凡的科技，而他預測將來這件交通工具之於汽車就會像「汽車當年之於馬車」。

然而，創造者在評判自己的點子時有可能做到客觀嗎？我以前的學生賈斯汀・伯格如今是史丹佛大學的傑出青年教授，他花了許多年來研究這個問題。伯格專門研究「創造性預測」，那是門預測新點子能否成功的藝術。在一項研究中，他讓不同的群體觀看馬戲團表演的錄影，請他們推斷每一個表演受歡迎的程度。「太陽劇團」和其他劇團的馬戲團表演者針對自己的演出錄影會有多受歡迎提出預測。馬戲團經理觀賞了那些影片，也記錄下自己的預測。

為了檢驗他們的預測有多準確，伯格藉由追蹤一般觀眾按讚、分享並贊助那些影片的情況來測量每一個演出實際上有多成功。他邀請了一萬三千多人來替那些影片打分數，這些人也有機會用臉書、推特、Google+和電子郵件來分享這些影片，同時收到一毛錢的獎勵金，可以用來捐給表演者。

結果證明，創作者對自己的表演受觀眾喜愛程度的評判能力很差。平均而言，在把自己的演出影片拿來和另外九位馬戲團表演者的演出做評比時，他們替自己評定的名次高了兩名。馬戲團經理的判斷就比較實際：他們和那些演出有一些距離，因此較能保持中立。

社會科學家很早就發現，我們在評量自己時容易過度自信。以下是他們研究結果中最突出的幾點：

- 高三學生：說到領導能力，百分之七十的學生說自己「在水準之上」，只有百分之二說自己「在水準之下」。
- 大學教授：百分之九十四的教授認為自己的工作表現在水準之上。
- 工程師：在兩家不同的公司，認為自己的表現高居前百分之五的工程師分別佔百分之三十二和百分之四十二。
- 企業家：當三千名小企業家評估各家公司成功的可能性，以總分十分而論，他們平均把自家公司成功的展望評為八點一分，但卻只給類似企業五點九分。

在創造性的領域，過度自信這個毛病也許特別難以克服。當你想出一個新點子，就定義而言，這個點子當然是獨一無二的，因此你可以無視別人過去針對你從前各種發明所提出的所有意見。就算你過去的點子一敗塗地，這個新點子可不一樣。

當我們開發出一個點子，我們往往過於貼近自己的品味，而偏離觀眾的品味，以致於無法準確地加以評估。我們因為「我發現了！」那一刻的興奮，或是得意於克服了障礙而樂暈了頭。擔任NBC電視台娛樂節目總裁多年的布蘭登・塔提科夫（Brandon Tartikoff）就經常提醒旗下的製作人：「沒有人會帶著一個他們自認為差勁的點子走進這裡。」在某種程度上，創業家和發明家對於自己點子的成功機率必須要過度自信，否則他們就不會有動力去把這些點子付諸實現。可是就算他們得知目標群眾的偏好，他們還是很容易成為心理學家所謂「確認偏誤」（confirmation bias）的犧牲品：他們專注於自己點子的優點，而無視或忽視其缺陷。

心理學家狄恩・賽門頓（Dean Simonton）畢生研究創造性生產力，他發現就連天才都難以認出自己手中的作品是傑作。在音樂界，眾人皆知貝多芬勇於自我批評，然而就如同賽門頓所說：「在他所寫的交響樂、奏鳴曲和四重奏當中，貝多芬自己最喜歡的並非後世最常演奏及錄製的樂曲。」在一項分析中，心理學者亞倫・柯茲貝特（Aaron Kozbelt）細讀了貝多芬評量自己七十首作品的信件，把這些評價拿來和專家對貝多芬作品的評價相比較。在那七十首作品中，貝多芬做出了十五個誤報，他預期那些樂曲將成為他的重要作品，結果卻不然；而他做出的漏報則只有八個，被他自己批評的樂曲最後卻得到很高的評價。雖然貝多芬對自己作品的許多評價是在得到觀眾意見**之後**才做出的，卻還是發生了這百分之三十三的錯誤率。

假如創作者知道自己何時將會做出一件傑作，他們的工作就只會向前進展：一旦挖到金礦，他們會暫時停止費心去想新點子。可是賽門頓屢次發現，他們會回頭去重新關注自己從前認為不理想而捨棄的版本。在貝多芬最受讚譽的作品〈第五號交響曲〉當中，他起初捨棄了第一樂章的結尾，因為他覺得那個結尾太短，但後來又回過頭來加以採用。假如貝多芬能夠分辨一首傑作和一首平凡作品，他就會立刻辨認出自己所作的曲調是成功之作。當畢卡索為了抗議法西斯主義而繪製〈格爾尼卡〉那幅名畫時，他畫出了七十九幅不同的草圖。那幅畫上的許多圖像乃是根據他早先所畫的草稿而畫，而非根據後來的草圖版本。賽門頓解釋：「事實證明，後來的草稿成了『死胡同』，藝術家事先並不知道自己誤入歧途。」假如畢卡索在創作之時就能夠鑑別他的作品，他的手感就會愈來愈「熱」，而採用後來的草圖。但事實上，手感變得愈來愈「冷」也是常見的情況。

親吻青蛙

如果說開創者不能可靠地判別自己的點子是好是壞，他們要如何提高自己創造出傑作的機率呢？答案是：想出大量的點子。賽門頓發現，有創造力的天才在自己那一行的表現就平均質量而言並未優於同儕。他們只不過是生產出更大量的作品，這使得他們更有變化，展現出開創性的機會也更高。賽門頓提到：「要想出一個具影響力或成功的點子，其機率與所想出的點子總數成正比。」

以莎士比亞為例：我們最熟悉的是他的少數名作，卻忘了他在二十年裡寫出了三十七齣劇本和一百五十四首十四行詩。賽門頓追蹤了莎士比亞劇作受歡迎的程度，計算這些劇作被演出的次數以及受到專家與劇評家稱讚的程度。他最受歡迎的五齣劇作當中有三齣寫於五年之內，分別是《馬克白》、《李爾王》和《奧賽羅》，但是同樣在這五年，他也寫出了相對平庸的《雅典人泰門》和《終成眷屬》，這兩齣劇作被視為他最差的作品，由於文字未經修飾、情節和角色發展不完整而一致受到抨擊。

在每一個領域，就連最傑出的創作者往往也會產出大量技巧扎實但被專家與觀眾認為無足輕重的作品。當「倫敦愛樂管弦樂團」選出古典音樂最偉大的五十首樂曲，名單上包含六首莫札特、五首貝多芬和三首巴哈的作品。要創造出少數傑作，莫札特在三十五歲去世之前寫了六百多首樂曲，貝多芬一生寫了六百五十首曲子，而巴哈作曲超過一千首。在針對一萬五千首古典樂曲所做的一項研究中，一位作曲家在特定的五年當中所寫出的曲子愈多，寫出傑作的機率就愈高。

畢卡索的全部作品包括一千八百多幅畫作、一千兩百多件雕塑、兩千八百多件陶藝、一萬兩千多張素描，更別提還有版畫、地氈和織錦，而博得讚譽的只是其中一小部分。在詩壇，當我們吟誦瑪雅・安傑盧（Maya Angelou）的名作〈我仍將重生〉（Still I Rise），我們往往忘了她還寫了另外一百六十五首詩；我們記得她那本動人的回憶錄《我知道籠中鳥為何歌唱》，卻沒怎麼去注意她的另外六本自傳。在科學界，愛因斯坦寫出了關於一般相對論與特別相對論的論文，徹底改變了物理學，但是他所發表的兩百四十八篇作品中許多都影響甚微。如果你想要具有開創性，「你能做的最重要的事就是多做。去產出大量作品。」艾拉・格拉斯（Ira Glass）如是說，他是《美國生活》（This American Life）及Podcast節目《Serial》的製作人。

據賽門頓報導，橫跨各個領域，最多產的人不僅具有最高的開創性，他們也在自己作品產量最大的期間創作出最具開創性的作品。[4] 愛迪生在三十歲到三十五歲之間發明了電燈泡、留聲機和碳粒送話器電話。可是在那段期間，他替他的其他發明提出的專利申請超過一百件，這些五花八門的發明包括複寫用的鐵筆、一種保存水果的技術、一種使用磁鐵來開採鐵礦的方式，此外他還設計出一個會說話的恐怖娃娃。賽門頓注意到：「看來，產出最多無足輕重之產品的時期往往也是產出最多重要產品的時期」。儘管愛迪生「擁有一千零九十三項專利，但真正無與倫比的創造性成就可說是屈指可數」。

4 原註：這是男性為何看似比女性擁有更具影響力之創造性成就的一個原因。在歷史上，女性被拒於許多創造性事業的門外。那些設法入門的女性往往需要全天候照顧子女。結果是男性比女性產出更多作品，使男性有更高的機率展現出開創性。在機會漸趨平等的今天，這種在創造性產量上的性別差異應當會消失，甚至也許會產生逆轉。伯格發現平均而言，女性比男性更善於做出創造性預測，她們更能接受新想法，這使得她們比較不會做出漏報。

大多數人假定在質與量之間必須有所取捨：如果你想做得好，就得做得少。但這種假設其實並不正確。事實上，說到想出點子，「量」是通往「質」最可靠的途徑。史丹佛大學教授羅伯・蘇頓（Robert Sutton）表示：「開創思考者會想出許多怪異、行不通、徹底失敗的點子。這個代價是值得的，因為他們同時也產出了一個較大的點子庫，尤其是新穎的點子。」

許多人之所以未能達到開創性，是因為他們只想出了少數幾個點子，然後執著於把這幾個點子琢磨至完美。「Upworthy」是家讓優秀影音作品在網路上大量流傳的公司，兩名班底成員各自替一支影片撰寫標題，影片中是猴子對於拿到黃瓜或葡萄做為獎賞的反應。當影片標題為「還記得電影《決戰猩球》嗎？這比你想像中更接近事實」，有八千人觀賞了這支影片。另一個標題引來的瀏覽次數多了五十九倍，吸引了將近五十萬人觀賞同一支影片：「兩隻猴子同工不同酬；看看接下來會發生什麼事」。Upworthy這家公司的常規，是你至少需要想出二十五個下標題的點子才能挖到寶。追蹤研究顯示，在創造的過程中，奇才的確有時早早就想出新穎的點子。可是對於我們其他人來說，我們最初的點子往往是最傳統的，最接近現有的預設值。要等我們排除了顯而易見的點子，才有最大的自由去考慮比較不同的選項。Upworthy團隊寫道：「一旦你開始感到無計可施，你就會跳脫框架去思考。第二十四號點子會很爛。然後第二十五號點子會是標題之神送你的禮物，使你成為傳奇人物。」

卡門在研發賽格威雙輪電動車時，就意識到創造過程中「盲目的變異」這種特徵。擁有四百四十幾項專利的他成功過許多次，但也失敗過許多次。他常對手下團隊說：「你得要親吻許多隻青蛙才能找到一個王子。」事實上，「親吻青蛙」是他的一句口頭禪：他鼓勵手下的工程師去測試許多變化版，以增加矇對答案的機會。然而，他在尚未思索解決交通問題的其他點子之前，就選定了賽格威雙輪電動車，忽視了一件事實，亦即發明家注定很難判斷自己的發明究竟是青蛙還是王子。

要更善於評判自己的點子，最好的辦法是收集別人的意見。提出大量點子，看看哪些點子會受到目標群眾的稱讚和採納。美國脫口秀《每日秀》（The Daily Show）的共同製作人麗茲．溫斯泰德（Lizz Winstead）花了幾十年創作喜劇節目，但她仍舊不知道是什麼令觀眾發笑。她記得她「拚命想出笑話，把笑話寫出來，在舞台上加以測試」。有些笑話沒有引起迴響，另一些則很轟動。如今有了社群媒體，讓她有了一個能更快速測得觀眾反應的機制。當她想出一個笑話，她就放上「推特」；如果她想出的笑話比較長，她就放上「臉書」。如果這個笑話在一分鐘之內就被轉推了至少二十五次，或是在「臉書」上被許多人分享，她就保留這個點子。等到一天結束時，她就繼續發展被證明最受觀眾歡迎的那個題材。她說：「推特和臉書大大幫助了我挑出大家真正在乎的題材。」

在研發賽格威電動雙輪車時，卡門沒有對這類意見敞開大門。他擔心會有人竊取他的點子，也擔心這個基本構想會太快公諸於世，因此實施嚴格的保密規定。他禁止多數員工進入正在研發賽格威的那塊區域，只有少數頂尖的準投資人有機會試乘。在製造賽格威時，他的團隊想出了大量的點子，但卻沒有從顧客那兒得到足夠的批評意見，讓他們能替最終的產品做出正確的選擇。在根本還沒有一個顧客見到這項發明之前，這個發明就有過三、四個版本。[5] 堅信自己的點子可行是危險的，不僅因為這使我們容易做出誤判，也因為這阻止了我們產出必要的多重選項，以徹底發揮自己的創造潛力。

不過，對賽格威電動雙輪車太過樂觀的不僅是卡門和他的團隊，像賈伯斯、貝佐斯和杜爾這些大師在判斷這件發明時是在哪裡出了錯？要弄清楚這一點，讓我們先來看看為何許多電視台主管和試映觀眾都沒能看出《歡樂單身派對》的潛力。

受限於典範和狹隘的偏好

當《歡樂單身派對》提交出第一個劇本，電視台主管不曉得該如何看待它。NBC電視台主管華倫・李托費德（Warren Littlefield）說：「它完全跳脫傳統，不像電視上的任何其他節目。在電視史上沒有先例。」

在賈斯汀・伯格針對馬戲團表演所做的那項研究中，雖然馬戲團經理做出的預測比表演者本身所做的預測來得準確，他們的預測卻仍然不是很準，尤其是針對最新穎的演出。經理人往往過於害怕承擔風險：他們專注於選錯點子的代價，而非專注於採用好點子的益處，這使得他們做出大量漏報。針對《歡樂單身派對》試映集撰寫初步報告的人，覺得該節目介於「差勁」和「中等」之間。他比較傾向於將之評定為「中等」，但他的主管駁回了他的意見，而將之評為「差勁」。

在娛樂圈，這類漏報很常見。製片廠主管錯失的熱門電影包括《星際大戰》、《E.T.》和《黑色追緝令》。在出版界，經理人拒絕了《納尼亞傳奇》、《安妮日記》、《飄》、《蒼蠅王》和《哈利波特》。而到二〇一五年為止，單是J.K.羅琳所寫的《哈利波特》系列就賺進了超過兩百五十億美元，比史上任何系列小說賣出的冊數更多。在企業創新史上，主管下令員工停止日後大為熱門的企劃案，這樣的故事比比皆是，從「日亞化學」發明的LED燈到「龐蒂亞克車廠」的Fiero跑車，再到「惠普」的靜電顯示器。遊戲主機Xbox在「微軟」差點被埋沒，「全錄」險些就以價格太高和不實用為由而取消製造雷射影印機。

5 原註：此事給我們的教訓並非要我們去問顧客想要什麼。如同據說出自亨利・福特之口的那句名言：「假如我去問我的顧客要什麼，他們會說他們想要一匹跑得更快的馬。」相反地，發明家應該要造出一輛汽車，看看顧客會不會去駕駛。這意味著看出一種潛在的需要，《精實創業》（The Lean Startup）一書的作者艾瑞克・萊斯（Eric Ries）稱之為「最低限度可行的產品」，要測試不同的版本，並且收集別人的意見。

面對不確定性，我們的第一個本能往往是拒絕新事物，找出陌生事物可能會失敗的理由。主管審視新穎的點子時抱著評量的心態，為了保護自己免於押錯寶，他們把檯面上的新點子拿來和過去成功過的模式相比較。當出版界主管放棄出版《哈利波特》，他們說就童書而言，這本書篇幅太長；當塔提科夫觀看《歡樂單身派對》試映集，他覺得這個節目「猶太味太重」、「紐約味太重」，難以引起廣大觀眾的迴響。

萊斯大學教授艾瑞克‧丹恩（Erik Dane）發現，一個人的專業知識和經驗累積得愈多，就愈習慣用一種特定的方式來看世界。他指出，當遊戲規則改變，橋牌專家比新手更難適應，而資深會計師在應用一條新稅法時表現得比新手要差。隨著我們累積了對一個領域的知識，我們就成為自己思考原型的囚徒。

原則上，對於新事物，觀眾的態度應該比經理人更開放。他們沒有戴著隨著專業知識而來的眼罩，也可以大膽考慮一種新鮮的模式，熱情支持一個不尋常的點子，因為他們反正沒有什麼損失。然而在實務上，伯格發現要預測新點子能否成功，試映觀眾的表現也並未優於經理人：事實上，「焦點團體」的構成方式使他們犯下和經理人相同的錯誤。

當你在自家客廳觀賞一個節目，你完全融入情節中。如果你發現自己從頭笑到尾，你就會宣稱這個節目很有趣。然而當你在一個焦點團體中觀賞這個節目，你就沒有這麼投入。你意識到自己是來替這個節目打分數，而不是來體驗這個節目，因此你從一開始就加以評判。由於你試圖弄清楚大家會不會想看這個節目，你自然會以一般公認這類節目要怎樣才會成功的想法來加以評估。當試映觀眾觀看《歡樂單身派對》的試映集，他們認為這節目缺少《歡樂酒店》[6]的社群感，也缺少《天才老爹》[7]的家庭活力和《家有阿福》[8]的親和力。要在一個看似言之無物的節目裡挑出毛病實在太容易了。

「實情是，大多數的試映集在試映時得到的風評都不好，」李托費德說，因為「觀眾對新穎或與眾不同的事物反應欠佳。」觀眾缺少足夠的專業知識：他們就是沒見過許多遭到棄置的新穎點子。喜劇演員保羅・萊瑟（Paul Reiser）說：「《歡樂單身派對》的試映結果應該讓大家從此再也別提試映。請別告訴我，我節目的命運將由洛杉磯某個城區的二十個人來決定。我從沒見過哪次試映帶來過任何好處。」

所以說，試映觀眾和主管都不是評估創意點子的理想裁判。他們太容易做出漏報，太專注於找出拒絕某個點子的理由，而且太拘泥於現有的典範。而在前文中，我

6 編註：Cheers，是由美國國家廣播公司於一九八二年至一九九三年之間播出的半小時情境喜劇電視影集。

7 編註：The Cosby Show，是一部美國的電視情境喜劇，由比爾・寇司比主演。一九八四年九月二十日，《天才老爹》首度在NBC電視網中播出，其後共製播了八季。

8 編註：ALF，是美國全國廣播公司一九八六年製作的電視影集，描述外貌如同野豬的外星人與譚家一家人相處的各種趣事。

們看見創作者本身也難以做出正確預測，因為他們對自己的點子太過自信。不過，的確有一組預測者的精準度相當高：當創作者同儕評估彼此的點子。在伯格針對馬戲團表演所做的那項研究中，針對一支影片是否會被按讚、分享和贊助，最準確的預測來自同儕對彼此的評量。

當表演者評量彼此的演出，他們預測影片是否會被分享的準確度，大約是劇團經理和觀眾的兩倍。相較於創作者，劇團經理和觀眾容易做出重大漏報的可能性分別多了百分之五十六和五十五，在他們所觀看的十支影片當中，他們把一個傑出新穎的表演低估了五名以上。

我們常說起「群眾智慧」，但我們得要小心自己想到的是什麼樣的群眾。平均說來，一百二十名馬戲團經理所做的預測合起來並未優於單單一名典型創作者所做的預測。經理人和觀眾傾向於偏好某一類受歡迎的表演，而排斥其他的表演。創作者對於各種不同的表演則抱持比較開放的態度，不僅在表演空中與地面特技的同儕身上看出潛力，也能在熟練的雜耍演員和默劇演員身上看出潛力。[9]

與其試圖評量我們自己的開創性，或是尋求主管的意見，我們應該要更常徵求同僚的意見。他們不像主管和觀眾一樣害怕承擔風險，願意在不尋常的選項中看出潛力，這使他們免於做出漏報。同時，他們對我們的點子並未特別投入，這使他們能保持足夠的距離來提出誠實的評估，從而避免做出誤報。

這個發現有助於解釋，為什麼許多表演者雖然享受觀眾的認可，卻更渴望得到同儕的讚賞。喜劇演員常說，令一個同行發笑就是最高的榮譽標章。魔術師喜歡愚弄觀眾，但最大的願望卻是讓同行百思不得其解。針對創作者的這種偏好，一般的解釋是他們在努力提升自己的地位：我們渴望被與我們相似的同儕團體接受。但是伯格的研究指出，我們之所以渴望得到同儕的評價，也是因為他們提供了最可靠的意見。

在評量新點子時，如果採用更像創作者的思考方式，就比較能夠避免做出漏報。在一系列實驗中，伯格請一千多名成年人針對新穎產品在市場上能否成功做出預測。有些點子可能頗為實用，像是3D投影機、模仿天然地面的地板或是自動鋪床器。另一些點子則比較不實用，像是能避免一場野餐被螞蟻毀掉的通電桌布。剩下的則是些實用性不一的尋常點子，像是可在微波爐裡蒸食物的可攜式容器或是一種無須用手即可拿取毛巾的設計。

伯格想要提高大家針對一個新穎、實用的點子做出正確評估的機會，而非只是讓他們偏好尋常的點子。他隨機指派半數參加者採取主管的思考方式，請他們花六分鐘列出三項評估新產品能否成功的標準。這一組人接著對一個新穎、實用的點子做出正

9 原註：有一類馬戲團表演是劇團經理、觀眾和創作者一致討厭的：小丑。《歡樂單身派對》有一集談的就是小丑如何令大人和小孩都心生恐懼，這並非偶然。

確評估的機率是百分之五十一。可是另一組參加者所做的評估遠遠更為準確，選出最可能成功之新點子的機率超過百分之七十七。所需要的就只是請他們用不同的方式來度過前六分鐘：他們並非懷著主管的心態來評估點子，而是藉由自己想出點子而進入一種創造者心態。只要花六分鐘想出原創的點子，就使得他們更能接受新穎的事物，更能夠在某件不尋常的事物上看出潛力。

根據這些發現，你也許會認為，只要確保主管曾有過身為創作者的經驗，就能提高選對點子的成功率。可是在伯格針對馬戲團表演所得到的研究數據中，曾經擔任表演者而後來成為經理的人，他們所做的評估並不比一般經理人正確多少。純表演者所做的預測仍舊是最正確的。一旦你擔任了主管的職務，就很難避免讓自己悄悄產生評量的心態，從而做出漏報。伯格在一項實驗中證明了這一點：他請一組人先想出一些點子，再列出一張評量標準表，接著衡量這些點子能否在真實觀眾那兒獲得成功。先像創作者一樣思考，再扮成主管，這使得他們的預測準確度降低到百分之四十一。

當伯格把這個順序顛倒，讓那群人先列出評量標準表，再想出點子，他們的預測準確度就提升到百分之六十五。如果我們想要提高自己押注在最佳原創點子上的機率，我們必須在即將檢視別人的提議之前先想出自己的點子。而事實證明，這有助於解釋《歡樂單身派對》何以得見天日。

經驗是把雙刃劍

當試映觀眾對《歡樂單身派對》試映集做出嚴苛的批評，「那就像是一劍刺進我的心」，李托費德回憶，「當時我們很害怕，繼續進行一個在市調中受到如此強烈排斥的節目。」雖然要給這個節目一個機會，最理想的人物也許是喜劇編劇同行，但當時並沒有哪個純編劇位居握有權力的職位。不過，瑞克・魯德溫（Rick Ludwin）算是次理想的人物了，就是他最後讓這部影集得以拍攝下去。

魯德溫日後將以力挺脫口秀主持人傑・雷諾（Jay Leno）和柯南・奧布萊恩（Conan O'Brien）、爭取改編《辦公室瘋雲》這個一開始就沒有太多觀眾的節目而知名。不過，他對電視圈最大的貢獻在於授權製作了《歡樂單身派對》試映集。

在他職業生涯的那個時間點，魯德溫甚至不是在喜劇部門工作，而是負責綜藝節目和特別節目。當《歡樂單身派對》試映集未獲成功，他努力設法再給這個節目一個機會。他在自己旗下節目中找到幾小時空檔，將之分割成幾個半小時的時段，從他製作特別節目的預算裡挪出錢來資助拍攝更多集《歡樂單身派對》。魯德溫說：「據我們所知，那是電視史上最小的劇集訂單。」傑瑞・賽恩菲爾德（Jerry Seinfeld）[10]日後

10編註：美國好萊塢知名喜劇演員、劇作家、電視與電影製片人，代表作品是《歡樂單身派對》。

會說，若只有受邀製作六集「就像是被賞了一巴掌」，而ＮＢＣ電視台當時只訂購了四集。

賈伯斯早在一九八二年就說過：「如果你想要做出創新的連結，你必須沒有其他人都有的經驗包袱。」不在喜劇影集部門工作，也許是魯德溫當時最大的優勢。他回想：「賴瑞（Larry David）和傑瑞在那之前從未編寫過喜劇影集，而我的部門也從未製作過一部喜劇影集。我們很相配，因為我們不知道有哪些規則是不該打破的。」因為身為局外人，讓他能超然於喜劇影集的標準模式之外，而去考慮做點不同的節目。大多數的喜劇影集都在二十二分鐘一集的節目裡拍攝少數幾場連續的場景；《歡樂單身派對》卻往往留下未解決的衝突，而且在一集裡塞進多達二十個不同的場景。如果你僅僅熟悉喜劇影集的世界，這一點會令人煩惱，可是對一個在每集特別節目中都經常採用不同布置的人來說，這就完全不是問題。

同時，魯德溫的確具有創作喜劇所需的經驗。一九七〇年代，他在擔任製作人時也寫些笑話賣給知名諧星鮑伯・霍伯（Bob Hope），後來也替一個白天播出的綜藝節目製作滑稽短劇。他回憶道：「跟喜劇編劇相處就像是去參加棒球夢幻訓練營。你自以為很厲害，直到你上場打擊。你不但打不到球，甚至連球都看不見。我知道自己構不上他們的水準，但至少我們能夠溝通。」

在某個特定領域具有中等專業能力的人最能夠接受極端有創意的點子。魯德溫在喜劇上的深度經驗給了他在幽默感上的必要能力；他在喜劇影集之外的廣博經驗則使他免於被蒙蔽雙眼，看不見喜劇節目的另類模式。他並未嚴密檢視是什麼使某一部喜劇影集大紅大紫，而是撒出一張更大的網，去研究一般而言是什麼使喜劇成功：

你永遠不知道下一個熱門節目會來自何處，它有可能會來自左外野。如果你想：「這不可能成功，因為這個製作人經驗不足，或是類似的點子從來沒成功過」，如果你腦袋裡有這種路障，你就會錯過一些東西。對我最有利的一點，是我從未製作過一部在熱門時段播出的喜劇影集，但是我習慣於不落俗套、異想天開的點子。我能看出什麼行得通，什麼行不通。我花在閱讀《週六深夜現場秀》劇本上的時間讓我更能接受《歡樂單身派對》那種不落俗套的情節，如今這些情節已經膾炙人口。

既深且廣的經驗，這種獨特的結合對於創造力至為關鍵。最近有一項研究，把一九〇一年到二〇〇五年所有獲頒諾貝爾獎的科學家拿來和同時期的一般科學家相比較。這兩群人都在各自的研究領域裡取得深厚的專業能力，可是諾貝爾獎得主參與藝術活動的可能性卻高出許多。下面這張表是密西根大學十五位研究人員針對諾貝爾獎得主，相對於一般科學家從事藝術活動的情形所得到的發現：

與藝術有關的嗜好	相對於一般科學家，諾貝爾獎得主有該項嗜好的機率
音樂：演奏一種樂器、作曲、指揮	大兩倍
美術：素描、繪畫、版畫、雕塑	大七倍
手工藝：木工、機械、電器、吹製玻璃	大七點五倍
寫作：詩、劇本、小說、短篇故事、散文、大眾書籍	大十二倍
表演：業餘演員、舞者、魔術師	大二十二倍

針對創業者及發明家，對數千名美國人所做的一項代表性研究也得出類似的結果。比起他們的同儕，創業者以及申請到專利的人更可能有素描、繪畫、建築、雕塑與文學方面的休閒嗜好。

創業者、發明家和知名科學家們對藝術的興趣，顯然反映出他們的好奇心與性向。樂於用新方式來看待科學與企業的人往往也著迷於透過圖像、聲音與文字來表達意念與情緒。[11]但這不僅表示某一類特定開創者喜歡接觸藝術，藝術也反過來成為創造性洞見的重要來源。

伽利略發現了月球上的山脈，當他得到這個驚人發現時，他望遠鏡的放大倍數其實並不足以支持此一發現，他只是辨認出分隔月球上光面與暗面的鋸齒狀圖案。其他的天文學家也透過類似的望遠鏡去看，但如同心理學家賽門頓所述，只有伽利略「能看出暗面與光面的含意」。伽利略在物理學與天文學上有必要的深厚素養，但也擁有繪畫及素描上的廣泛經驗。多虧了一種被稱為明暗技法的美術訓練（此一訓練專注於光與影的描繪），伽利略得以在其他人看不出來的地方看出山脈。

一如科學家、創業者和發明家，經常藉由拓展知識領域，把藝術概念納入而發現新點子，我們也可以藉由擴展自己涉獵的文化領域來增加知識的廣度。針對具有高度創造力之成年人所做的研究顯示，比起同儕，這些人在童年時往往更常隨家人搬到不同的城市居住，這使他們接觸到不同的文化與價值觀，也激發了彈性及適應力。在最近一項研究中，策略學教授弗瑞德里克・高達特（Frédéric Godart）所領導的一組研究人員探討「創造力是否可能受到在國外居留之時間的影響」。他們把重點放在時尚業，針對數百家時裝品牌，在二十一個季度中所生產的時裝創意，追蹤採購人員與時尚評論家所給的評價。這組研究人員研究了各品牌創意總監的生平，追溯時尚

11 原註：與藝術方面的興趣最為相關的人格特質是「開放性」，在智性、審美及情感活動上追求新穎及多樣性的傾向。當心理學者羅伯・麥克雷（Robert McCrae）橫跨五十一種不同的文化分析四十八個問題，最能顯露出開放性的一個指標是同意下列陳述：「當我在讀詩或是觀賞一件藝術品時，有時候我會心中一震，或是湧起一波興奮之感。」在世界各地，從美國、日本、巴西到挪威，心態最開放的人在欣賞藝術或是聆聽美妙的音樂時體驗到審美上的震顫——戰慄與雞皮疙瘩。「我養成了對音樂的強烈愛好，」達爾文曾寫道，因此在聆聽一首聖歌時，「我的脊梁有時會顫抖。」

業典範人物的國際經驗，像是亞曼尼、唐納・卡蘭、拉格斐、凡賽斯和王薇薇（Vera Wang）。

而最具創意的時裝品牌，其創意總監擁有的國外經驗最多，不過，這件事有三個要注意的細節。第一，在海外生活的時間並不重要：重要的是在海外工作的時間，要在某個異國積極參與設計工作，這一點能預測他們新推出的時裝能否成功。最具開創性的時裝來自曾在兩、三個不同國家工作過的創意總監。

第二，外國的文化與他們母國文化之間的差異愈大，在該國工作的經驗就愈加有助於該創意總監的創造力。例如相較於在韓國或日本的工作在開創性上所能帶來的增益，一個美國人在加拿大工作能得到的收穫就很有限。

不過，在文化各異的多個國家工作還不夠。第三點也是最重要的一點，是深度，亦即在海外工作所花的時間。短期工作帶來的好處有限，因為創意總監在外國所待的時間不足以讓他們徹底吸收來自異國文化的新點子，並且與舊有的觀點加以融合。而最高的開創性，發生在創意總監花了三十五年在海外工作之後。

魯德溫的經驗也許與這個模式相符。他花了十年以上的時間創作各種喜劇短劇，這給了他深度經驗。而他也具有經驗上的廣度，在不同的電視部門工作可以和差異極大的數個國度相提並論：綜藝節目和特別節目、白天和深夜的脫口秀。熟悉多種電視語言，使他能在其他人感到懷疑時看出成功的希望。當魯德溫獲准製作《歡樂單身派對》，他繼續監製整個劇集，並且起用和他一樣具有「圈內的局外人」身分的編劇。他們幾乎全都來自深夜節目，而且大多數在《歡樂單身派對》之前從未編寫過喜劇影集，這意味著「點子再怪異也不是問題」。[12]

相信直覺的隱憂：賈伯斯錯在哪裡

賈伯斯第一次踏上一部賽格威雙輪電動車時，他不肯下來。當卡門讓其他準投資人輪流試乘，賈伯斯才不情願地交出去，但旋即又插隊搶乘。賈伯斯邀請卡門吃晚餐，而根據記者史蒂芬・肯普（Steve Kemper）所說，賈伯斯「認為這個機器就像個人電腦一樣具有開創性而又吸引人，覺得他必須要參與。」

賈伯斯是出了名地根據直覺而非系統化分析來下豪注。為什麼他在電腦軟體與硬

12 原註：多樣化的經驗真的能產生開創性嗎？還是說具有開創性的人會去尋找多樣化的經驗？在時尚公司，也許最具有創造力的創意總監會選擇花最長的時間沉浸在新文化中。這也許是部分事實，但是有證據顯示多樣化的經驗能夠助長創造力。當我們使自己的知識基礎多樣化，我們就可能去嘗試開創的點子並且取得非傳統的知識。研究顯示，當人們想起自己在異國文化中所度過的時光，他們就變得更有創意，而說兩種語言的人通常比只說一種語言的人更具有創意。在一項實驗中，當歐裔美國人觀看一場四十五分鐘長的幻燈片介紹美國與中國的文化融合，比起那些只認識美國或中國文化的同儕，他們就能替土耳其兒童寫出更具創意的「灰姑娘」故事。

體上押對了那麼多次，這一次卻押錯了？有三股主要力量，使得他對於賽格威的成功潛力過度自信：在該領域缺少經驗、過於自負、太過熱切。

讓我們先談一下經驗。當NBC電視台的主管由於對傳統喜劇影集太有經驗，而無法欣賞《歡樂單身派對》那種非正統的創意，賽格威雙輪電動車的早期投資人面對的問題卻正好相反：他們對交通運輸所知不足。賈伯斯專精數位領域，貝佐斯是網路銷售之王，杜爾則以投資軟體及網路公司致富，像是昇陽電腦、網景通訊、亞馬遜和谷歌。他們在各自的領域都是開創者，但是身為某一特定領域的創造者並不會使你在其他領域成為偉大的預測家。要準確預測一個新點子能否成功，你最好能在你需要做出判斷的那個領域身為創造者。

為什麼呢？丹恩教授所主持的新研究告訴了我們答案：只有在我們擁有許多經驗的領域，我們的直覺才會準確。在一個實驗中，請受試者去看十個名牌提包，判斷那是真品還是仿冒品。半數受試者只有五秒鐘的時間去猜，這迫使他們仰賴自己的直覺。另外半數受試者則有三十秒的時間，使他們能去檢查並分析手提包的特徵。丹恩的研究團隊也評估了受試者對手提包的經驗：有些人很有經驗，擁有三個以上的Coach或LV提包，其他人則從沒碰過名牌包。

如果你擁有多個名牌提包，那麼你能用來檢視它們的時間愈少，你的判斷就愈準。有經驗的提包主人在只有五秒鐘時所做的判斷，其準確度要比他們有三十秒鐘時高出百分之二十二。當你花了許多年來研究手提包，直覺能勝過分析，因為你的潛意識善於分辨樣式。如果你停下來思索，反而很容易就會見樹不見林。

然而，如果你對手提包一無所知，你的直覺就幫不上忙。要判別你不熟悉的產品，你需要後退一步加以評估。並非專家的人，在進行過徹底分析之後所做出的判斷會比較可靠。當賈伯斯直覺賽格威雙輪電動車將會改變世界，他是受其新穎所吸引，受到此一衝動的引誘，而非謹慎檢視其實用性。哈佛大學心理學家特瑞莎・艾墨碧（Teresa Amabile）是全球研究創造力的頂尖權威，她提醒我們，開創概念要想成功，發明必須要新穎，但也必須要實用。在由無形位元所掌控的數位世界，賈伯斯著迷於下一個創新突破將會發生在交通業的可能性。賽格威雙輪電動車是個工程學上的奇蹟，騎乘賽格威帶來令人激動的快感。「那就像是一張魔毯。做為一種產品，它具有改變世界的能力。」哈佛大學創業學教授比爾・沙曼（Bill Sahlman）說，當年是他把卡門介紹給杜爾，「可是產品並不會創造價值，創造價值的是顧客。」

對一群沒有交通業經驗的人來說，要弄清楚賽格威究竟是否實用需要做很多功課。少數投資人針對這一點提出關切，其中一位是李艾琳（Aileen Lee），當時她替杜爾工作，是「凱鵬華盈創投公司」的合夥人。針對使用賽格威雙輪電動車，李艾琳在董事會上提出質疑。要怎麼上鎖？隨身攜帶的什物要放在哪裡？另外還有一個很實際的大問題令她擔憂：價格，因為「五千或八千美元對普通人來講是很大一筆錢」。

如今回顧，她說：「我當時應該要更加堅定地說出：『我們這樣做不對。』」

蘭迪．科米薩（Randy Komisar）是另一個在早期就抱持懷疑態度的人，他曾是個創業家，擔任過「蘋果公司」資深顧問、「盧卡斯藝術娛樂公司」執行長和數位錄影機公司TiVo的創始董事。科米薩回憶：「我思考這件事的方式是假裝我就坐在創業者的位子上。我不認為我比那些人更聰明，但是我看待事情的方式和他們略有不同。我認為他們看見一項顯得極端新穎之優異科技的實際應用。那一天我們騎乘那具機器的經驗很神奇，在兩個輪子上，能自動平衡，四處移動。那給人的第一印象是令人『哇！』一聲的讚歎。那麼，我為什麼沒有被說服呢？」

當科米薩審視市場，他看出賽格威不太可能取代汽車，而只能替代步行或自行車。他不認為那是提供給一般消費者的產品。他說明：「對於任何長著兩條腿的人來說，那是個行為上的巨大改變，代價很高，而價值有限，除了令人讚歎之外。」就算賽格威獲准被使用於人行道上（這在當時還是個未知數），價格也變得讓一般人能夠負擔，也還需要好幾年時間才能讓大眾習慣使用。他提議不如專注於這項發明在高爾夫球場、郵政服務、警察部門和迪士尼樂園的實用性。「你看得出在這些應用上有種價值與成本的交換，在這方面這項發明也許有點優勢。」不過科米薩仍然抱有重大疑慮。

> 我仍舊將之視為行為上的一種重大改變，並且要付出重大的代價。我不清楚這東西是

否能改善郵差的效率，也不清楚郵政服務是否以改善郵差的效率為目標，郵局受到工會勞動契約相當大的限制。在高爾夫球場上，大家整天都駕著電動車來來去去。他們何必改用賽格威呢？

另一方面，賈伯斯堅持他對新穎事物的直覺：「只要看見這個機器的人夠多，你就無須去說服他們以它為中心來打造城市。人是聰明的，這件事將會發生。」

如同獲頒諾貝爾獎的心理學家丹尼爾・康納曼（Daniel Kahneman）以及研究決策的專家蓋瑞・克萊恩（Gary Klein）所闡述，只有當人累積了在一個可預測的環境中做判斷的經驗，直覺才可以信賴。如果你是個面對病患症狀的醫生，或是進入一棟失火建築的消防隊員，經驗會使你的直覺更為準確。在你以前見過的模式和你如今遇見的模式之間有著穩定、堅固的關係。然而，你若是個股票經紀人或是個政治預測家，過去的事件對於當前的事件就沒有可靠的密切關係。康納曼和克萊恩檢視了經驗對物理學家、會計師、保險分析師和棋藝大師產生幫助的證據，而在這些人的工作領域，因果關係都相當一致。可是招生辦公室人員、法官、情報分析師、精神科醫師和股票經紀人能從經驗中得到的好處就不多。在一個快速改變的世界，從經驗中得到的教訓很容易就會把我們帶往錯誤的方向。而由於改變的速度愈來愈快，我們的環境變得愈來愈難以預測。這使得直覺在評估新點子時比較不是個可靠的洞見來源，也使得分析愈加重要。

既然賈伯斯並未累積在交通界的相關經驗，為什麼他如此信賴他的直覺？這就指向我們要講的第二個因素：「他有一種隨著成功而來的自負。」科米薩解釋。假如科米薩更強硬地表達出他的擔憂，「賈伯斯可能會說：『你就是不懂。』」在交通業和航空業的研究支持科米薩的看法。一個人過去愈成功，在進入一個新環境時表現得就愈差。他們變得過度自信，而且比較不會去徵求批評意見，就算背景情況截然不同。賈伯斯就落入了成功所帶來的這種陷阱：以他過去的紀錄，他一次次證明了反對他的人是錯的，他沒有費心去從具有相關領域知識的創造者那裡收集意見，來核對自己的直覺是否正確。而當他遇上卡門那種展示風格，他的直覺就把他更進一步帶上了歧途。

熱情帶來的危險

當卡門向投資人推銷賽格威雙輪電動車，他熱情地談起像中國和印度這些開發中國家每年都在建造大如紐約的城市。這些都會中心將會塞滿了汽車，對環境有害；而賽格威能夠解決這個問題。李艾琳回憶：「他是股自然力量。他有技術、有經驗，而且對這些問題充滿無比的熱情，因此他令人目瞪口呆。」

由美國東北大學創業學教授雪莉・米頓尼斯（Cheryl Mitteness）所主持的一項

研究中，六十多名天使投資人針對創業家所投售的點子做出三千五百多個評量，以決定是否要投資。這些投資人填寫了一份問卷，關於他們自己的風格是比較傾向於直覺型還是分析型，評估每個創業者的熱情和熱忱，再評量每一家新創企業是否值得投資。

如同康納曼在《快思慢想》中的闡述，直覺運作得很快，根植於強烈的情緒，而理性判斷則是個比較緩慢、比較冷靜的過程。直覺型的投資人容易被一個創業家的熱忱感染；分析型的投資人比較會專注於事實，針對該企業是否可行做出冷靜的判斷。賈伯斯直覺式的風格，使他容易被卡門的熱情以及該項科技本身的新穎所誤導，而他的自負以及缺乏交通業經驗，使他更容易去相信一個最後被揭穿為誤報的預測。

在評估一個新點子的成功展望時，我們太容易受到點子背後那些人的熱忱所引誘。用谷歌前執行長施密特（Eric Schmidt）和前產品資深副總羅森伯格（Jonathan Rosenberg）的話來說：「熱情的人並非把熱情擺在臉上，而是心中有熱情。」看著一個點子實現的熱情並不顯現於人們所流露出的情緒中。我們注入言語、聲調、肢體語言中的熱忱並非了解我們內心熱情的線索，只是反映出我們的簡報技巧和個性。例如，研究顯示，外向的人往往比內向的人更有表達力，這意味著他們表現出較多的熱情。可是我們是比較外向還是比較內向，此事基本上與我們能否成功創業無關。你可以熱愛一個點子，決心要成功，但仍舊以矜持的態度來表達。

這話並不是說熱情對於創業的成功毫不相干。有許多證據顯示，熱情的創業家能使自己所創立的企業成長得更快速，更成功。以卡門來說，他的熱情中缺少「能幫助點子從發明成長為具有影響力」的那種成分。那些早期投資人應該不要被他創造出賽格威的熱情所誘惑，應該去評估他成立一家公司並且把產品成功上市的熱情。而要這麼做，他們不該只去注意他說了什麼，也該去檢視他做了什麼。

研究過他的過往之後，科米薩得出的結論是：身為發明家的卡門，要比身為創業者的卡門令人敬佩。過去，卡門最成功的發明是回應顧客所提出的需要解決問題。在一九七〇年代，他想出了可攜式輸注藥物幫浦的點子，因為他的醫師哥哥感嘆護士經常用手注射應該要自動輸注的藥物，而許多其實可以在家中接受藥物注射的病患擠在醫院裡。一九八〇年代，當「百特醫療產品公司」委託卡門的公司來改善替糖尿病患者的洗腎方式，卡門研發出可攜式洗腎機。他擅長替其他人所發現的問題創造出高明的解決辦法，但並不擅長找出需要解決的問題。拿賽格威雙輪電動車來說，他先有了一個解決辦法，然後才去尋找問題。他並非對市場需求做出回應，而是犯下由技術來推動的錯誤。

雖然卡門對賽格威雙輪電動車充滿熱情，但他並未準備好成功地加以執行。如果想要改善自己「選對點子」的技巧，我們不該去看那些人過去是否成功，而該去追查他們如何成功。李艾琳說：「當我們去看卡門這個人，我們看見一個可靠的創造者，擁有發明出成功醫療用品的紀錄，而那些與他合作製造出那些產品的人還留在他身邊。可是到了要實際製造產品的時候，每日工作的執行以及使產品符合成本效益就很重要。」而卡門缺少這方面的經驗。沙曼教授又補充了一句：「重點從來不在於點子，一向在於執行。」

如果想要預測想出新點子的人能否讓這個點子成功，我們要看的不僅是他們對自己的點子所流露出的熱忱，而要專注於他們在行動中所揭示出對於執行的熱忱。魯德溫之所以下注在傑瑞・賽恩費爾德和賴瑞・大衛身上並非因為他們在投售劇本時看起來或聽起來熱情洋溢，甚至也不是因為他們對自己的節目構想真心感到興奮。他之所以給了他們一個機會是因為他看見他們會修改自己的構想，觀察到他們具有正確執行的能力。「他們會在午夜時分待在編劇室裡，設法想出該如何調整第二場戲。你看見傑瑞工作時是多麼嚴謹，這就是你在找的熱情。」

挑選點子時應戴的矯正鏡片

我沒有投資Warby Parker，此一錯誤是個重大的漏報。在讀了關於挑選點子的研究之後，我看出自己的一個限制：我並非同一領域的創造者，也不是個顧客。起初，我把自己不善於做創造性預測一事，怪罪於我兩眼的視力都是二點零。如果你從沒戴過眼鏡，就很難判斷戴眼鏡的人會有什麼偏好。不過，經過反省之後，我明白了我真正缺少的是經驗的廣度。我曾經花了兩年的時間替一家眼鏡公司做過研究和顧問，該公司主要的收益來源是在店裡販售眼鏡，在驗光醫師開了處方箋、顧客試戴過眼鏡之後。我受限於傳統眼鏡買賣方式的預設心態。假如我在聽他們投售這個點子之前花了時間自己去想出點子，或是研讀了有關其他服裝與配件如何在網路上銷售的資料，我也許會比較能夠接受這個點子。

那四個創始人並未被這種眼罩妨礙：他們自身的經驗，具有適當的深度及廣度。他們當中三個人都戴眼鏡，也具備在生物工程學、醫療界、顧問業和銀行業的經驗。其中，戴夫曾經在國外旅行數月時弄丟了眼鏡，當時他也沒有手機。等他回到美國，同時需要買一支手機和一副眼鏡，這提供了他一個新鮮的視角。尼爾・布盧門撒爾沒戴眼鏡，但是五年來他在一個非營利組織工作，該組織訓練亞洲、非洲和拉丁美洲的婦女創業。而他指導婦女販售的產品是眼鏡，這使他對光學界有了夠深厚的知識：他知道眼鏡能以較低的成本來製造、設計並出售。而由於他花了時間跨出傳統的眼鏡產銷管道之外，他具有夠廣的知識來採取新做法。尼爾對我說：「開創性很少來自圈內人。尤其是像光學界這樣穩固、安逸的圈子。」

由於具有多樣化的經驗，創立Warby Parker的這四個人沒有受限於既有的模式或評量的心態。他們並未假設自己的點子能夠成功，也沒有像卡門一樣進入極度樂觀的銷售模式，而是先尋求創造者同儕和潛在顧客的意見。藉由跳過中間零售商，他們能以四十五美元的價格出售通常要賣五百美元的眼鏡。一位行銷專家提醒他們：日後他們的成本將會增加，而且價格被視為代表品質。於是他們設計出一份設計成產品模擬網頁的問卷，隨機分配給顧客不同的價格點。他們發現，價格為一百美元上下時，顧客購買的可能性會提高，然後持平，之後在更高的價格區間急速下降。他們請朋友試用不同的網頁設計，看看哪種網頁不僅能有最多人點閱，也最令人信賴。

由於別家公司也可以在網路上賣眼鏡，那四位創始人明白要想成功，品牌會是個關鍵。為了替公司命名，他們花了六個月來想點子，製作了一張試算表，上面有兩千個或許可用的名字。他們在問卷調查和焦點團體中測試他們最喜歡的幾個名字，發現靈感來自凱魯亞克小說的Warby Parker聽起來既特別又有格調，而且不會引發負面的聯想。然後他們帶來了執行點子的大量熱情。

Warby Parker最近的成功，有一大部分要歸功於他們讓同儕參與評估點子的方式。二〇一四年，他們創辦了一個名叫「鳥囀」（Warbles）的活動，邀請公司裡每個人隨時提出針對新科技特點的建議和要求。在開辦「鳥囀」活動之前，他們每一季會收到員工提出十到二十個點子。隨著這個新活動，員工也相信他們挑選點子是只看內容好壞，於是員工所提案的數目遽增到將近四百個。其中一項建議，促使公司全面修改進行零售的方式，另一個建議促成了一套新的預約系統。Warby Parter的科技長拜德（Lon Binder）說：「尼爾和戴夫真的很優秀，可是他們無論如何不可能比兩百個人合起來更優秀。」

Warby Parker並未限制只有哪些人能存取這些點子，要採用哪些點子也並非只靠經理人來決定，而是用一份谷歌文件把那些建議完全透明地攤在員工面前。公司裡每個人都能去讀，能在線上加以評論，並且在一場隔週舉行的會議裡加以討論。這意味著那些點子並非只由經理人去評估，也由同儕創作者評估，就如同賈斯汀・伯格的建議：同儕創作者往往較能接受極端新穎的點子。員工花在發想點子上的時間使他們更能看出同事所想出的點子當中哪些是有價值的。

公司的科技部門有完全的自由權，可以從那些建議中做挑選，著手處理那些令他們感興趣的要求。這聽起來很民主，不過，這當中有一點技巧：為了給員工一些指引，讓他們知道哪些建議對公司來說是策略上的優先考量，經理人投票選出有希望成功的建議，而捨棄欠佳的建議。為了避免誤報和漏報，這些票選並不具有約束力。科技團隊可以駁回經理人的票選結果，選擇一個並未獲得許多選票的要求，並且做出成績來證明其價值。曾在Warby Parker做過一項研究的應用心理學專家瑞伯・瑞伯爾（Reb Rebele）說：「他們不會等著接到許可才動手去打造某件東西，但是他們在向顧客推出之前會先收集同儕的意見。他們先是很快行動，然後才慢下來。」

假如賽格威雙輪電動車被提交到像「鳥囀」這樣的過程中，也許會引來更多的批評意見，而阻止了它的製造，也可能產生一種更為實用的設計。卡門就會在為時已晚之前學到把賽格威做得更實用，或是把這項科技授權給能做到這一點的人。

賽格威雙輪電動車也許失敗了，但卡門仍舊是個優秀的發明家，貝佐斯仍舊是個有遠見的創業家，而杜爾也仍舊是個精明的投資人。不管你是在產出還是評估新點子，你最好是用棒球打者的標準來衡量成功。如同科米薩所說：「如果我有三成的打擊率，那我就是個天才。因為未來是無法預測的。你愈早學到這一點，就能愈快變得擅長此道。」

卡門又繼續公開了一系列的新發明，回到他最初嶄露頭角的醫療界。包括一個具有先進機器人科技的義肢手臂，能讓一個士兵或一個被截肢的人撿起一粒葡萄並且操作一件手鑽工具。這個義肢被暱稱為「路克」，根據《星際大戰》電影中天行者得到一條仿生手臂的那一幕來命名。還有一具新史特靈引擎，是個安靜、節能的機器，可以發電並且把水加熱。這具引擎提供動力給一具被取名為「彈弓」（Slingshot）的淨水器，能用任何來源的水蒸餾出飲用水，無須過濾，而且能以牛糞做為燃料來運作。當卡門向科米薩投售彈弓淨水器，他繞了一圈又回到了起點。不過，科米薩又一次抱持懷疑的態度。他自己也曾當個背包客遊歷過開發中國家，他認為這個機械裝置以無電網裝置來說太過複雜；如果它不再能運作，就會淪落到垃圾堆裡。這個預測是否準確，還是說這會是個漏報，目前尚未可知。

身為發明家，卡門的最佳做法是盲目地產出新穎的點子，並且多收集同儕創作者的意見，來訓練他判斷哪些點子也許會被證明為實用的眼力。身為投資人，你能夠看得更清楚一點，但是你仍舊會是用一隻眼睛在賭博。與其仰賴單單一個點子，你最明智的做法也許是下注在卡門所有發明的整個組合上。

單是在二〇一三年，美國所承認的專利就超過三十萬件。這些專利當中有哪一件將會改變世界的機率很小。每個創造者一生中所想出的點子則有遠遠更高的機率能夠改變世界。當我們判斷他們有多偉大，我們並非去看他們的平均水準，而是專注於他們的顛峰之作。

CHAPTER 3

孤軍奮戰

向掌權者說出真相

偉大人物總是會碰到平庸之輩的反對。

愛因斯坦

一九九〇年代初期，美國中央情報局一位前途看好的情報分析員卡門‧梅蒂納（Carmen Medina）被派駐到西歐，為期三年。等她再回到美國，她發現外派阻礙了她的晉升之路。她被困在一個又一個不符合她能力與抱負的職位上，因此想找尋另一種方式來做出貢獻。她開始加入研習團體，討論情報工作的未來。

在任職於中情局的這段期間，梅蒂納看出情報界在資訊的傳送上有著根本的問題。分享情報的現行制度，是透過「已完成的情資報告」，這些報告每天發布一次，而且要協調各情報單位之間的報告很困難，分析人員無法在一有洞見時就加以分享。由於情資不斷在演變，要把重要資訊送到正確的人手中耗時太久。在性命交關、國家安全岌岌可危之時，每一秒鐘都至關緊要。每一個情報單位其實都自行製作日報，而梅蒂納看出需要有一個截然不同的制度，讓各單位之間能即時分享最新情資。要打破各單位之間的藩籬，加速情資的傳送，她提出了一項完全違反中情局文化的提議：情報單位應該開始即時公布所發現的情資，並且透過情報界的機密內部網路加以傳送，以取代印在紙上的報告。

她的提議很快就被同事否決，因為過去從不曾嘗試過類似的計畫。他們所持的論點是：網路對國家安全是種威脅，情報工作之所以在暗中秘密進行是有道理的。在現行的制度下，他們能夠確保把印出來的文件送到需要知道該文件內容的指定收件人手中；網路傳輸顯得不那麼安全。假如情資落入錯誤之人手中，我們全都會陷入險境。

梅蒂納拒絕放棄。如果成立這些研習團體的目的在於探討未來，而她卻無法向掌權者說出真相，那麼她還能在哪裡說呢？就像她目睹過傳真機使得資訊的分享變得更有效率，她深信數位革命終將震撼整個情報界。她繼續提倡成立一個網路平台，讓中情局能和聯邦調查局或國家安全局等單位互相傳送情資。

梅蒂納持續說出她的意見，但是沒有人聽。一位資深同事告誡她：「小心妳在這些團體裡說的話。如果妳太誠實，說出妳真正的想法，這會毀掉妳的前途。」沒多久，就連她的好友都開始與她疏遠。最後，梅蒂納受夠了自己不被尊重，她大發脾氣，和人大吵一架，結果不得不請三天病假，並且著手另謀出路。

但她無法在外界找到工作，最後她只得到一個無法參與行動的幕僚職位，差不多是她在中情局唯一能得到的工作。她沉默了一陣子，但是在沉寂了三年之後，她決定再度發聲，支持一個跨單位、時時更新的即時網路通報系統。

不到十年之後，一個名叫「情報百科」（Intellipedia）的網路平台創立了，這是允許各情報單位取得彼此所知的一種內部「維基百科」，而梅蒂納在此舉中扮演著不可或缺的角色。這與中情局的規範極端不符，借用一位觀察者的話：「那就像是在德州提倡吃素。」

到了二〇〇八年，情報百科已成為情報單位在面對大規模挑戰時，重要的情資來源，例如北京奧運的維安工作，或是找出孟買恐怖攻擊事件背後的恐怖分子。在幾年之內，該網站在情報界累積的登記使用者超過五十萬名，網頁超過一百萬張，瀏覽次數高達六億三千萬次，並且贏得了「美國國土安全貢獻獎章」。一位資深主管說：「他們所做的貢獻難以言表。他們在沒有經費的情況下，幾乎在一夕之間完成了重大變革，而其他有數百萬美元經費的方案卻未能獲致這等成果。」

為什麼梅蒂納第一次提出建議時沒人願意聽，而又是為什麼，讓她第二次提議時得到採納？在那之間，世界改變了：網際網路逐漸被普遍接受，而九一一恐怖攻擊事件敲響了警鐘，各情報單位之間的協調合作亟須改善。不過，一直要等到梅蒂納晉升為中情局情資部門副主管，給了她支持成立情報百科的權限，才有了這個網路平台解決方案。要升上這個職位，她需要學會換一種方式來傳達意見，以能夠贏得信任，而非失去信任的方式來說出她的看法。

我們都曾在某個時刻，想要表達出與主流不符的意見，抗議一個不合理的政策，提倡一種新做法，或是為一個弱勢群體挺身而出。本章要談的是發聲的時機，以及如何有效發聲，但不至於危及我們的前途和人際關係。提出意見的正確時機為何？我們能採取哪些步驟使別人採納意見？除了剖析梅蒂納的發現，我也會介紹一位用反常道而行做法推銷公司的創業家，以及一位敢於挑戰賈伯斯的經理人，你將會從他們身上學到一些東西。你會看見，為何最支持屬下的主管有時提供的支持最少，性別和種族對你發言一事有何影響，還有為何我們所喜歡的自己照片，和我們所喜歡的朋友照片正好相反。本章的目的，在於說明你該如何降低說出自己意見的風險，以及獲得說出意見的潛在好處，人人都能做到。

在缺少地位時很難行使權力

領導者和經理人會欣賞員工主動提供協助、建立人脈、收集新知、徵求意見，但是有一種主動行為卻會受到懲罰：提出建議。在一項橫跨製造業、服務業、零售業和非營利組織的研究中，在兩年期間，員工愈常向上級提出意見和擔憂，獲得加薪和升遷的可能性就愈低。而在一項實驗中，當有人表達出對種族歧視的反對，就被那些沒有出言反對的人批評為自命清高。當我們選擇在道德的梯子上往上爬，梯頂可能會相當孤單。

要了解梅蒂納遇上的障礙，我們要把社會階級中常被混為一談的兩個主要層面加以區分：權力和地位。權力涉及對他人行使掌控權或管轄權，地位則是受到尊敬和佩服。在北卡羅來納大學教授艾莉森・弗拉格爾（Alison Fragale）所主持的一項實驗中發現：沒有地位卻試圖行使權力的人會受到懲罰。當不受敬重的人企圖發揮影響力，其他人會認為他們難搞、想脅迫別人，追逐私利。由於他們尚未贏得我們的敬佩，我們不認為他們有權來告訴我們該做什麼，於是我們就會反抗。這就是當時發生在梅蒂納身上的情況，她派駐國外的那幾年，使得她返國後在局裡沒什麼地位，她還沒有機會向同事證明自己的價值，所以他們完全不接受她的想法。由於別人對她所關注的事不屑一顧，她的挫折感愈來愈大。

當我們試圖去影響他人，卻發現對方並不尊重我們，這就點燃了憤恨之情的惡性循環。為了維護自己的權威，我們會用愈來愈無禮的行為進行回應。當研究人員請受試者兩兩一組去執行一件任務，授權給其中一人，去決定另一人必須完成哪些事，才能得到拿到五十美元獎金的機會，這種惡性循環就令人震驚地顯現出來。在隨機指派的情況下，當握有權力者得知自己受到同組夥伴的敬重，他們多半會選擇合理的任務：要求夥伴講一個有趣的笑話，或是寫下他們前一天的經歷，以贏得那五十美元獎金。可是當握有權力者得知自己被夥伴瞧不起，他們就會設定一些屈辱的任務來報復，像是要求夥伴學狗叫三次，說「我是個骯髒鬼」五次，或是從五百開始每次減七倒數回去。單是被告知他們不受尊重，他們使用權力去貶低他人的機會就幾乎加倍。

梅蒂納並沒有走到這個地步。但是她繼續表達自己的意見，在缺少地位的情況下想要行使權力，這愈發引起了負面反應。地位不是你想要就能有的，你得去掙來或是被授與。

幾年之後，在她的第二次嘗試中，梅蒂納並未試圖再由下而上攻擊制度、危及自己的前途。她換了個做法，打算先融入現有體制以獲得地位，再從體制中去改變體制。如同電影大師柯波拉（Francis Ford Coppola）所說：「要贏得權力未必只能去挑戰現有體制，而是先在這個體制中佔有一席之地，然後再去挑戰和顛覆現有體制。」當梅蒂納選擇冒險再次提出她的主意，她申請了一份著重於資訊安全的工作來平衡自己的風險組合。她的首要職責是維護情資的安全。如今回想，她說：「那不是我平常會想去做的事，因為那是件非常保守的任務。」

在發布情資的安全性上，我必須進行的其他工作並不吸引我。但最後我可以利用這個職位稍微去做我想要做的事。在我的職責中，最末一項是「著手評估以數位平台發布安全性須受維護之情資的可能。」我有這項十分保守的任務做掩護，那是個平衡的風險組合。

最初，她想透過網路來分享情資的提議，聽起來像是對安全的威脅。如今，她得以把此事納入她維護情資安全之任務的範圍。「大家看見我在支持某件事，而不僅是反對現狀。當時我想，如果我能在那個職位上證明自己的能力，我就有機會替更大的改變播下種子。」

隨著梅蒂納努力贏得尊重，她累積了心理學家艾德溫・霍蘭德（Edwin Hollander）稱之為「性格信用」（Idiosyncrasy credits）的東西，亦即偏離眾人期望的自由度。性格信用透過尊重而累積，而非透過職級：性格信用建立在貢獻上。如果一個地位低的成員試圖挑戰現狀，我們會斷然拒絕，但是地位高的明星人物所表現出的開創性，我們卻會加以包容，甚至加以讚揚。

在最近由席薇亞・貝雷沙（Silvia Bellezza）[13]所主持的一項實驗中，受試者評量頂尖大學的男性教授，比起繫上領帶、鬍子刮得乾乾淨淨的時候，這些教授在身穿T恤而且沒刮鬍子時，在地位和專業能力上獲得的評分要高出百分之十四。大多數的教授都穿著正式服裝，如果不遵守這個規範通常要付出代價。可以成功反抗這些行為準則的人，就表示他們掙得了性格信用，可以隨心所欲。

梅蒂納在接下情資安全部門的工作之後，接下來那幾年，她在數位領域有了很大的進展。由於善盡了能促進中情局任務的工作，她掙得了性格信用來提倡她分享情資的願景。她被晉升至主管階層。二〇〇五年，兩位來自中情局不同部門的分析員西恩・丹尼希（Sean Dennehy）和唐・柏克（Don Burke）協力幫忙創設了情報百科，維基百科的一種機密版本，整個情報界的人都能使用。對於一種跨單位分享情資的維基百科的價值，許多主管抱持著懷疑的態度。丹尼希坦言：「要在情報界採用這些工具，基本上就像是對別人說他們被父母養大的方式不對。」他們在每一個階段都遭到拒絕，直到他們找到了梅蒂納，她悄悄地在中情局裡組織起一群反抗成規的人。她提供了他們剛起步的努力所需要的高階支持，確保他們有空間把開放原始碼這個構想引進一個建立在保密的組織文化中。

由於梅蒂納握有權力，她不再需要太擔心該如何提出她的主意。不過一路走來，要掙得最終給了她權力的地位，她必須改變她發言的方式。她的策略轉變，和你可能遇見之最怪誕的新創公司投售方式有一些共同點。

以最弱之處示人：撒利克效應

生下第一個孩子之後，魯弗斯・葛里斯康（Rufus Griscom）和艾莉莎・佛克曼（Alisa Volkman）這對夫妻對於別人提供的，關於養育小孩的錯誤廣告和不良建議大感震驚。他們開辦了一個網路雜誌和部落格，名叫Babble，挑戰有關養育孩子的過時觀念，並且以幽默感來處理冷硬的真相。二〇〇九年，當葛里斯康向創投家投售Babble，他的做法與每個創業者都被教導去做的事正好相反：他在一張簡報投影片中列出不該投資他公司的五大理由。

此舉本該毀了這次投售。投資人在尋找應該投資的理由，而他卻親手遞上一張表，列出不該投資的理由。創業者理應談談自家公司的優點，而非其缺點。然而他這種違反直覺的做法成功了：那一年，Babble獲得了三百三十萬美元的資金。

13 編註：哥倫比亞大學商學院行銷學系副教授，研究領域有品牌與產品管理、消費者行為和行銷。

兩年後，葛里斯康去迪士尼公司做業務拜訪，看看他們是否有興趣收購Babble。要做這次投售，按道理，他不可能再先列出公司的缺點。承認自己新創的公司有些問題是一回事，你可以承諾會去修補那些缺陷，可是當你要出售一家已經站穩腳步的公司，你有一切誘因來強調其光明面，因為你不會有時間去處理問題了。

可是說也奇怪，葛里斯康又重施故技。他簡報中有張投影片寫道：「這是你為何不該收購Babble的理由」。

他向迪士尼公司數位事業部的家庭部門做簡報時說明：使用者的參與度低於預期，每次造訪該網站所瀏覽的頁面少於三頁；Babble本該是個關於養育子女的網站，可是百分之四十的貼文都是關於名人；而且該網站的後端設備亟須改造。

最後迪士尼以四千萬美元買下了該公司。

這被稱為「撒利克效應」（Sarick Effect），以社會學家雷斯里•撒利克（Leslie Sarick）來命名。

在前述這兩個情況中，葛里斯康向比他握有更大權力的人提出他的點子，並且試圖說服他們撥出資金。大多數人會假定若想具有說服力，我們應該要強調自己的長處，少談自己的弱點。如果觀眾對你抱著支持的態度，那麼採用這種強而有力的溝通方式就是合理的。

可是當你要推銷一個新點子，或是提議做出改變，你的觀眾很可能抱著懷疑的態度。投資人準備在你的論點中找出漏洞，主管在尋找你的建議何以行不通的理由。在這種情況下，採用葛里斯康這種示弱的溝通方式，強調自己不足之處，其實更為有效，這至少有四個理由。

第一個優點是：從自己的弱點講起，可以解除觀眾的戒心。行銷學教授馬丁・弗里斯塔德（Martin Friestad）和彼得・萊特（Peter Wright）發現，當我們意識到別人在試圖說服我們，我們自然而然會提高戒心。過度洋溢的自信是個危險信號，提醒我們需要保護自己免於受到對方影響。在Babble成立之初，當葛里斯康在頭兩次董事會上做簡報，他說起公司做對的每一件事，希望能使董事會對公司的活力和潛力感到興奮。他回憶：「每次我說了什麼來強調正面優點，我就會得到帶著懷疑的反應。過度樂觀被視為推銷術，顯得不太誠實，結果就會遭到懷疑。每個人都對那種感覺過敏，或是懷疑對方在向自己推銷。」

第三次開董事會的時候，葛里斯康改變了做法，一開始就坦率地討論公司裡出的每一件差錯，坦承哪些事令他在夜裡失眠。這種策略在辯論當中也許常見，對一個創業家來說卻非常不合常規。然而，董事會成員的反應卻比前兩次會議中來得好，他們把注意力從自我防衛轉移到解決問題上。葛里斯康決定嘗試把同樣的做法用在投資人身上，並且注意到類似的反應：他們放下了戒心。「當我放上一張投影片，上面寫著：『這是你為何不該收購這家公司的理由』，對方最初的反應是笑出聲來，然後你可以看見他們的身體放鬆下來。那張投影片是真誠的，感覺上或是看起來都一點也不像是在推銷。他們不再覺得我在向他們推銷。」

當梅蒂納首次嘗試說出意見，她沒能承認自己的想法有其局限。她把「情報界需要更開放地分享情資」這件事當成一件事實來陳述，只強調資訊透明的益處，而這是個危險的論點。一個朋友私下對她說：「卡門，妳說話的方式就好像非得要每個人都接受妳說的話為真理，妳才會滿意。」幾年之後當她二度嘗試說出意見，在她所做的簡報中，她變得公正多了，意圖「藉由說出『也許我錯了』來表達出一絲懷疑」。

等到梅蒂納晉升到主管職位，她發現自己成為其他人推銷點子的對象。當別人只吹噓自己點子的好處，她會迅速做出結論：「這個主意充滿了漏洞；他們根本還沒有把事情想透徹，弄出這疊投影片只是想阻止我看出這一點。當別人展示出缺點或是不足之處，我就會成為他們的盟友。他們沒有向我推銷，而是拋出一個問題讓我去解決。」

除了改變互動的結構之外，「坦率說出缺點」也改變了觀眾對我們的評價。在一個引人入勝的實驗中，心理學家艾墨碧請受試者評估書評家的智力和專業素養。她想知道調整書評的語氣是否會改變讀者對書評家的判斷。她找來《紐約時報》上實際刊出的書評，加以編輯，使得文字內容幾乎完全相同，但是評價卻一褒一貶。半數受試者被隨機指派去讀一篇正面的書評：

在充滿創意的一百二十八頁裡，艾文・哈爾特的第一部小說顯示出他是位極有能力的年輕美國作家。《悠悠黎明》是篇影響力極大的中篇小說，也可以說是一首散文詩。該小說處理最基本的主題：生命、愛與死亡，而且極為有力，在每一頁都創下了優良寫作的新高。

另外半數受試者則讀到同一篇書評的苛刻版，艾墨碧保留了大部分的文字，只替換了幾個形容詞，把稱讚換成了批評：

在缺乏創意的一百二十八頁裡，艾文・哈爾特的第一部小說顯示出他是個能力極差的年輕美國作家。《悠悠黎明》是篇毫無影響力可言的中篇小說，也可以說是一首散文詩。該小說處理最基本的主題：生命、愛與死亡，但是極為無力，在每一頁都創下了劣質寫作的新低。

哪個版本使書評家顯得更聰明？這兩個版本本來應該是相等的。書評家的書寫品質並未改變，詞彙相當，文法結構也相當。寫出這兩個版本需要同等程度的能力。然而，在受試者的評價中，比起語帶稱讚的書評家，語帶批評的書評家被評為智力高出百分之十四，文學專業素養則高出百分之十六。

大家認為業餘愛好者能夠欣賞藝術，但是專業人士才有能力批評藝術。單單只是把幾個詞從正面改成負面——充滿創意改成缺乏創意，極有能力改成能力極差，影響力極大改成毫無影響力可言，極為有力改成極為無力，優良寫作的新高改成劣質寫作的新低——就足以使語帶批評的書評家顯得更聰明。艾墨碧寫道：「預言世界末日的先知顯得具有真知灼見，正面的陳述則被視為帶有『盲目樂觀』的天真。」

這是用一個點子本身的局限來開場的第二個好處：這使你顯得聰明。[14] 葛里斯康早在他職業生涯初期就發現了這一點，當時他在出版界工作，他學到「沒有什麼事比寫出一篇過度正面的書評更丟臉的了」。就算書評家喜歡一本書，他們也覺得有義務在末尾加上一段，指出該作品不足之處。按照葛里斯康的說法，他們是藉由這種方式來說：「我不是個傻瓜，沒有完全被這個作家迷暈了頭。我是有眼力的。」當葛里斯康向投資人指出Babble的問題，他證明了他並未被自己的點子迷昏了頭，也並不想迷暈對方，證明他是個精明的裁判，能看出自己不足之處。他夠聰明，先做過功課，預料到投資人會看出的問題。

「坦率說出自己點子的缺點」還有第三個好處：這使你顯得更值得信賴。當葛里斯康描述他在自己公司裡遇到的障礙，他不僅顯得有見識，也顯得誠實而謙虛。當然，如果觀眾原本尚未看出這些弱點，凸顯自己的弱點可能會產生反效果，等於是給觀眾彈藥來擊落你的點子。不過，葛里斯康的觀眾本來就已經抱著懷疑的態度，而且在進行實地查證時他們反正也會發現葛里斯康所提到的許多問題。葛里斯康解釋：「投資人的工作是弄清楚這家公司哪裡有問題。藉由告訴他們這個商業模式的問題所在，我等於是替他們做了一點工作。這能建立起信賴。」而另一方面，坦率說出公司的弱點，也使他在說起公司的優點時更為可信。葛里斯康說：「你需要先有自信才能做到謙虛，才能坦然露出你的弱點。如果我願意告訴他們我的公司問題在哪裡，投資人會想：『這家公司一定也有許多沒問題的地方。』」迪士尼公司後來十分信賴葛里斯康，在收購了Babble之後，還請他經營該事業部門兩年，擔任副總裁和總經理，在發展迪士尼互動事業群的數位策略上扮演了重要角色。

這種做法的第四個好處是：由於我們處理資訊時的一種偏差，坦承弱點會使觀眾對這個點子本身做出更有利的評價。要舉例說明這種偏差，我常常請身為主管的人去思考自己人生中正面的部分，然後判斷自己有多幸福。一組人被指定寫下自己人生中的三件好事；另一組人則必須列出十二件好事。人人都預期寫出十二件的那一組會比

14 原註：你可能已經料到了，如果你推銷的是一個壞主意，這個做法就行不通。史丹佛大學心理學家札克．托瑪拉（Zak Tormala）發現，當專家表達出懷疑而非堅信，由於這令人驚訝，觀眾會比較信服。我們預期創業家或是變革推動者會堅信自己的主意。當他們並非如此，我們會感到好奇，會對那個訊息更加關注——這表示如果那個主意令人讚賞，我們就會加入。只有在你提供的訊息具有說服力時，「撒利克效應」才會發生作用。

較幸福：你列舉出的福分愈多，就該對自己的境遇感到更心滿意足。可是大多數時候，情況正好相反。我們在列出三件好事之後，要比在列出十二件好事之後感到更幸福。為什麼會這樣呢？

心理學家諾伯特・施瓦茲（Norbert Schwarz）指出，一件事物愈容易讓我們想到，我們就會假定這件事愈為普遍、愈為重要。我們把「容易想到」這一點視為資訊。要高階主管想出自己人生中的三件好事十分容易，他們馬上就列出自己對子女、配偶和工作的熱愛。因為要想出少數幾件正面的事易如反掌，他們推論出自己的人生再好不過。要說出自己人生中的十二件好事就明顯困難得多。在列出家庭與工作之後，高階主管往往提到他們的朋友，還會問他們能否把每個朋友一一列出來。由於要想出十二件好事很吃力，他們得出的結論是自己的人生其實並沒有那麼好。[15]

當葛里斯康舉出Babble的弱點，這種情況就發生在那些投資人身上。藉由承認這家公司最嚴重的問題，他使得那些投資人比較難以自己去想出這家公司哪裡有毛病。當他們發現自己要絞盡腦汁去看出其他令人擔憂之處，就判斷Babble的問題其實沒那麼嚴重。葛里斯康在Babble早期的董事會上，首度測試這種逆向投售方式時就見過這種情形發生。「當我先從那些可能會毀掉公司的因素說起，董事會的反應正好相反：噢，這些事沒那麼糟。牛頓第三定律在人類動態學中也可能為真：每一個行動都會引起作用力與反作用力。」

一如展露出缺點出人意料地使觀眾反而比較難以想到更多缺點，要有效地說出自己的意見，有賴於使觀眾更容易接受我們意見的優點。

陌生引來輕視

看看下列這幾首熟悉的歌曲。請挑出其中一首，並且在桌子上敲出其節奏：

- 〈生日快樂〉
- 〈瑪莉有隻小綿羊〉
- 〈聖誕鈴聲〉
- 〈全天樂搖擺〉Rock Around the Clock〉
- 〈小星星〉

15 原註：我對於扭曲了他們對人生滿意度的判斷而感到內疚，所以再請這些主管列出自己人生中三件或十二件壞事來平衡這個練習。要說出三件壞事很容易，使得我們以為自己的生活其實沒那麼棒。可是要想出十二件不如人意的事其實相當不容易，使我們明白生活有可能沒那麼糟。要闡明這一點還有另一個方法：請人們列出英國前首相布萊爾的兩項負面特質，或是五項。在想出更多討厭他的理由之後，那些人其實反而會比較喜歡他。要想出許多負面特質比較困難，因此他們假定他想必沒那麼糟。

- 〈划船歌〉（Row, Row, Row Your Boat）
- 〈星條旗歌〉（美國國歌）

現在，你認為某個朋友能認出你正在敲出哪首歌曲的機率有多高？

我請主管級人士和學生做這個練習有很多年了，這既富有教育性，在一場晚宴上也能帶來許多樂趣。你估計的機率是多少呢？如果你說機率是零，那麼你若非懷疑自己敲打節奏的技術，就是嚴重懷疑你朋友的聽力。在史丹佛大學首次做這項研究時，在敲出一首歌曲的節奏之後，大家認為聽眾很容易就能猜出那是什麼歌：他們預言同儕正確說出歌名的機率有五成。可是當他們動手敲出那些歌曲的節奏，被正確猜對的機率只有百分之二點五。在總共一百二十首被敲出的歌曲中，大家預期會有六十首能被認出來。事實上，被認出來的只有三首。我在許多機構裡做過這個練習，而結果都相同。在摩根大通銀行的一次高階領導力活動上，執行長傑米・戴蒙（Jamie Dimon）預言坐在他旁邊的那位主管有百分之百的機率會猜中，結果證明他說對了。然而大多數時候，我們對自己的預測都過度自信。為什麼呢？

就人類來說，要敲出一首歌的節奏而不在腦中聽見這首歌的曲調，這是不可能的。因此，你也無法想像你支離破碎的敲擊，聽在一個並未聽見相伴曲調的聽眾耳中是什麼樣子。如同奇普・希斯（Chip Heath）和丹・希斯（Dan Heath）這對兄弟在

《創意動力學》（Made to Stick）裡所寫：「聽眾聽不見曲調，只能聽見一聲聲不連貫的敲擊，就像一種怪異的摩斯電碼。」

這就是要說出一個開創想法的根本性困難。當你提出一個新建議，你不只是聽得見自己腦中的曲調。

這曲子還是你自己寫的。

你花了好幾個小時、好幾天、好幾個星期、好幾個月，說不定甚至是好幾年來想這個點子。你思索過這個點子的毛病，想出了解決之道，並且在腦中一次次勾勒這個遠景。你牢記了自己這個點子的歌詞和旋律。到了這時候，你已經無法想像這個主意聽在首次聽見的人耳中是什麼樣子。

這說明了我們為何常常在說出自己的想法時溝通不足。我們對自己的點子已經太過熟悉，以致低估了聽眾需要聽多少次才能理解並相信這些點子。多年前當哈佛大學教授約翰・科特（John Kotter）研究推動變革的人，他發現這些人在說出自己的願景時會有溝通不足的情形，不足的程度為一比十。平均而言，他們說起自己的點子能做出什麼改變的次數要比利益相關者所需要聽見的次數少十倍。在為時三個月的期間裡，員工也許會接觸到兩百三十萬個文字和數字。平均而言，在那段期間，表達出願景有什麼改變的文字和數字只有一萬三千四百個：一場三十分鐘的演說、一場一小時的會議、一次簡報，再加上一份備忘錄。由於員工在這三個月裡所做的溝通中有百分之九十九以上都與這個願景無關，你怎麼能期望他們了解這個願景，更遑論要他們將之內化？那些推動變革的人不明白這一點，因為他們滿腦子都是和自己的願景有關的資訊。

如果我們想要別人接受我們的開創想法，我們需要把主意大聲說出來，過一段時間之後再說一次。舉個例子，下面這兩個字你比較喜歡哪一個？

iktitaf　　　　sarick

如果你跟大多數人一樣，你就會喜歡sarick勝過iktitaf。但是這個偏好和這個字本身毫無關係。

知名心理學家羅伯・柴恩斯（Robert Zajonc）將之稱為「重複曝光效應」：我們愈常碰見的東西，我們就愈喜歡。當他第一次把這兩個不具意義的字展示給受試者看，這兩個字吸引人的程度相同。可是當柴恩斯在進行這個比較性測驗之前，把其中一個字先給受試者看兩次，受試者就會培養出對這個字的偏好。而在他們看過這個字五次、十次乃至二十五次之後，他們喜歡這個字的程度還會繼續增加。

為了加強你對Sarick這個字的喜愛，我在前面講葛里斯康的那一段裡把這個字嵌進文中五次。

其實並沒有「撒利克效應」（Salick Effect）這種東西，也沒有一位社會學家名叫雷斯里・撒利克（Leslie Sarick）。我編出了這些名稱來證明重複曝光效應。（我要鄭重聲明：葛里斯康確有其人，本書中提到的所有其他人物也都是真實的。）

重複曝光效應曾被複製過許多次：不管是一張臉、一個字母、一個數字、一種聲音、一種味道、一個品牌還是一個漢字，我們對之愈熟悉，就會愈喜歡。在各種文化、各個種族中都是如此。我最喜歡的一個測驗是讓受試者看著自己和朋友的照片，有些照片是正常的，有些則像鏡中人像一樣左右顛倒。我們比較喜歡朋友的正常照片，因為這就是我們平常看見他們的樣子，可是我們比較喜歡自己的鏡像照，因為這是我們照鏡子時看見自己的模樣。連續創業家豪爾・圖曼（Howard Tullman）曾說：「熟悉不會引起輕視，而會引發自在感。」

要解釋此一效應，一個說法是：接觸的次數愈多，大腦處理時就愈容易。要了解一個陌生的點子需要費更多力氣。我們看見、聽見、接觸到這個點子的次數愈多，我們對之就更感到自在，這個點子也就比較不會帶給我們威脅感。

一如曝光過度會毀掉底片，而太常聽見的歌曲在我們腦中揮之不去令人厭煩，過於熟悉一個點子也可能導致厭倦。不過，在說出自己的點子這件事上，我們很少會讓聽眾接觸得過於頻繁。整體說來，有證據顯示，當我們接觸一個點子十到二十次之間，我們喜歡這個點子的程度會持續增加，對於較為複雜的點子，再多接觸幾次仍然會有幫助。有趣的是，如果接觸時間短，並且和其他點子摻雜在一起，效果就更好，這有助於維持聽眾的好奇。另外，最好拖長介紹該點子和評估該點子之間的時間，這能給對方時間深入了解這個點子。如果你向主管提出一項建議，你可以在週二花三十秒鐘向他快速推銷這個主意，在下週一簡短重提，然後在週末前徵求對方的意見。

當梅蒂納成為中情局情資部門的副主管，她知道如果她希望情報分析員能更加開放地分享情資，她就得讓他們定期接觸到這個想法。因此她在機密的內部網站上開了一個部落格，以示範她所提倡的透明度。每週兩次，她在部落格上寫短評，表達她認為情報界有減少秘密、分享消息的需要，並且暗示這將是未來的風潮。起初，許多主管本能地拒絕這個構想。可是一如上文中有關接觸程度的研究所顯示，夾帶在其他訊息之間的短暫展示，以及每次展示之間的時間間隔，使得領導階層漸漸對梅蒂納的想法熱中起來。沒多久，中情局的科技專家就研發出一個網路平台，讓個別員工能架設起自己的部落格，於是熟悉度就繼續擴散。大家開始把他們架設部落格的勇氣歸功於梅蒂納。[16] 情報界有了活躍的部落格文化，在那裡，橫跨不同單位的分析員能不拘形式地分享所知。

放棄了才離開

當我得知梅蒂納的故事，我對於她在職場上說出意見卻受挫，之後仍選擇繼續發聲感到不解。根據經濟學家亞伯特・赫希曼（Albert Hirschman）的一本經典著作，面對一個令人不滿的處境，我們有四種不同的處理方式。不管你是對自己的工作、婚姻，還是對政府不滿意，幾十年來的研究顯示，你有四種選擇：離開、建言、堅持下去、不予理會。離開意味著把自己徹底移出那個處境：辭掉一份難熬的工作，結束一段受虐的婚姻，或是離開一個暴虐的國家。建言包括主動嘗試去改善該處境：帶著能改善你工作的點子去找主管商量；鼓勵你的配偶去接受婚姻諮商，或是在政治上採取行動去選出一個比較不腐敗的政府。堅持下去是咬緊牙關忍耐：就算工作令人窒息還是努力工作；選擇留在你的配偶身邊，即使不贊同你的政府還是加以支持。不予理會，讓你留在目前的處境中但減少付出：在工作上只做到不至於被炒魷魚就好；選擇不必待在配偶身邊的新嗜好；或是拒絕去投票。

基本上，這些選擇建立在掌控感和投入程度上。你是否相信自己能促成改變？又是否在乎到願意去嘗試？當你認為自己被困在現狀中，如果你並不投入，你就會選擇

16 原註：當丹尼希和柏克開始鼓勵同仁投稿給情報百科，許多主管拒絕讓員工使用它。他們擔心會破壞安全、稀釋情報品質、各單位間貼文及存取資訊時可能缺少效率。可是隨著接觸的次數多了，他們漸漸習慣了他們做修改時無須得到上級許可，而且依照主題而非單位來分享情資的確更有效率。在三年之內，情報百科每天的編輯次數平均超過四千次。

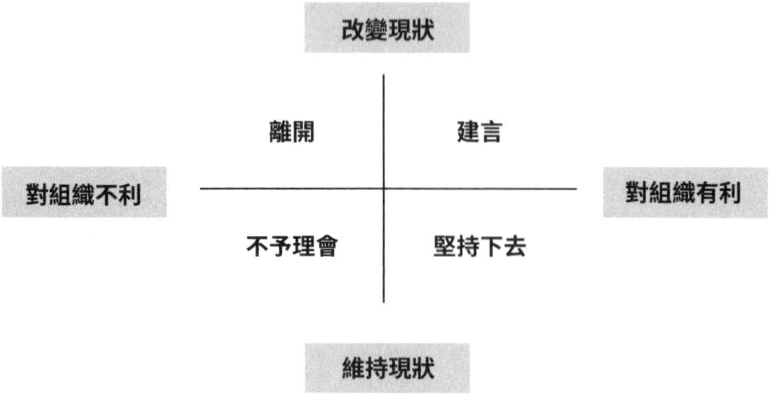

不予理會，而如果你夠投入，就會選擇堅持下去。如果你認為你能使事情有所不同，但是你對那個人、那個國家或是那個組織並沒有忠誠感，那你就會離開。唯有當你相信自己的行動有關緊要，而且深深在乎，你才會考慮建言。

在梅蒂納起初嘗試說出她的意見而被迫噤聲之後，她不再相信自己能造成改變。她不是那種會逃避責任的人，但是她對組織的奉獻精神有一部分受損：「我就像一艘船上的難民，介於不予理會和忠誠之間。」即使在幾年之後，她仍舊揮不開那種感覺，覺得說出意見毀掉了她的職業生涯。「當時我對再重提舊議感到十分猶豫。我不太確定時代是否已經改變了。」她回想，仔細思索那整件事。「你知道我為什麼會瘋狂到再去做一次嗎？因為當時我替麥克工作，我職業生涯中最喜歡的主管。」

在職場上，我們的投入感與掌控感，取決

於我們直屬上司的程度遠勝於其他任何人。有個支持我們的主管會加強我們與組織的凝聚力，我們也會感覺到範圍較大的影響力。當我想像那個使梅蒂納有自信再度建言的主管，我猜想那是個友善的人——親切、信賴別人，而且樂於合作。因此，當梅蒂納形容麥克為「常語帶嘲諷又反覆無常」，我很驚訝。她對他的描述更貼近一個比較不友善的主管，對旁人抱持著批評、懷疑的態度。當我們準備要冒險而為，不友善的主管通常是我們最不會去找的人，但有時候他們卻是我們的最佳辯護人。

友善的人也許喜歡我們，但他們往往更討厭衝突。他們渴望取悅他人並且維持和諧，這使得他們容易退出，而不是去支持我們。研究管理學的傑夫・雷平（Jeff LePine）和琳恩・范戴茵（Linn Van Dyne）在研究過建言之後寫道：「因為友善的人重視合作並且遵守規範，他們不會傾向於掀起波瀾並且破壞人際關係。」通常是那些渾身帶刺的人，更能夠自在地表明立場去反對別人、反對傳統做法。如同一名谷歌員工所說，不友善的主管也許使用者介面欠佳，但卻有很好的作業系統。

在心理學家史提方・柯特（Stéphane Côté）所主持的一項研究中，成年人填寫一份人格測驗，評量他們傾向於友善或不友善的程度。在接下來那三週裡，每天六次，他們回報自己在做些什麼、感覺如何。友善的人最快樂的時候，是當他們給別人讚美及誇獎、和其他人一起歡笑、表達出好感、寬慰別人、為了取悅別人而做出妥協或讓步時。相反地，不友善的人則在批評別人、對抗別人或是挑戰別人時體驗到最大的愉悅。

在決定發聲時，選擇聽眾，就跟選擇用什麼方式來傳達訊息一樣重要。當我們向友善的聽眾說出自己的意見，他們的本能是點頭微笑。由於他們努力給人方便並且避免衝突，他們往往害怕提出批評的意見。不友善的主管比較會挑戰我們，改善我們有效說出自己意見的能力。梅蒂納表示：「嘲諷也有很多好處，只要別太過分。我不認為麥克全心相信這是我們的組織該走的路，但是他尊重各種不同的想法。就算他未必贊同——而我們對事情的意見經常不同——我覺得我可以對他誠實，而他會給我足夠的自由，但是會在我自討苦吃之前攔住我。」

與其向十分友善的聽眾說出我們的主意，向過去曾展露出開創性的人提出建議會比較好。研究顯示，當主管曾有過挑戰現狀的紀錄，他們往往比較能夠接受新點子，也比較不會覺得別人的貢獻會對他們構成威脅。他們更在乎使組織變得更好，而比較不在乎捍衛現狀。他們一心想使組織達成使命，這表示他們沒有忠誠到會對組織不足之處睜一隻眼閉一隻眼。梅蒂納說：「麥克熱愛這個單位，但是他願意對自己的單位保持批判的態度，若是談起使命他會熱淚盈眶。比起局裡的許多主管，他更能包容與其他人格格不入的人和特立獨行的人。」

她的主管把「強化中情局」視為優先任務，得到這樣一位強勢主管的支持，梅蒂納重新得到掌控感和投入感。知道自己有主管支持，她準備再次努力去提倡更公開的情資分享。

隨著她在中情局裡的職位級級晉升，梅蒂納發現同事變得更能接受她的建議，雖然對她的建議置之不理的大多是中階主管。社會科學家很早就證明了這種中階人員的從眾效應（Middle-Status conformity）。如果你位居高階，別人會預期你與眾不同，因此你有跳脫常軌的自由。同樣地，如果你還位在組織階層的底部，展現開創性不會造成你什麼損失，卻可能帶給你許多好處。可是組織階層的中間地帶卻瀰漫著不安全感，而這也是一個組織中大多數人所處的位置。既然你已經得到了一點尊重，你珍惜自己在團體中的地位，唯恐自己的地位受到危害。要維持地位而後提升地位，你用的是「追隨領袖」的策略，以「服從」來證明自己身為團體成員的價值。如同社會學家喬治・霍曼斯（George Homans）所說：「中等階層的保守主義，反映出渴望得到社會地位但害怕被褫奪權利之人的焦慮。」從低階再往下掉幾乎不痛不癢，從中階跌至低階則是一大打擊。

不久之前，我受邀在台上訪問谷歌的執行長佩吉。在訪問前夕的晚餐時，我問他在谷歌草創之初，他和布林對於從史丹佛輟學、全心投入谷歌為何那般猶豫。他回答，是基於他們職業生涯的階段來考量，假如當時他們已經穩居學術界超級巨星的地位，他們就可以投注大量心力去經營谷歌，而不必擔心會犧牲專業。在他們生涯的早期，當他們還沒有地位，他們樂於冒險：佩吉在大學時代忙著研究太陽能汽車，還用樂高積木造出了一台印表機。可是當他們眼看就能取得博士學位，中輟學業帶來的損失就大了。

中階人員的從眾效應使得我們選擇安全勝過風險，選擇可靠的事物勝過開創。哥倫比亞大學的戴蒙・菲利普斯（Damon Phillips）和麻省理工學院的以茲拉・祖克曼（Ezra Zuckerman）這兩位社會學家發現，證券分析員若是本身位居中階，或是他們任職的銀行處於中階地位，他們做出負面投資評等的可能性就大幅降低。提出賣掉一支股票的建議可能會激怒公司高層以及看重這支股票的投資人。過去紀錄欠佳、在小銀行工作的分析員如果去冒這種風險也不至於摔得太重，而頂尖銀行裡的明星分析師則擁有安全保障。可是對於任職於一般銀行、尚稱成功、還在力爭上游的分析師來說，提出負面建議可能會阻礙自己的前途。[17]

隨著梅蒂納的職位節節晉升，她了解到向高層和基層表達意見會比較有效，因此少花時間試圖去向中階主管提出建議。高階領導人視她為那種稀有員工，這類員工認為局裡有些做法不對，也相信可以加以改變。而愈來愈多的資淺同事追隨她，這也進一步提高了她的聲譽。當她和中情局裡的後起之秀分享她的看法，他們對她提出的願景愈來愈感到興奮，並且給了她地位。梅蒂納的同事蘇珊・班傑明（Susan Benjamin）說：「年輕同仁欣賞她令人耳目一新的想法，並且視她為真正的榜樣，這使得其他人比較難不去聽她的意見。這鞏固了她的名聲，有助於讓別人聽進她說的話。」

身為女性而說出意見，以及屬於雙重少數的風險

要向一群害怕風險的中階主管說出自己的意見，對任何人來說都十分具有挑戰性，可是對梅蒂納來說尤其是如此，因為她身為女性，而待在男性佔大多數的組織裡。當我初次聽見她的故事，我天真地以為女性在專業領域被低估的時代早已過去，而女性受到的評價只會取決於她們意見的品質高低，而非取決於性別。可是當我實際去看研究證據，我愕然發現即使在今日，女性要表達出自己的意見仍舊是眾所皆知地困難。在各種文化中都有大量證據顯示，大家對於「性別角色」仍舊抱持著強烈的刻板印象，期望男性果敢有衝勁，期望女性合群。當女性說出自己的意見，她們就冒著違背這種性別刻板角色的風險，這使得聽眾認為她們囂張。說出意見是種領導之舉，

17 原註：位居中階，真的會使我們選擇服從勝過開創嗎？說不定只不過是墨守成規之人會選擇位居中階，或是他們有足夠的進取心升至中階地位，卻缺少能讓他們升至高位的開創性。事實不然。有新的證據顯示，在組織階層中位居中階的確使我們變得比較缺少開創性。當心理學家蜜雪兒・杜奎德（Michelle Duguid）和傑克・岡卡羅（Jack Goncalo）請受試者發想點子，在被隨機指派扮演中階經理人的角色、而非總裁或助理的角色之後，他們所想出的點子，其開創性就減少了百分之三十四。在另一項實驗中，和想像擔任高階或低階職位時相比，單是請受試者回想自己過去擔任中階職位的時光，就使得他們想出的點子少了百分之二十到二十五，開創性則降低百分之十六。由於位居中階職位時他們可能失去的東西最多，他們比較會猶豫是否該朝開創的方向執行任務。

如同雪柔・桑德伯格在《挺身而進》裡所寫：「當女性試圖領導，她往往被貼上霸道的標籤。」

當我分析自己的研究數據，其結果令人深感不安。在一家國際銀行和一間醫療公司，我發現若是男性提出能創造收益的新點子，就會得到較佳的考績，在女性身上卻不然。其他的研究顯示，男性高階主管如果發言多過同儕，就會受到獎勵，但是女性高階主管若有同樣的行為，就會遭到男性和女性的貶低。同樣地，相對於男性，當女性提出改善建議，主管會判定她們比較不忠誠，也比較不會將她們的提議付諸實行。尤其是在男性居多的組織裡，女性表達自己的意見是要付出代價的。[18]

在她初次嘗試提出意見時，梅蒂納為此付出了代價。她說：「比起男性，女性能被接受的行為範圍比較窄。」第二度嘗試時，她有了不同的經驗。由於把資訊放上網路是她職責的一部分，她不再需要擔心，要是說出她想「加強資訊透明度」的想法會使她顯得過於囂張。梅蒂納告訴我：「在九〇年代初期，整件事全泡了湯，我混淆了自己對這項改變的投入，和我在職場上無法晉升的挫折感。我總是把焦點放在自己身上。第二次和第一次真的十分不同，我把焦點放在使命上。」大規模的研究顯示，當女性為了其他人而說出看法，就能避免受到反彈，因為她們那樣做是合群的表現。

在由男性主控的中情局，梅蒂納的道路無疑因為身為女性而比較崎嶇，而身為波多黎各人，她不僅屬於一個少數族群，而是兩個。新的研究指出，她的雙重少數身分有可能同時加大了她說出意見的代價和好處。研究管理學的艾胥麗・羅塞特（Ashleigh Rosette）是非裔美國人，她發現當她果斷地領導時，她受到的對待與白人女性和黑人男性不同。和同儕共事時，她發現團體中屬於雙重少數的成員面對著雙重風險。黑人女性若是失敗，她們所得到的評價要比黑人男性或白人領袖（不論性別）更為嚴苛。身為黑人及女性，她們不符合刻板的領導者典型，而且在歸咎失敗原因時，她們被要求承擔的責任重得不公平。羅塞特的研究團隊指出：具有雙重少數身分的人只許成功不許失敗。

不過，有趣的是，羅塞特及其同事發現，當黑人女性表現得強勢，她們不會受到像白人女性或黑人男性所面臨的懲罰。身為雙重少數，別人難以將黑人女性歸類。正因為別人不知道該把哪種刻板印象套用在她們身上，她們有更大的彈性表現得像「黑人」或像「女人」，而不至於違背刻板印象。

不過，這一點只有在她們能明確證明自己的專業能力時才適用。對屬於少數族群

18 原註：這也有助於解釋性騷擾的模式。在三項研究中，性別研究專家珍妮佛・柏達爾（Jennifer Berdahl）發現性騷擾的主要動機並非性慾：最常受到性騷擾的，並非符合女性美標準的女性。其實「性騷擾的主要動機，是想要懲罰偏離性別角色的女性，因此是針對違背了女性典範的女性」。「果斷、強勢、獨立」的女性最常受到騷擾，尤其是在男性主控的組織裡。柏爾達得出的結論是：性騷擾大多數是針對「自大的女性」。

的人來說，先取得地位再行使權力尤其重要。做為她職務的一部分，梅蒂納悄悄推動把情資放上網路的計畫，才得以在並未吸引太多注意的情況下累積成功。她說：「當時我低調行事。沒有人真的注意到我在做什麼，而我藉由重申讓我們更像個『準備好即公布』的組織而有了進展，那幾乎像個在後院進行的實驗，可以說我是不受約束地在進行。」

等到梅蒂納累積了足夠的勝利，她再度提出意見，而這一次，大家願意聆聽。羅塞特發現，當女性攀升至高位，而且明顯掌握了控制權，大家會看出既然她們克服了偏見和雙重標準，想必具有非凡的動力和天分。可是，如果她說出的意見無人聽取，會發生什麼事呢？

未選擇的路

唐娜．杜賓斯基（Donna Dubinsky）那時還不到三十歲，而那是她一生中最緊張忙碌的時期。一九八五年，身為蘋果公司的運銷經理，她從早到晚不停地工作，忙著運送電腦，以滿足激增的需求。忽然，賈伯斯提議要撤掉全美六個倉庫，大幅減少存貨，改為一種及時生產制度，在接獲訂單之後才組裝電腦，並且由聯邦快遞連夜運送。

杜賓斯基認為這是個大錯，可能會危及整個公司的前途。她說：「在我看來，蘋果公司之所以成功有賴於供貨一直很成功。」她姑且置之不理，以為這件事將會不了了之。但情況並非如此，於是她開始提出她的主張。她堅持運銷進行得很順利：她的團隊剛剛創下了季度紀錄，而且幾乎不曾收到抱怨。

雖然她是運銷高手，她的反對意見仍被駁回。最後，她被指派參與一個特別任務小組，花幾個月的時間來檢視賈伯斯的提議。在這個特別小組召開的最後一場會議中，她主管的主管問每個人是否都同意這個及時生產制度。賈伯斯大權在握，也得到大多數人的追隨，而杜賓斯基屬於少數。她該不該說出她的意見，挑戰這位以機智聞名的創辦人兼董事長？還是該默不吭聲，讓賈伯斯高興？

雖然在一九八〇年代，杜賓斯基是蘋果公司管理階層中的少數女性，「但我從不認為性別對我來說會是個問題。」她獻身於工作，一心一意為公司打拚。她擁有掌控權，負責供銷部門的一部分。她決定堅持立場，再次聲明她反對賈伯斯的提議。她知道自己需要更多時間來證明她的主張是對的，她去見她主管的主管，提出了最後通牒：如果不給她三十天的時間，讓她提出自己的替代方案，她就會離開蘋果公司。

如此斬釘截鐵地劃下界線有點碰運氣，但是她的要求獲准了。杜賓斯基想出一個新提案，整合顧客服務中心，而非改為及時生產，此舉能獲得公司想要的一些好處，卻沒有風險。她的提案被接受了。

杜賓斯基解釋：「我的意見之所以被接受，是由於工作表現和影響力。大家把我視為能做事的人。如果大家知道你能做出成果，你盡忠職守，把工作做好，就能得到更多尊重。」她在行使權力之前先獲得了地位，所以她有「性格信用」可以使用。

在外人看來，發言反對賈伯斯也許注定要失敗。但考慮到賈伯斯為人並不友善，他正好是那種能夠接受對抗的人。杜賓斯基知道賈伯斯尊重那些勇於反抗他的人，也願意接受新的做法。而且她發言並非為了自己，而是為了蘋果公司。

由於她願意挑戰一個她不認同的主意，杜賓斯基得到了晉升。而她不是唯一的一個。從一九八一年起，麥金塔團隊就每年頒獎給一個勇於挑戰賈伯斯想法的人，而賈伯斯拔擢了每一位得獎人，讓他們去管理蘋果公司的主要部門。

如果比較梅蒂納和杜賓斯基的經驗，就會引出了一些根本的問題：什麼是處理不滿情緒的最佳方式？要尋求開創性，置之不理不在考慮之列。堅持下去是取得發言權的暫時途徑。可是就長遠而言，堅持下去就跟置之不理一樣維持了現狀，而沒能解決你的不滿。要改變現狀，離開和說出不滿，是唯一可行的選項。

許多年前，經濟學家赫希曼就提醒我們：離開有個主要缺點。雖然離開的優點是可以改變你自身的處境，但卻沒有改善任何人的處境，因為此舉使得現狀繼續存在。赫希曼的理由是：「要說出不滿，有賴於你沒有機會離開。」

比起一九九五年梅蒂納在中情局大發雷霆之後，無法在外界找到工作的那個年代，近年來世界有了很大的改變，使得離開變得比以前容易許多。在同一個組織裡度過職業生涯已經是過去式了：活潑的勞動市場使得許多人都能另謀他就。由於全球化、社群媒體以及快速的交通和通訊科技，我們的移動力勝過史上任何時代。基於這些優勢，如果你對自己的工作感到不滿意，而要離開也很容易，你又何必承擔說出意見的代價？

依赫希曼的看法，離開不利於開創。可是杜賓斯基的經驗，讓我們用新的眼光來看待離開。她在蘋果公司贏了那場供銷之戰之後，她在Claris公司的國際行銷部門得到一個高階職位，那是蘋果公司的一家軟體業子公司。在幾年之內，她的團隊囊括了Claris公司銷售量的一半。一九九一年，當蘋果公司拒絕讓Claris成為獨立的新公司，杜賓斯基由於缺少能發揮影響力的機會而深感沮喪，於是她辭職了。她搭機前往巴黎，休了一年假，開始畫畫，尋思如何能對一項更大的任務做出貢獻。當她遇到一位名叫傑夫・霍金斯（Jeff Hawkins）的創業家，她判斷他新創的Palm Computing公司將是下一波重大科技，便接下了該公司執行長一職。

在杜賓斯基的領導下，這家新創公司開發出PalmPilot，它是在個人數位用品這個新興市場上第一件快速成功的商品。PalmPilot於一九九六年推出，在一年半之內就賣出了超過一百萬具。可是在一九九七年，當Palm被3Com收購，杜賓斯基不贊同幾項策略上的決定。例如，當財務部門要求所有部門縮減百分之十的預算，杜賓斯基發言抗議，建請公司投資在那些有進展的領域，只去削減進展不成功領域的預算。她得到的回應是：「妳不是個企業好公民。妳該回去做好自己那一份工作。」

由於受挫，杜賓斯基和霍金斯離開了Palm，在一九九八年成立了Handspring這家新公司。僅僅一年之後，Handspring推出了Visor手提電腦，迅速佔有了四分之一的市場。在開發出大獲成功的Treo智慧型手機之後，Handspring於二〇〇三年和Palm合併。幾年之後，賈伯斯推出了iPhone。

杜賓斯基記得在許多年前，她曾「和賈伯斯同坐在一個房間裡。而他說：『我永遠不會去製造手機。』他會承認自己是受到我們的影響嗎？承認是因為我們造出了一支很棒的手機，才使得他改變了主意？不，他永遠不會承認。可是儘管他很固執，他也在進化。」

梅蒂納由於缺少離開的可能而推動了國家安全，杜賓斯基則由於能夠離開而成為智慧型手機這項革命的先驅。我們由此得到的教訓是：說出意見本身未必勝過離開。在某些情況下，離開一個令人窒息的組織也許更有助於開創。我們最好是說出自己的意見，一邊平衡自己的風險組合，並在必要時準備好離開。如果我們的主管會進化，就像賈伯斯一樣，那就有理由留下來，並且說出我們的意見。可是如果他們不會進化，而我們的聽眾缺少去考慮改變方向的開放態度，我們或許能在其他地方找到更好的機會。

我們也許不免要提出一些假設性問題。假如梅蒂納離開了中情局，她是否有能力從外部來提倡資訊透明？假如杜賓斯基留在蘋果公司，蘋果是否會研發出iPhone，還是會生產出另一系列的新發明？

我們永遠不會得知這些假想情況的答案，但我們能從梅蒂納和杜賓斯基所做的決定中學到一些東西。雖然一個人最後選擇建言，而另一人決定離開，她們的決定卻有相同的一面：她們都選擇說出意見，而非保持沉默。而長遠來說，研究顯示，會令我們感到遺憾的錯誤並非做了而沒成功，而是沒有去做。假如我們能夠重新來過，大多數人會較少做自我審查，而更常表達出自己的看法。這正是梅蒂納和杜賓斯基所做的事，而這使得她們可以沒有遺憾。

CHAPTER

4

傻子急於搶進

選擇恰當的時機，策略性拖延，以及先行者的劣勢

可以後天再做的事絕對不要拖到明天。

馬克吐溫

深夜時分，一個年輕人在他下榻的旅館房間裡呆呆望著書桌上的一張白紙。他深感焦慮，伸手拿起電話，抛出幾個點子給住在幾層樓之下另一個房間裡的參謀，對方急忙跑上樓來和他討論一篇將會改變歷史的演講。到了凌晨三點，這個年輕人還在焦灼地工作，「累到骨子裡，筋疲力盡，幾乎要昏倒」。那是一九六三年八月，爭取就業機會和自由的「華盛頓大遊行」訂於次日上午舉行，但馬丁・路德・金恩尚未擬好他將在遊行結束時發表的演說。

金恩夫人柯蕾塔事後回憶：「他整夜都在擬稿，沒有闔眼。他將是整場活動的壓軸講者，他說的話將會透過電視和收音機向美國及全世界的幾百萬人播放，因此他的演說必須能夠激勵人心而且充滿智慧，這一點至關重要。」

媒體在兩個月前就接到這場大遊行將要舉行的通知。金恩知道這將會是樁寫下里程碑的重要活動。除了媒體的報導之外，預計至少將有十萬名群眾參與，而金恩也協力說服多位知名人士前來參加以示支持。在場觀眾包括了黑人民權運動先驅羅莎・帕克斯和傑基・羅賓森、演員馬龍白蘭度和薛尼鮑迪，還有歌手哈利貝拉方提與巴布狄倫。

由於金恩並沒有太多時間來準備這場壓軸演說，他本來理應立刻開始草擬講稿。因為起初給每位講者設定了五分鐘的演講時限，他需要格外謹慎地來選擇要說的話。歷史上的偉大思想家——從富蘭克林、亨利・梭羅到與金恩同名的宗教改革家馬丁・

路德——都曾提到寫短篇講稿要比寫長篇講稿更花時間。威爾遜總統曾說：「如果我想講多久都可以，那我就根本不需要準備。」但是金恩直到大遊行前夕晚上十點以後才開始寫他的講稿。

父母和老師總是苦苦哀求小孩子早點動手寫作業，不要拖到最後一分鐘。在教人自助的世界中，有一整個產業都在教大家對抗拖延。可是，如果金恩正是因為拖延，才做出了一生中最精采的演說呢？

在工作上和生活中，我們一直被教導「早點行動是成功之鑰」，因為俗諺說：「猶豫不決者必定失敗。」當我們接獲重要任務，我們得到的指示，是趕在期限之前把事情做好。當我們想出一個開創點子去發明一項產品或是創設一家公司，我們被鼓勵要搶得先機。當然，動作快的確具有明顯的優點：我們能確保完成自己開始做的事，並且搶在競爭對手之前上市。然而，令人驚訝地，在我研究開創者之時，我學到了「迅速行動搶得先機」的壞處往往超過好處。沒錯，早起的鳥兒有蟲吃，但是別忘了早起的蟲兒被鳥吃。

本章探討的，是採取開創行動的時機。當你準備好要划船逆流而上，你可以選擇在破曉之時動身、等到中午，或是延到黃昏。我的目的，在於檢視延遲的好處，來推翻一般人對於時機選擇的假定，當我們展開並結束一件任務，或是當我們向世人推出自己的主意時。我將討論：拖延為何既是弱點也是美德；搶先行動的創業家為何經常陷入苦戰，為什麼年紀較長的開創者表現得比年輕人更好，還有能有效促成改變的領導人，為何會是那些耐心等候適當時機的人。你將會發現，雖然延遲可能帶有風險，藉由避免把所有的雞蛋放在同一個籃子裡，等待也能降低風險。要成為開創者，你未必需要搶得先機，最成功的開創者不見得都按時抵達，他們遲到得恰到好處。

另一種達文西密碼

最近，一位創意非凡的博士生申智海（Jihae Shin韓文音譯）帶了一個違反直覺的想法來找我：「拖延可能有益於開創」。當你拖延，你是在刻意延遲該做的工作。你心裡也許想著這件任務，卻延後做出真正的進展或是加以完成，而去做些比較沒有生產力的事。她提出的看法是：當你延後去做一件工作，你替自己爭取到時間去進行擴散性思考，而非拘泥於某一個特定主意。結果是，你會把範圍更廣的開創構想納入考量，最終選擇一個更新穎的方向。我要求她去測試這個想法。

她請同學撰寫商業提案，運用某大學校園中一家便利商店遷走後留下的場地來做生意。若他們立刻開始撰寫提案，往往會提出一些稀鬆平常的主意，像是再開一家便利商店。當她隨機指派某些參與者去拖延時間，去玩「掃雷」、「新接龍」和「接龍」之類的電腦遊戲，延後執行這項任務，他們卻想出了更新穎的生意點子，像是課輔中心或是倉儲設施。最終的提案交給獨立評分者評量，他們並不知道哪些人有拖延、哪些人立刻去做。結果拖延者的提案，在創意上的得分高出百分之二十八。

實驗結果雖然令我們很興奮，但我們擔心，拖延並非創造力的真正來源。說不定是玩遊戲提供了心智上的刺激，讓人有能量去做更具創意的思考，也可能就只是給了他們一段休息時間，能暫時擺脫任務好好思考。然而，實驗顯示出，提高創造力的既非玩遊戲也非休息。如果在尚未得知任務之前先玩遊戲，他們並不會提出更新穎的提案。要提出更新穎的提案，他們需要在玩遊戲時確實是在拖延，把那個商業提案留在腦中某處。而他們若是立刻著手去做，然後休息一下，再回去繼續做，由於他們已經有了大幅進展，就很難再重新來過。唯有當他們已經開始思考這件任務，然後刻意拖延，他們才會去考慮比較不同的可能性，並且想出更有創意的點子。延遲進度使他們能花較多時間去考量完成任務的各種不同方式，而非抓住某一種特定策略不放。

中智海的此一發現，是否也能適用於真實世界呢？為了弄清楚這一點，她從韓國一家家具公司收集了資料。經常拖延的員工花較多時間進行擴散性思考，被主管評估為明顯更有創意。拖延未必總是能激發創造力：如果員工並非原本就有動機去解決一個重要問題，停滯只會使他們進度落後。可是他們若是熱切地想要想出新點子，延後完成任務會使他們想出更具創意的解決方案。

拖延也許不利於生產力，卻可以是創造力的來源。早在工業革命和新教徒的工作倫理促使現代人一心計較效率之前，各大文明都承認拖延的好處。古埃及用兩個不同的動詞來表示「拖延」：一個表示懶惰，另一個則意味著等待正確的時機。

歷史上一些最具開創性的思想家和發明家都是拖延者，這也許並非巧合。達文西就是個典型的例子，他的開創性成就橫跨了繪畫、雕塑、建築、音樂、數學、工程學、地質學、地圖繪製、解剖學和植物學。學者估計達文西從一五〇三年開始畫那幅〈蒙娜麗莎〉，畫畫停停好幾年，直到一五一九年他快要去世之前才完成。批評他的人認為，他把時間浪費在涉獵光學實驗和其他消遣上，使他未能完成他的畫作。然而，事實證明這些消遣對於他的開創性不可或缺。如同歷史學家威廉・帕納派克（William Pannpacker）的說明：

舉例來說，達文西對於光線如何照在球體上的研究，使得〈蒙娜麗莎〉和〈施洗者約翰〉得以表現出持續的立體感。他對光學的研究也許延遲了一件畫作，但是他在繪畫上的最終成就卻有賴於那些實驗……許多與他同時代之人認為那些實驗使他分心，但事實遠非如此，那些實驗代表著終身充滿生產力的腦力激盪，是一種私底下的訓練，他較為知名的作品就有賴於在這種訓練中所琢磨出的點子……如果選擇性地應用創造性拖延，妨礙了達文西去完成幾件別人委託的作品——當他正努力想弄清楚宇宙的內在運作，這些作品相比之下並不太重要——只有一心崇拜「具有生產力之平庸」的現代人……才會為此而挑剔他。具生產力的平庸需要的是一種普通的紀律。這很安全，不會對任何人構成威脅，平庸不會造成任何改變……但天才是不受控制也無法控制的。你無法按照時程或依照一張草圖而製造出一件天才之作。

達文西花了大約十五年來發展繪製〈最後的晚餐〉的想法，同時一邊進行各式各樣的其他工作。這幅畫始於一張畫中眾人坐在長凳上的素描。十多年後，那張素描成了那幅名畫中，十三人坐在一張長桌旁那種新穎水平布局的基礎。雖然達文西常為自己的拖延而生氣，他也明白開創性是催促不來的。他曾提到有天才的人「有時在做得最少時達成最多，因為他們在發想創意，並且在腦中塑造那個完美的點子」。[19]

延遲是種訓練

事實證明，拖延是創造性思想家與傑出的問題解決者常有的習慣。想想「科學

19 原註：當我們在不專心之際解決問題時，拖延也許特別有益於創造力。心理學者瑪蕾克・維斯（Mareike Wieth）和羅莎・札克斯（Rose Zacks）調查學生屬於早鳥族還是夜貓子，然後分別在早上八點和下午四點半請他們解決需要用上分析或洞察力的問題。不論在哪個時間，他們在解決需要用上分析的問題上表現得一樣好。可是在需要用上洞察力的問題上，夜貓子在早晨時表現較佳，早鳥族則在下午表現較佳。一個需要用上洞察力的問題，是請學生解釋一名古董商如何認出一枚銅錢是贗品。那枚銅錢的一面是一位皇帝的頭像，另一面則刻著 544 B.C 的年份。在十分清醒時，他們可能會展開過度有組織的直線式思考，阻礙了他們靈機一動去發現新穎的點子。在昏昏欲睡時，他們比較容易接受隨興的念頭，有高出大約百分之二十的機率會忽然想起 B.C. 的意思是 Before Christ（耶穌誕生前，亦即紀元前）。由於那時耶穌尚未誕生，這枚銅錢肯定是在五百多年之後才鑄成的。如果你在十分清醒時自覺應該著手去做一項創造性的任務，也許不妨延遲到你有點想睡覺時再去做。

天才獎」（Science Talent Search）的得獎者，這項競賽被稱為美國中學高年級生的「科學超級盃」。一支由心理學家雷娜・薩波尼克（Rena Subotnik）所領導的研究團隊，在這群菁英好手贏得勝利十多年後訪問了他們，這時他們三十出頭，研究人員詢問他們是否會在例行工作、創造型工作、社交生活和健康行為上拖延。百分之六十八以上的人承認至少會在這四個領域當中的兩個領域拖延。拖延被證明格外有利於創造型的工作。這些科學明星「把拖延當成某種形式的孵化過程來使用，以避免對一個科學問題或解答過早做出選擇」。如同其中一人所說明：「當我在拖延的時候，其實我往往是把某件事暫時擱置，而我需要時間去想個徹底。」另一人說：「在科學工作上，點子需要時間去慢慢成熟」，而拖延是「抑制衝動，以免過早做出回應」的一種方法。薩波尼克的團隊仔細讀過對這些早慧的思考者兼行動者的訪問，得出了一個奇特的結論：「很矛盾地，在創造性的領域中，那些賭注最大和最小的人最可能會拖延。」

在美國歷史上，也許只有一篇演講和金恩那篇演講齊名：林肯總統的蓋茨堡演說。林肯只用了兩百七十二個字，就把南北戰爭重新定位為追求《獨立宣言》中所承諾之自由與平等。林肯在兩個星期前，收到請他去演講的正式邀請。在他動身前往蓋茨堡的前夕，他只寫好了大約一半的講稿。他的秘書約翰・尼可萊（John Nicolay）曾寫道，林肯「依照他平日在這類事情上的習慣，極其慎重地整理他的思緒，在腦中字斟句酌，等到有了令人滿意的形式之後才將其寫下」。最後，林肯直到演說前一夜才寫下結尾那一段，等到他寫完全篇講稿已是演講當日的早晨。他之所以等待，是因為他想要找到最能打動人心的主題。

在一九六三年初夏，在〈我有一個夢想〉那次演說之前，金恩針對適當的內容和語氣，向三位親密參謀尋求建議。然後金恩和他的律師兼講稿撰寫人克拉倫斯・瓊斯（Clarence Jones）針對這次演說做了番長談，才請瓊斯和另一位民權運動人士著手寫一份初稿。

在接下來那幾週裡，金恩抵抗住把演講定於一個主題或一個方向的誘惑，一直等到遊行前四天才開始積極撰寫那篇講稿。在遊行前一夜，他聚集了一群參謀，請他們再從頭想過。瓊斯事後回憶：「金恩說『這在我們為爭取民權所做的奮鬥中，是如此重要的一個里程碑』，我們應該要盡一切努力」，從這項運動的關鍵人物身上「取得最好的點子」。金恩在會議一開始時就說明他「想要再次檢視這些點子，找出最好的做法。」

瓊斯的任務，是使那篇講稿更有血有肉、更精實，藉由延遲此一任務，金恩讓瓊斯能受益於所謂的「蔡格尼效應」（Zeigarnik effect）。一九二七年，俄國心理學家布盧瑪・蔡格尼（Bluma Zeigarnik）證實，比起已完成的任務，我們更能夠記住未完成的任務。一項任務一旦完成，我們就不再去想它。可是當一項任務被中斷而未能完成，它就會鮮活地留在我們腦中。當瓊斯把他先前的草稿拿來和當天晚上所討論的主題相比較，「某件東西從我潛意識的深處漸漸浮現。」[20]

四個月之前，瓊斯曾和州長尼爾森‧洛克斐勒（Nelson Rockefeller）見面，他是位知名的慈善家，其家族支持民權運動，瓊斯當時為了把金恩從伯明罕監獄裡保釋出來而尋求資助。洛克斐勒在一個星期六前往一家銀行，給了瓊斯一個裝了十萬美元的公事包。按照銀行規定，瓊斯需要簽一張本票，洛克斐勒替那張本票付了錢。在金恩演說前夕，瓊斯回想起那次經歷，明白了那張本票可以是個有力的隱喻。第二天，金恩在開始演講不久就用到了這個隱喻：「當我們共和國的締造者寫下憲法和獨立宣言那些莊嚴的詞句，他們是簽下了一張本票……如今，就有色公民而言，美國顯然讓這張本票跳票了。」

當金恩終於請瓊斯去寫出一份完整的講稿，他有最廣泛的點子可用。而那還不是拖延的唯一好處。

但願天助成功

在金恩發表了那篇氣勢磅礡的演說之後五十年，有四個字深深鐫入了我們集體記憶的石板：I have a dream.（我有一個夢想）。至今這仍舊屬於人類修辭史上辨識度最高的一句話，生動地描繪出一個更好的未來。但我赫然發現「夢想」這個點子根本不曾被寫在講稿中。不僅在瓊斯所擬的草稿中沒有出現，也沒有被金恩寫進他的講稿中。

在金恩演說之際，他最喜歡的福音歌手瑪哈莉亞・傑克森（Mahalia Jackson）在他身後喊道：「跟他們說說那個夢想，馬丁！」金恩繼續照稿演說，而她又再次鼓勵他。面對現場二十五萬名群眾，以及數百萬名正在收看電視轉播的觀眾，金恩臨場發揮，把講稿擺在一邊，說起他那振奮人心的未來願景。瓊斯回想：「在那麼多人、那麼多攝影機和麥克風前，馬丁讓那篇演講振翅飛翔。」

除了給我們時間去想出新穎的點子，拖延還有另一個好處：它使我們有臨場發揮的空間。當我們事先準備周全，我們往往拘泥於自己所創的結構，把可能跳進我們視線中的可能創意關在門外。許多年前，柏克萊大學心理學家唐納・麥金農（Donald MacKinnon）發現，美國最具創意的建築師比起他們技術熟練但缺少開創性的同儕

20 原註：在寫作本章時，我刻意拖延，沒有在我計畫完成這一節的那一天寫完，而將之擱置，我的的確確是在一個句子寫到一半時停下來，而去回覆電子郵件。第二天早晨，我意識到「蔡格尼效應」很切題。蔡格尼也許會很高興我在擱置一件任務之後，想起了她對於未完成任務的研究。當然，延遲有可能會做得太過頭。英國幽默作家道格拉斯・亞當斯（Douglas Adams）曾說：「我喜歡期限。我喜歡期限過去時所發出的咻咻聲。」

往往更隨興而為，而那些同儕對於自己在「自我控制」及「勤勉認真」上給予的評分較高。在由我和法蘭西絲卡・吉諾（Francesca Gino）與大衛・霍夫曼（David Hofmann）針對一家連鎖披薩店所進行的一項研究中，盈利最高的分店是由自評為最沒效率、動作最慢的店長經營。同樣地，當研究策略的蘇奇妲・納德卡里（Sucheta Nadkarni）和波爾・赫曼（Pol Herrmann）研究印度將近兩百家公司，財務收益最高的那些公司，其執行長在「效率」及「動作迅捷」上給自己的評分最低。

在這兩個案例中，經營組織最成功的主管承認，自己在定下心來工作之前，常常浪費時間，有時會無法調整自己的步調以及時完成工作。這些習慣雖然可能有礙於工作的進展，卻使領導者在策略上更有彈性。在那些印度公司裡，由每一家公司的多名高階主管替執行長在策略上的靈活度評分。那些審慎計畫、及早行動、勤勉工作的執行長得到的評價是比較死板：他們一旦制定出一項策略，就會緊守著不放。那些習慣延遲工作的執行長則比較靈活、比較善於應變，能夠改變策略以把握新的機會並且抵禦威脅。[21]

當金恩走上台去演講，甚至在他走近麥克風時，他都還在修改他的講稿。政治人物德魯・韓森（Drew Hansen）在《那個夢想》（The Dream）裡寫道：「就在金恩演說之前，在等待輪到他上台時，他還刪掉了幾行字，再潦草地補上幾行。而且看起來直到他走上台去演講，他都還在修訂那篇講稿。」歷史學家大衛・蓋洛（David

Garrow）在獲頒普立茲獎的作品《背負十字架》（Bearing the Cross）中曾說，金恩「就像某些爵士樂手一樣」即興演出，他表現得很自然，用小段的即興演出開場。在寫好的講稿中，前面有一段談及憲法與獨立宣言「承諾給予人人生存、自由以及追求幸福之不可剝奪的權利」。在講台上，金恩加長了這句話，以強調種族間的不平等：「承諾給予人人——是的，不管是黑人還是白人——生存、自由以及追求幸福之不可剝奪的權利。」

當演講進行到十一分鐘時，瑪哈莉亞・傑克森喊著要金恩分享他的夢想。我們不確定他是否聽見了她的話，但金恩事後回憶：「忽然之間，我做了決定。」他順著那一刻的激動之情，娓娓道出他的夢想。韓森寫道，等到演講結束時，「金恩在他擬好

21 原註：當新的領導者接管一個團隊或一個組織，他們往往急於做出改變。但是多點耐心是有好處的。在一項實驗中，卡內基美隆大學教授阿妮塔・伍利（Anita Woolley）給各組五十分鐘時間用樂高積木造出一棟住宅建築，再根據建築的大小、堅固程度及美觀等方面來評分。她隨機指派某幾組在接獲任務之初或在二十五分鐘之後討論他們的策略。就效率而言，在期限中點評估其策略的那幾組要比一開始就進行對話的那幾組高出百分之八十。在任務開始之初就進行對話還太早，用處不大。組員還不熟悉這項任務，知道得還不夠多，不足以讓他們訂出有效的策略。在期限中點時暫停則有某種特殊效果，使得那幾組用樂高積木建構出又高又美觀的建築，有許多房間，但能夠被抬起、輕拋、擲落而不至於散開。耶魯大學教授康妮・葛席克（Connie Gersick）發現，一項任務的中點往往是領導者制定改變的最佳時機，因為這是團體成員最能夠接受開創主意的時刻。他們還有足夠的時間去嘗試新事物，這使得他們能接受極端不同的做法。而由於他們已經用掉了一半的時間，他們有高度的動機去選擇一個好策略。這是籃球和足球比賽的中場休息時間為何如此具有影響力的原因之一：中場休息時間使得教練得以在球隊最樂意採用新戰術時介入。

的講稿中所添加的新材料使得他的演講時間幾乎加倍」。

偉大的開創者是偉大的拖延者，但他們並非完全不做計畫。他們是策略性地拖延，藉由測試與琢磨不同的可能性而逐漸做出進展。雖然談到夢想的那幾句令人難忘之言是即興演說，但是金恩在以前的演講中，就曾經練習過幾種變化版。在將近一年前，在一九六二年十一月，他就在紐約州首府阿爾巴尼說起過他的夢想，而在接下來那幾個月裡，從伯明罕到底特律，他也經常提到這個夢想。單是在他做出〈我有一個夢想〉演說的那一年，據估計，他旅行超過二十七萬五千英里，做過的演講超過三百五十場。

金恩也許拖延著去撰寫〈我有一個夢想〉那篇講稿，但他有豐富的材料可用，可以讓他即興發揮，這使他的演說更有真實感。韓森解釋：「金恩收集了大批的片段講詞，包括他自己講道辭中的精采段落、其他牧師作品中的章節、軼聞趣事、《聖經》經文、他所喜歡的詩句。與其說金恩是在撰寫他的講稿，不如說他是在彙編他的講稿，藉由重組和改寫他以前曾用過多次的材料……這使得金恩能在演說時靈活地更動他的講詞……假如金恩不曾決定擱下寫好的講稿，世人是否會記得他在那場大遊行上的演說將成為大疑問。」

先鋒和移居者

在參與創設了一百多家公司之後，「創意實驗室」（Idealab）創辦人比爾・葛羅斯（Bill Gross）做了一項分析來弄清楚「是什麼導致了成敗」。最重要的因素並非點子的獨特、團隊的能力和執行、商業模式的品質、或是能否取得資金。葛羅斯揭露：「最重要的是時機。在成敗之間的差別中，時機佔了百分之四十二。」

研究顯示，在美國文化中，大家強烈相信所謂的先行者優勢。我們想成為領導者，而非跟隨者。科學家急於趕在競爭對手之前發現，發明家想搶先申請專利，創業家渴望趕在競爭者之前成立公司。如果你率先帶著一項新產品、新服務或新科技出籠，你可以提早在學習曲線上移動，搶佔主要市場，並且獨佔顧客。這些優勢造成競爭對手進場的障礙：他們在創新上的努力，會受制於你所擁有的專利及較佳能力，要說服顧客改而採用他們的產品將會很昂貴，這有礙於他們的成長。

在一項經典研究中，研究行銷的彼得・戈德（Peter Golder）和傑拉德・提利斯（Gerard Tellis）比較了先鋒企業和移居型公司的成功。先鋒企業是先行者：最早開發或出售一種產品的公司。移居型公司則較慢成立，等到先鋒企業已經開闢出一塊市場之後才進入市場。當戈德和提利斯分析三十多種不同產品的幾百個品牌，他們發現了在失敗率上的驚人差異：先鋒企業的失敗率是百分之四十七，移居型公司的失敗率則只有百分之八。前者失敗的可能性是後者的六倍。就算先鋒企業存活下來，平均也只佔有百分之十的市場，移居型公司的市佔率則是百分之二十八。

令人驚訝的是，身為先行者的壞處往往大於好處。平均而言，研究顯示先鋒企業有時或許能佔有更大的市場，但最後不僅存活機會較低，利潤也較低。如同研究行銷的麗莎・波頓（Lisa Bolton）所做的總結：「雖然先行者在特定產業佔有優勢，但學術研究的結果仍舊不一，並不支持先行者會全面擁有優勢的說法。」

如果你正急沖沖地想要進入新領域，得知這一點應該能讓你冷靜下來，去仔細考慮理想的時機。可是波頓發現了一件驚人的事：即使得知證據並不支持「先行者佔有優勢」，大家還是相信先行者佔有優勢。要想到成功的先鋒案例很容易，而那些失敗的先鋒早已被遺忘，因此我們假定失敗的先鋒很少。要打破「先行者佔有優勢」這個迷思，最好的辦法，是請大家想出不利於先行者的理由。在你的經驗中，身為先鋒的四個最大壞處是什麼？

移居者往往被烙上抄襲者的汙名，可是這種刻板印象弄錯了重點。移居者沒有一味適應現有的需求，而是等待時機，等到他們準備好引進某件新事物。他們之所以較慢進入市場，通常是因為他們在開發某個領域的全新產品、服務或科技。在家用遊戲主機的領域，先鋒企業是一九七二年的「奧德賽」（Magnavox Odyssey），主打初階運動遊戲。任天堂則是個移居者，在一九七五年購買了奧德賽在日本的經銷權，然後在接下來那十年裡，任天堂把奧德賽打得潰不成軍，藉由開發出原創的任天堂娛樂系統，包括像《超級瑪莉兄弟》和《薩爾達傳說》這類遊戲。任天堂以容易使用的控制器、細膩的人物和互動式角色扮演改造了電玩遊戲。身為開創者未必得要搶得先機，只需要與眾不同而且優於他人。

當開創者急於去當先鋒，他們容易犯下躁進的毛病。這是第一個壞處。在網路泡沫化之前，「高盛銀行」一個名叫約瑟夫‧帕克（Joseph Park）的年輕行員坐在自家公寓裡，為了自己取得娛樂而必須花費的工夫感到洩氣。為了租一部電影，他為什麼非得要長途跋涉到「百視達」去？他應該要能夠打開一個網頁，點選一部電影，然後影片就會被送到他家門口。

雖然帕克籌到了大約兩億五千萬美元的資金，他所創立的公司Kozmo卻在二〇〇一年破產。他最大的錯誤，在於輕率地承諾任何東西均可在一小時之內送達，並且投資建立全國性的營運網來支持公司的成長，而公司卻根本沒有成長。一項針對三千多家新創公司所做的研究指出，大約有四分之三的公司是失敗於太早擴張，做出市場還不能夠支撐的投資。

假如帕克進行得慢一點，他也許會發現以當時可用的科技，承諾在一小時之內送達既不實際、利潤又低。然而，上網租片的需求的確很大。影視串流網站Netflix當時才剛剛起步，Kozmo本來也許可以在郵購租片和後來的網路串流播放上與之競爭。再晚一點，它也許能利用科技上的改變，這些改變使得美國運送日常食品雜貨的網路平台Instacart得以建立起物流作業系統，使得一小時內送達雜貨不僅可行而且能有利潤。由於市場在移居者進入時已經比較明朗，移居者可以專注於提供更優良的品質，而非再三考慮到底要提供些什麼。作家葛拉威爾在一次訪談中問道：「你不會寧可當第二個或第三個，看看第一個人做了些什麼，然後……再加以改善？」葛拉威爾表示：「當點子變得很複雜，當世界變得很複雜，以為第一個人能夠想出所有的答案是很蠢的。大多數的好東西都需要很長的時間才想得出來。」[22]

第二點，我們有理由相信，選擇伺機而後動的那種人也許更容易成功。愛冒險的人會受吸引成為先行者，他們也容易做出衝動的決定。在此同時，比較不愛冒險的創業家從旁觀看，等待適當的機會，平衡自己的風險組合，然後才進場。在一項針對新創軟體公司所做的研究中，研究策略的伊莉莎白・彭提克斯（Elizabeth Pontikes）和威廉・巴內特（William Barnett）發現：當創業者急於追隨群眾進入過熱的市場，他們的新創公司就比較不可能存活並且成長。當創業者等到市場冷卻下來，他們成功的機率就比較高：「不隨眾人起舞、能抗拒潮流的人……往往比較能留在市場上，募得資金，最終成為上市公司。」

第三點，由於比較沒那麼魯莽且野心勃勃，移居者可以改善競爭對手的科技來製造出更好的產品。如果你是進入市場的第一人，所有的錯誤你都得親身經歷一遍。與此同時，移居者可以從旁觀看並且從你的錯誤中學習。彼得・提爾（Peter Thiel）在《從0到1》中寫道：「搶得先機是個策略，而非目標。如果有別人出現，並且搶走你的位置，那麼身為先行者對你並沒有什麼好處。」

第四點，先鋒企業往往死守著自己最初出售的產品，移居者則能夠觀察市場的變化以及顧客喜好的改變，並且隨之調整產品。在針對將近一百年來的美國汽車業所做的一項研究中，先鋒企業的存活機率較低，因為他們辛苦建立起正統地位，發展出並不適合市場的例行程序，而在顧客需求漸漸明朗之後變得過時。移居者也有餘裕去等市場準備好。當Warby Parker成立，電子商務公司已經興盛了十年以上，雖然也曾有其他公司試圖在網路上賣眼鏡而沒有成功。尼爾・布盧門撒爾告訴我：「這在更早之前是絕對不可能成功的。我們必須等到網路書店亞馬遜、網路鞋店

22 原註：動作太快，是賽格威電動雙輪車失敗的原因之一。記者史蒂芬・肯普在《重新造輪子》（Reventing the Wheel）裡寫道，科米薩「提出忠告，建議要有耐心」，建議狄恩・卡門的團隊「慢慢來，建立起產品表現紀錄」。在上市之前，賈伯斯要求該團隊徹底重新設計。然後，他們應該要在幾所大學校園和迪士尼樂園進行安全與可用性研究，讓大家能看見這具雙輪車在行走，在還買不到之前就想要它。卡門的團隊並未留心這個建議，在尚未解決顧客、安全、法律、定價和設計等問題之前，就急於將賽格威電動雙輪車上市。哈佛大學創業學教授沙曼從一開始就參與了該項計畫，直到今天，他還在思索事情會是如何，假如賽格威團隊當時放慢腳步來證明該產品的安全性，改善其設計，降低成本，並且取得在主要城市人行道上騎乘的許可。他深思地說：「假如它的模樣不那麼呆，重量只有二十五磅，而且只要七百美元，那它就會暢銷。」

Zappos和網路珠寶商店Blue Nile出現，讓大家習慣去購買他們原本不會在網路上訂購的商品。」

這一點在商業界之外亦然，許多開創者、開創點子和運動之所以失敗，是因為超前於自己的時代。在一九九〇年代初期的中情局，當梅蒂納初次提出在網路上更快速地分享數位資訊的想法，中情局尚未準備好考慮這個構想。隨著電子通訊日漸安全，也益發普及，大家就變得比較能夠接受這個想法。經過九一一恐怖攻擊事件以及誤判伊拉克擁有大規模毀滅性武器之後，大家愈來愈明白，各單位未能有效分享情資的後果不堪設想。梅蒂納的同事蘇珊・班傑明表示：「時機是最重要的。在那段期間，就連真心反對機械化的人都看出我們必須改變做法；這是時代的需求。但凡有點腦筋的人很難不去聽她說的話，並且同意那是我們該走的方向。」

在一八四〇年代，匈牙利醫生伊格納茲・塞默維斯（Ignaz Semmelweis）發現，要求醫學院學生洗手，能大幅降低孕婦在分娩時的死亡率，但他遭到同事奚落，最後流落到一家精神病院。又過了二十年，當路易・巴斯德（Louis Pasteur）和羅伯特・柯霍（Robert Koch）替「細菌致病論」奠定了基礎，塞默維斯的想法才獲得科學上的正統地位。如同物理學家馬克斯・蒲朗克（Max Planck）所說：「一件新的科學真理之所以獲勝，並非藉由說服其反對者，使他們領悟，而是因為反對者最後相繼去世。」

我並非在暗示搶得先機從來都不明智。如果我們全都等待別人先去採取行動，那就永遠創造不出什麼開創性的東西。總得有人去當先鋒，而有時候這樣做是值得的。如果涉及有專利權的科技，或是存在著強烈的「網路效應」（產品或服務隨著使用者人數增加而變得更有價值，例如電話或社群媒體），先行者的優勢就往往佔了上風。但是在大多數情況下，率先行動者的成功機率並不會比較高。而在市場不確定、未知，或是不發達的情況下，身為先鋒企業就明顯具有劣勢。此處最重要的教訓是：如果你有一個開創性的點子，僅只為了比競爭對手先抵達終點線而倉卒行動，這會是個錯誤。一如拖延能讓我們在進行一項任務時更靈活，延後進入市場能讓我們有學習和適應的機會，降低伴隨著開創性而來的風險。

可是，如果我們把視線擴大到工作時程表和產品生命週期之外，情況又是如何呢？在一個人一生的時間裡，是否有等得太久才行動的風險？

創造力的兩種生命週期：年輕天才和年老大師

一般都認為開創性湧自青春之泉。用知名創投家維諾德・科斯拉（Vinod Khosla）的話來說：「三十五歲以下的人，是能夠促成改變的人。就新點子而言，四十五歲以上的人等於是死了。」愛因斯坦在二十多歲時發表了關於相對論的第一篇革命性論文，在那之後他也說過類似的話：「一個人如果在三十歲之前未能對科學做出偉大貢獻，那他就永遠也做不到了。」悲哀的是，開創者的確往往隨著時間而逐漸失去開創性。在愛因斯坦用兩篇關於相對論的論文顛覆了物理學之後，他反對量子力學，而量子力學卻成了物理學領域的下一波重大革命。愛因斯坦後來感嘆：「為了懲罰我蔑視權威，命運讓我自己也成了權威。」

但是這種創造力的衰退並非不可避免。當公司裡設有意見箱，證據顯示，較年長的員工往往比年輕同仁提出更多點子，點子的品質也更高，而最有價值的建議來自五十五歲以上的員工。至於募得創投資金的新創科技公司，其創辦人的平均年齡為三十八歲。

芝加哥經濟學家大衛・蓋倫森（David Galenson）指出，在藝術界和科學界，雖然我們很容易想到那些早早就大放異彩的年輕天才，卻也有許多年老大師在年長之際才達到顛峰。在醫學界，但凡有一個在二十五歲就協助發現DNA雙螺旋結構的詹姆斯・華生，就會有一個在四十九歲時確認左腦與右腦各有所司的羅傑・斯佩里（Roger Sperry）；在電影界，但凡有一個在二十五歲首度執導劇情片就拍出《大國民》這部傑作的奧森・威爾斯（Orson Welles），就會有一個在拍片三十年後才拍出生涯中三部最受歡迎影片的希區考克，他在五十九歲時拍了《迷魂記》，在六十歲時拍出《北西北》，在六十一歲時拍了《驚魂記》；在詩壇，但凡有一個康明斯（E.E.

Cummings），就也會有一個佛洛斯特（Robert Frost），前者在二十二歲時寫下第一首具影響力的詩作，而他最好的作品中有半數以上都寫於他四十歲之前；後者最常被轉載的詩作有百分之九十二都在他四十歲之後寫成。要如何解釋如此截然不同的創造力生命週期？為何有些人早早達到顛峰，另一些人卻很晚才綻放？

我們何時會抵達自己開創性的高峰，以及這高峰期能持續多久，這取決於我們的思考風格。當蓋倫森研究創造者，他發現兩種截然不同的創新風格：概念型和實驗型。概念型的開創者想出一個偉大的主意並且著手去執行。實驗型的開創者則透過反覆試驗來解決問題，在這當中學習並且進化。他們在處理某一個特定問題，但是一開始時腦中並沒有特定的解決之道。他們並未預先計畫，而是一邊做一邊想出辦法來。借用作家佛斯特（E. M. Forster）的話：在我看見我說了什麼之前，我怎麼會知道我在想什麼？

根據蓋倫森的研究，概念型的開創者是短跑健將，而實驗型的開創者則是馬拉松跑者。當他研究曾獲頒諾貝爾獎的經濟學家，概念型的開創者平均在四十三歲時做出最具影響力的研究，實驗型的開創者則是在六十一歲。當他分析著名詩人最常被轉載的詩作，概念型開創者在二十八歲時寫出他們的最佳作品，實驗型開創者則是在三十九歲。而在一份針對所有諾貝爾物理學獎得主的獨立研究中，在三十歲以下的年輕天才中，恰好有半數是從事理論工作的概念型開創者。在四十五歲以上的年長大師中，百分之九十八做的是實驗型的工作。

概念型和實驗型開創者之間這種基本差異，解釋了為何有些開創者早早到達顛峰，而另一些則較晚綻放。概念型創新可以迅速完成，因為不需要花許多年做有步驟的調查。當華生和克里克發現ＤＮＡ的雙螺旋結構，他們無須等待數據的累積，而是建造一個３Ｄ的理論模型，並且檢視由羅莎琳・富蘭克林（Rosalind Franklin）[23]所提供的Ｘ光影像。此外，概念型突破往往發生得比較早，因為當我們從一個新鮮的觀點來處理一個問題，最容易得出具有驚人開創性的洞見。蓋倫森發現：「概念型開創者通常在初接觸一門學科不久之後，就做出對此一學科最重要的貢獻。」由於這個原因，一旦概念型開創者深陷在處理問題的既定方式中，他們就會變得比較沒有開創性。蓋倫森這樣說明：

概念型開創者上了年紀之後，之所以比不上年輕時的輝煌成就，並非是他們用盡了自己所貯存的某種靈感仙丹，而是由於他們所累積的經驗帶來的影響……概念型開創者的真正敵人是固定思考習慣的建立……概念型開創者可能成為自身早年重要成就的囚徒。

身為概念型開創者，這就是愛因斯坦的問題所在。當他發展出特殊相對論，他並沒有在進行科學研究，而是在做思想實驗：他想像自己在追逐一道光束。他對科學的主要貢獻，在於能夠解釋其他人實驗結果的概念和理論。一旦愛因斯坦內化了他的相對論原理，他就很難容納背離這些原理的量子物理學。就詩作而言，蓋倫森指出康明斯（E. E. Cummings）碰到了類似的障礙。他在二十出頭時想像出自己的語言、文法及標點規則，到了五十歲時，如同一位批評家所評論：「康明斯仍舊是做同一個實驗的實驗者。他迷人之處在於他一直在談成長，卻始終維持同一個樣子。」後來，當康明斯六十五歲時，另一位評論家說：「康明斯是個勇於冒險的原創詩人，但是他寫的書全都一模一樣。」如同心理學家馬斯洛（Abraham Maslow）所說，當你有一把鐵鎚，每一件東西看起來都像根釘子。

相反地，實驗型創新雖然可能需要數年，乃至數十年的時間來累積所需的知識和技能，卻成為開創性更為持久的來源。斯佩里（Roger Wolcott Sperry）花了許多年的時間用貓與病人來進行「裂腦實驗」，以確定左腦和右腦如何運作。佛洛斯特（Robert Lee Frost）最常被轉載的詩作中，沒有一首是在他二十多歲時寫成的，只有百分之八是他三十多歲時所寫，而他終於在四十多歲時大放異彩，後來在六十多歲時又再達高峰。詩人羅威爾（Robert Lowell）說，佛洛斯特「一步一步地試驗他對人與

23 編註：一九二〇～一九五八，英國物理化學家與晶體學家。她所做的研究，專注於ＤＮＡ、病毒、煤炭與石墨等物質的結構。

地的觀察，直到他最優秀的詩作擁有偉大小說般的豐富內涵」。佛洛斯特就像個探險家，藉由冒險進入世間、仔細聆聽真實的對話來收集材料。佛洛斯特自承：「我絕不會用我不曾聽見別人在說話時用過的字眼或詞組。」每一首詩都是個混合不同元素的實驗，「沒有令作者意外之處，也沒有令讀者意外之處」，他喜歡這麼說。「當我開始寫一首詩，我不知道——我不想要創作一首，看得出來是朝向好結尾而寫的詩……你應該要快樂地發現自己詩作的結尾。」

概念型開創者往往很早就想出開創性的點子，但卻有自我模仿的風險。實驗型花的時間比較長，但卻被證明較具有更新能力：實驗使我們能繼續發現新點子，而非複製自己過去的點子。馬克吐溫在四十九歲時發表了《頑童歷險記》，學者指出他用的是一種「反覆試驗的方法」，並且「在一邊寫作時一邊發現可塑的情節，心中並沒有明確的決定或計畫」。馬克吐溫自評道：「當一個短篇故事發展成長篇故事，最初的意圖（或主題）很容易就被打消，而被一個相當不同的意圖取代。」

隨著我們逐漸年長並且累積了專業能力，要維持自己開創力的最佳對策，是採取實驗型的做法。對於我們想要創造的東西，我們可以事前做比較少的計畫，而著手測試各式各樣的試驗性點子和解決方案。最後，如果我們有足夠的耐心，也許就能碰上一個新穎而有用的點子。這種實驗型做法對達文西來說很有用：他在四十六歲時畫完〈最後的晚餐〉，而在五十出頭時開始畫〈蒙娜麗莎〉。一位學者寫道：「只有在作畫時他才真正漸漸了解，他腦中的圖像才變得清晰。」另一位學者說：「達文西的工作方式就像一個雕塑家捏陶土一樣，從不預設任何形狀是不可更改的，而是繼續創作，不惜冒著模糊掉自己最初意圖的風險。」

金恩博士也是個實驗型的開創者。雖然他發表〈我有一個夢想〉那番演說時才三十四歲，那卻已是他針對民權做公開演說的第二十年。十五歲時，他在以民權為題的創意演說比賽中進入州決賽。之後那二十年，他都在試驗用各種可能的詩詞來表達他的願景。在他做過的幾千場演講中，他一直在練習不同的旋律和疊句。在累積了年長大師的經驗之後，如同研究管理的學者卡爾・魏克（Karl Weick）所說，他藉由「舊瓶裝新酒和新瓶裝舊酒」的方式獲得了開創性。

好事會降臨在那些耐心等候的人身上，而對實驗主義者來說，要變得有開創性永遠不嫌遲。在知名建築師萊特（Frank Lloyd Wright）拿到設計「落水山莊」（他最富盛名的建築作品）的合約之後，他拖延了將近一年，只零星畫了些草圖，直到六十八歲時才終於完成了設計。諾貝爾物理學獎共同得獎人雷蒙・戴維斯（Raymond Davis）在五十一歲時開始從事使他獲獎的研究，完成時已是八十高齡。你做的實驗愈多，就愈不會受限於你從前的想法。你從自己的發現中學習，不管是從聽眾身上、從畫布上，還是從數據中。藉由把目光望向世界，你能改善自己邊緣視線的敏銳度，不至於陷入自己想像力的狹窄視野中。

對一個年輕天才來說，短跑衝刺是個好策略，但要成為一位年長大師則需要有做實驗的耐心去跑一場馬拉松。兩者都是通往創造力的途徑。然而，對我們當中那些沒被一閃靈光擊中的人來說，緩慢而穩定地做實驗可以指引道路，通往為時更長的開創性。作家丹尼爾・品克（Daniel Pink）表示：「當然，並非每個六十五歲卻還沒有成就的人都是尚未被發掘的實驗型開創者，但這也許能加強那些人的決心，那些不斷保持好奇的人，那些一直修修改改的人，那些專心致志、不因為兔子一溜煙不見而氣餒的烏龜。」

CHAPTER 5

金髮姑娘原則和特洛伊木馬

建立聯盟關係及其維持

話說，星肚史尼奇的肚子上有星星，單色史尼奇的肚子上卻沒有。

那些星星並不大，其實小得很。可是，就因為他們有星星，那些星肚史尼奇就會自誇：

「我們是沙灘上最棒的一種史尼奇。」

他們會把鼻子高高抬起，嗤之以鼻地說：「我們才不要跟那些單色史尼奇扯上關係！」

蕭伯納
愛爾蘭作家

露西．史東（Lucy Stone）的偉大已被世人淡忘，但是在美國爭取婦女投票權的運動中，沒有人的貢獻比她更大。一八五五年，她為了婦女權利挺身而出，打動了成千上萬的人去追隨她的腳步，這些人自稱為「露西．史東傳人」以向她致敬。在接下來那一百年中，露西．史東的陣營裡包括了女性飛行員艾蜜莉亞．艾爾哈特（Amelia Earhart）、女詩人埃德娜．聖文生．米萊（Edna St. Vincent Millay）和藝術家喬治亞．歐姬芙（Georgia O'Keeffe）。在當代女性之中，有資格稱為露西．史東傳人的則包括歌手碧昂絲、臉書營運長雪柔．桑德伯格、影星莎拉．潔西卡．派克和塑身內衣品牌Spanx創辦人莎拉．布蕾克莉（Sara Blakely）。

露西．史東是美國第一個在婚後保留自己原本姓氏的女性。她在許多方面都是第一人：她是麻州第一個取得學士學位的女性，也是美國第一個提倡婦女權利的全職演說家，鼓動了無數的支持者，並且使許多敵對陣營的人轉而加入爭取婦權的運動。當時公開演說的女性寥寥可數，更別說是宣揚婦權，而她是其中之一。她領導全國性大會，並且創辦了美國最早的女性報紙《婦女報》（Woman's Journal），發行了半世紀之久。婦權運動人士卡麗．查普曼．凱特（Carrie Chapman Catt）後來成功地推動通過給予婦女選舉權的「憲法第十九號修正案」，她曾說：「倘若沒有《婦女報》所發揮的作用，就無從想像婦權運動今日的成功。」

一八五一年，史東主辦了一場婦權大會，但直到最後一天才在眾人勸說下登台演說，她聲明：「我們不希望只是社會的附屬品」，呼籲女性向各州議員請願，要求取得投票權及財產權。她這番話後來成為掀起婦權運動的著名演說，並且傳到大西洋彼岸，促使英國哲學家約翰・彌爾（John Stuart Mill）和妻子哈莉特（Harriet Taylor Mill）發表了一篇談給予婦女公民權的知名文章，協助動員英國的婦權運動人士。

在美國，最深遠的影響也許發生在羅徹斯特一位名叫蘇珊・安東尼（Susan B. Anthony）的教師身上。史東的演講鼓舞了她加入婦權運動。兩年後，那個時代另一位偉大的婦權運動人士伊莉莎白・斯坦頓（Elizabeth Cady Stanton）寫了一封短箋給蘇珊・安東尼，熱情讚揚史東：「沒有哪個女性能比得上她。」

在接下來那十五年裡，史東、安東尼和斯坦頓彼此合作，成為婦權運動的知名領袖。然而她們替婦女爭取平等選舉權的共同目標還遠遠未能實現，她們的聯盟就瓦解了。

一八六九年，安東尼和斯坦頓中止了和史東的合作，自行成立她們自己的婦權運動組織。曾是盟友的她們成為激烈相爭的競爭對手，各自發行自己的報紙，分別進行請願及募款，並且個自去向議會進行遊說。歷史學家珍・貝克（Jean Baker）感嘆：「此一分裂導致了一場人數既少而組織也受限的運動中力量的分散。」那也加深了「婦女不適合政治生活」的刻板印象，促使報紙把焦點放在「女人之間的戰爭」上，而非聚焦於那個偉大的理想本身。安東尼主導了一樁秘密計畫，想偷偷挖走史東組織裡的一些領導人物，而安東尼和斯坦頓對史東所懷的敵意如此強烈，以至於她們在編寫婦權運動史時竟把史東的組織排除在外。此舉甚至連斯坦頓的女兒都看不下去，她親自撰寫了一章來介紹史東所做的努力，彌補了此一遺漏。既然這三位領袖人物都獻身於同一個理想，她們為何會陷入破壞力如此之大的激烈衝突之中？

本章要檢視開創者如何與人結盟，以促進他們的目標，以及如何克服阻礙聯盟成功的障礙。就定義而言，大多數企圖改變現狀的努力都涉及一場由少數人挑戰多數人的運動。結盟的力量很大，但也天生就不穩定，強烈取決於個別成員之間的關係。史東和安東尼與斯坦頓之間的衝突，破壞了婦權運動中最重要的同盟，幾乎導致婦權運動的失敗。本章將分析她們所面對的挑戰，讓你看見有效的結盟，必須在可敬的美德與務實的手段之間保持微妙的平衡，所援引的例子還包括一個有天分的創業家如何努力去說服別人給她的點子一個機會，一部原本差點拍不成的迪士尼賣座電影，以及「佔領華爾街」運動的瓦解。同時你會發現，為什麼唱加拿大國歌能幫助我們形成同盟？為何共同的戰術可能比共同的價值觀更有影響力？為何西部各州比東部及南部各州更早贏得婦女投票權？還有與敵人合作，何以往往比與「友敵」合作更為明智？

最關鍵的洞見，是一種關於形成聯盟的「金髮姑娘理論」[24]。發起一項運動的開創者往往是此一運動中最激進的成員，他們的主意和理想對那些跟隨者而言顯得太過激進。要和對立的團體結盟，最好使自己的理想溫和一些，使之盡可能地降溫。不過，要把盟友拉進來加入這樁志業，所需要的，則是一個溫和適中的訊息，既不過熱，也不過冷，而是恰到好處。

自戀於小差別

我們假定共同的目標會把不同的團體凝聚在一起，但事實是，共同的目標常導致團體分道揚鑣。根據達特茅斯大學心理學者茱迪斯・懷特（Judith White）的研究，要了解這種分裂情況，可以透過「水平敵意」（horizontal hostility）此一概念來看。雖然有共同的基本目標，激進團體往往看不起較為主流的團體，視之為冒牌貨和背叛者。如同佛洛伊德在一百年前所寫：「正是那些微小差別，在那些除此之外都很相似的人身上，構成了他們之間生疏感與敵意的基礎。」

懷特觀察到水平敵意無處不在。當一名聽障女性贏得了美國小姐的后冠，聽障社運人士不但沒有把她當成開路先鋒替她喝采，反而發出抗議。由於她並未使用手語，而用嘴巴說話，他們認為她「不夠聾」。當一位膚色較淺的黑人女性被任命為一所大學的法律學教授，該校的「黑人學生協會」提出抗議，理由是她不夠黑。一名激進的

24譯註：此一理論出自童話故事《金髮姑娘和三隻熊》，指凡事必須適度，不宜超過極限。

環保運動人士不屑地把比較主流的「綠色和平組織」稱為「沒大腦的怪物，動機在於獲取環保行動帶來的利潤」，還稱之為「對環保運動之廉潔的強大威脅」。為了解釋人們為何會產生這種敵意，懷特主持了一項引人入勝的研究，探討在各種社會運動及少數群體中的水平敵意。

在一項研究中，純素食主義者和一般素食者相對於一般大眾，針對自己團體中的成員和另一團體中的成員做評估。純素食主義者對一般素食者的偏見，相較於一般素食者對嚴格吃素者的偏見，多了將近三倍。在比較極端的純素食者眼中，主流的一般素食者是冒牌貨：如果他們真的在乎素食的理想，就不會吃像雞蛋這種動物性產品。在希臘所做的另一項研究中，最保守政黨的成員，對與他們最相近之政黨的評價遠低於他們對一個革新派政黨的評價，而最信奉自由主義政黨的成員，對革新派政黨的評價要比他們對最保守之政黨的評價更為嚴苛。信奉正統派教義的猶太人，對保守猶太婦女的評價，要比對那些根本不從事宗教活動或遵守宗教節日的猶太婦女更為負面。這個訊息很清楚：如果你是個真正的信徒，你就會全心投入。你愈是強烈地認同一個激進團體，你就會愈加努力想讓自己和較為溫和、威脅到你價值觀的團體有所區隔。

就是這種水平敵意，使得蘇珊・安東尼和伊莉莎白・斯坦頓從露西・史東的陣營分裂出去。安東尼和斯坦頓相對激進，史東則比較屬於主流。她們之間在一八六六年出現裂痕，當安東尼和斯坦頓與一個知名的種族歧視分子喬治・崔恩（George

Francis Train）合作，崔恩支持婦權運動，因為他認為婦女能有助於削減非裔美國人的政治影響力。看見她們和崔恩一起參加活動，並且接受他的資助，史東大為震怒。

雙方之間的裂痕愈來愈大，當安東尼和斯坦頓反對給予非裔美國男性投票權的「憲法第五號修正案」提案。安東尼和斯坦頓的立場強硬：如果婦女不能得到投票權，那麼其他的少數族群也不該得到。她們這個立場很極端，不僅由於她們在此一立場上毫無彈性，也因為她們試圖打動的自由派選民贊成此一修正案。史東則比較支持廢奴主義者的目標。在一場平權大會上，她試圖在黑人民權運動人士和安東尼與斯坦頓之間搭起橋樑，表明她支持雙方繼續結盟：

> 雙方也許都有理……婦女受到的不公，深如海洋般無法測量，而黑人所遭受的不公也同樣深如海洋般無法測量……我為了「第五號修正案」而感謝上帝，並且希望該修正案能在每一州都被採行。只要任何人能脫離那可怕的深淵，我都會心生感激。

安東尼和斯坦頓把史東對黑人男性投票權的支持，視為對婦權運動的背叛。她們背棄了成立共同組織的承諾，宣布將在下週，一八六九年五月，成立她們自己的全國性婦權運動組織。史東和一群同事發表了一封信，呼籲成立一個更全面的組織，但是沒產生效果。到了秋天，她們別無選擇，只好成立自己的團體。在之後那二十多年裡，雙方的組織保持著距離，在某些情況下各自進行工作，在另一些情況下則針鋒相對。

由於婦權運動的分裂，史東需要新的盟友，而安東尼和斯坦頓也一樣。她們全都在一個意想不到的地方找到支持——「基督教婦女禁酒聯盟」（Woman's Christian Temperance Union，簡稱WCTU），該聯盟成立的目的是對抗酗酒，因為喝醉的男人常對妻子施暴並且使家庭陷入貧窮。基督教婦女禁酒聯盟非常保守，和婦權運動團體形成強烈對比。禁酒聯盟的成員，多半是懷有強烈宗教信仰及傳統價值的中上階層婦女。然而說也奇怪，幾乎在全美各州都出現了基督教婦女禁酒聯盟和婦權運動人士組成的同盟。婦權運動者和禁酒聯盟合作的理由顯而易見：婦權運動在影響議會一事上沒有進展，反對婦權運動的組織愈來愈多，而婦權運動的成員人數則在減少。到了一八八〇年代初期，安東尼和斯坦頓的組織只剩下一百名成員。而基督教婦女禁酒聯盟的成員數量則迅速增加，從一八七四年的幾千人成長到一八七六年的一萬三千人，到了一八九〇年更已超過十萬人。有了全美國最龐大之婦女組織的支持，婦權運動者將能做出重大進展。令人想不透的是，基督教婦女禁酒聯盟為何會同意和婦權運動者合作？

在一項巧妙的實驗中，史丹佛大學學者史考特・維爾特姆（Scott Wiltermuth）和奇普・希斯（Chip Heath）隨機指派每三人一組的受試者，在程度不一的同步情況下聆聽加拿大國歌〈噢，加拿大〉。在控制組的情況中，參與者在那首歌播放時默唸歌詞。在同步情況中，他們一起大聲唱那首歌。在不同步的情況中，他們全都唱那首歌，但不是一起唱，而是各自以不同的速度聽見那首歌。

參與者以為這個實驗是在測試他們的歌唱能力，但此事卻還有一個意外轉折：在唱過歌之後，他們接著去做據稱屬於另一項研究的實驗，有機會把一筆錢留給自己或是和組員分享。按理，他們用來唱歌的那幾分鐘應該不會影響他們的行為，但卻的確發生了影響：一起歌唱的那一組明顯更樂於分享。比起在其他情況下的參與者，他們描述自己感覺到彼此之間更為相似，更像一個團隊。[25]

在尋求與我們具有相同價值觀的團體結盟之時，我們忽略了相同策略性戰術的重要。最近，西北大學的鄭宇碩（Wooseok Jung韓文音譯）和布雷登・金（Brayden King）以及史丹佛大學的莎拉・蘇爾（Sarah Soule）這三名社會學者追溯了社會運動中不尋常同盟的出現——像是環保人士與同性戀維權人士的結盟，婦權運動與和平運動之間的結盟，還有一個海軍基地與一個美國原住民部落的結盟。他們發現，共同的

25 原註：在耶魯大學心理學家艾瑞卡・布斯比（Erica Boothby）所主持的一項實驗中，和另一人同時品嘗巧克力的人會更喜歡巧克力。我不愛吃巧克力，所以這個實驗在我身上不會起作用，可是他們的進一步研究顯示，和另一人同時吃苦得令人作嘔的巧克力甚至會使巧克力變得更難吃。很顯然，正面和負面的經驗在我們分享時都會增強，導致更強烈的相似感。

戰術是預示結盟的重要指標。就算他們關心的目標不同，如果使用相同的參與方法，不同的團體就會發現彼此的相似性。如果你這十年來都在參加抗議活動和遊行，你很容易就會覺得和另一個以同樣方式運作的組織有共同點。

露西・史東看出共同的目標並不足以使結盟成功，她指出：「大家對於什麼是最好的手段和方法會有不同的意見。」斯坦頓則「指出方法上的差異是造成兩個協會分裂的『重大爭議』」。史東一心想在州的層級進行活動，安東尼和斯坦頓則想要聯邦層級的憲法修正。史東把男性也納入組織，安東尼和斯坦頓則偏好成員只限於女性。史東企圖透過演說和集會來促成改變，安東尼和斯坦頓則比較傾向於採取對抗，安東尼進行非法投票，並且鼓勵其他婦女跟進。

和禁酒運動人士結盟的婦權運動者在方法上比較溫和，這有助於雙方找到共同點。當婦女在各地成立禁酒聯盟俱樂部，露西・史東也推行了婦權運動俱樂部。這兩個團體在進行遊說及出版上很有經驗，開始一起合作去進行遊說，在州議會上演說，發表文章並且分發文宣資料，同時舉辦公開的婦權運動會議、大型集會和辯論。[26]在婦權運動者和禁酒協會成員的合作下，她們說服了好幾個州允許婦女投票。與此同時，婦權運動者發現了贏得盟友的一個深刻原則。這個原則最適合由一個目光遠大的年輕創業家來闡明，她找到了一個令人驚訝的方式，使拒絕她的人給她的點子一個機會。

溫和的激進派

二〇一一年，一個名叫梅芮迪斯・佩瑞（Meredith Perry）的大四學生注意到科技上有個十分基本的問題。要打電話或是上網，她都不需要電線，過去需要電線的東西如今都成了無線的，但只有一件東西除外。坐在她的宿舍寢室裡，她仍舊被她所使用的裝置中最古老的組件拴在牆邊：替這些裝置充電的電力。要使用她的手機或是電腦，她必須插上插頭。她希望能有無線的電力。

她開始思索能透過空氣傳輸電力的東西。電視遙控器的訊號太弱，無線電波效率

26 原註：共同的戰術只能在某個程度內促進同盟。如果不同團體之間在戰術上的重疊率超過百分之六十一，就比較不可能結盟。當彼此的方法大致相同，不同的團體能從彼此身上學到及得到的東西就很有限；他們的努力比較可能會變得多餘。雖然基督教婦女禁酒聯盟和婦權運動團體有一些相同的戰術，她們也能教給彼此一些獨特的方法。婦權運動者開始列隊遊行，並且在市集上擺設攤位；基督教婦女禁酒聯盟則愈來愈常使用請願。此外，社會地位的差異也有關係：相對於兩個團體之間沒有地位差異或是地位差異懸殊的情況，如果一個團體的社會地位比另一個團體略高一點，不同的社會運動比較可能結盟。顯而易見地，地位較低的團體會追求地位較高的夥伴所帶來的能見度；但是對地位較高的團體來說也有好處。社會學者鄭、金和蘇爾解釋：「身為挑戰現有社會秩序的人，社會運動需要不斷更新自己的行動計畫，才能被視為走在時代尖端、可信，而且切合時宜。如果不能革新運動的行動計畫並且融入新點子，一場運動就可能變得過時，不再能打動最初的支持者。由於這個原因，地位較高的社會運動也許會試圖吸收新出現的議題或是之前所忽視的古老議題。」

太低，X光又太危險。然後她想到一個能把物理振動轉化為能量的裝置。例如，如果把這個裝置放在一列火車底下，就能收集到火車所產生的能源。雖然要大家聚集在靠近火車之處來捕捉電力不切實際，她明白聲音是藉由振動在空氣中傳輸。如果她能使用無形無聲的超音波來產生空氣振動，並且將之轉化成無線的電力呢？

她的物理學教授說這是不可能的，超音波工程師也同樣認為這不可行。幾位舉世敬重的科學家跟她說她這番努力是浪費時間。可是接著她贏得了一項發明比賽，一名記者要她在四週之後的一場數位研討會上展示這項科技。她雖然能驗證她的概念，卻沒有能夠運作的產品原型，她所面臨的是雞與蛋的難題：她需要資金來造出一個產品原型，但是她的點子過於激進，所以投資者想要先看見一個產品原型。身為一個新創科技公司的單一創辦人，又沒有工程學的背景，她需要有盟友才能往前走。

三年之後，我在谷歌舉辦的一場活動上遇見佩瑞。從科技創業家馬克・庫班（Mark Cuban）、雅虎執行長梅麗莎・梅爾（Marissa Mayer）和PayPal創辦人彼得・提爾（Peter Andreas Thiel）的「創辦人基金」得到七十五萬美元的創業基金之後，她的團隊剛剛完成了第一個實用的產品原型，能替行動裝置提供電力，速度比電線更快，能在遠距進行，而且兩年後即可供消費者使用。到了二〇一四年底，她的公司uBeam已經累積了十八項專利，並且得到一千萬美元的創投資金。

佩瑞站上舞台中央，同在台上的人包括饒舌歌手史奴比狗狗、一位諾貝爾獎得主和美國前總統柯林頓。但只有她得到現場觀眾起立喝采。大家還在繼續辯論這件產品功能的好壞，但是她已經克服了基本的障礙，證明了這項科技可行。她說：「如今在這家公司工作的每一個人，起初都不認為這是可能的，不然就是極度懷疑。」

佩瑞當初面對著每位開創者辛苦挑戰現狀的極端情況：克服潛在參與者的懷疑。她最初的努力一敗塗地。她去找過幾十位技術專家，他們迅速指出這個主意在數學和物理學上的瑕疵，根本不考慮和她合作。就算她提議以延後付款的方式來雇用他們大概也於事無補，因為他們知道自己可能永遠也看不見一張支票。

最後，佩瑞走了一步險棋，違反了她聽過有關發揮影響力的所有智慧；她乾脆不再告訴那些專家她想創造的是什麼。她不再解釋她計畫產生無線電力，而只提供她想要的科技規格。從前她傳達的訊息是：「我在嘗試建造一個能透過空氣傳輸電力的變換器。」現在她投售點子時隱瞞了目的：「我在找人設計一個符合這些參數的轉換器，你能做出這個零件嗎？」

這個做法成功了。她說服了兩位聲波專家去設計一個傳輸器，說服了另一名專家去設計一個接收器，再請一位電力工程師來建構電路。「在我腦子裡，一切都聚攏在一起。在最糟的情況下，可能會有人去告我。」佩瑞坦言：「以我所擁有的知識和技能，我沒有別的辦法。」沒多久，她就有了一群擁有牛津和史丹佛大學博士學位的合作者，數學計算和實驗模擬證實這個點子在理論上是可行的。這足以吸引到第一批資金和一位能幹的科技長，對方本來對這個點子大為懷疑。「等我把所有的專利拿給他看，他說：『噢，見鬼了，這還真的行得通。』」

在一場廣受歡迎的TED演講和一本書裡，西蒙・西奈克（Simon Sinek）[27]主張如果想要激勵別人，我們應該從「為什麼」開始。只要傳達出在我們點子背後的願景，傳達出引領著我們產品的目的，大家就會蜂擁而來。這是個很好的建議，除非你是在做某件挑戰現狀的開創事物。當提倡改變道德的人解釋他們為什麼這麼做，就可能會與根深蒂固的信念發生衝突。當具有創意的非主流者解釋他們為什麼這麼做，就可能會違反一般人對於哪些事可行、哪些事不可行的想法。

學者黛博拉・梅爾森（Debra Meyerson）和莫琳・斯庫利（Maureen Scully）發現，開創者若想要成功，往往得成為溫和的激進派。他們所相信的價值觀有別於傳統，而他們所相信的點子與一般人格格不入，但他們學會緩和自己的激進，把自己的信念和點子以比較不驚世駭俗的方式呈現出來，比較能吸引主流聽眾。佩瑞就是個溫和的激進派：她隱藏了她的點子中最極端的部分，使一個令人難以相信的點子變得合理。當她無法說服技術專家和她一起縱身一躍，她藉由隱藏自己的目的說服了他們跨出幾步。

把焦點從「為什麼」轉到「怎麼做」上面有助於減輕激進的程度。在一系列實驗中，如果要求持有極端政治觀點的人去解釋他們對政策之偏好背後的原因，他們就會堅持自己的主張。可是如果要求他們去解釋他們偏好的政策如何起作用，他們就變得比較溫和。去思索要怎麼做促使他們去面對自己知識中的缺口，使他們明白自己的極端觀點有些是不切實際的。

要與人結盟，開創者可以緩和自己的激進，藉由把自己的真實願景藏在一具特洛伊木馬中偷渡進去。美國海軍上尉喬許・史坦曼（Josh Steinman）有個偉大的願景，想藉由創設一個矽谷中心，使軍方對外界科技的態度變得更開放。史坦曼知道如果他提出一個全面性的激進提案，要求大家重新思考海軍追求創新的整個做法，他將會碰上阻力。因此，他先提出一個比較溫和的點子。他向海軍總司令格林納特上將（Jonathan Greenert）介紹了某種能在空中即時更新的新科技。格林納特上將很感興趣，詢問下一步的發展會是什麼，而海軍少將斯蒂爾尼（Scott Stearney）向史坦曼丟出一個好答的問題，問他軍方該如何看待技術的未來。「那就是我們出擊的時刻。」史坦曼回憶。「報告長官，這個未來將在於軟體，而非硬體，而我們美國海軍需要在矽谷有個代表處。」

過了幾個月，在另外幾名年輕軍官也同樣提出軟體的重要之後，海軍總司令做了

27 編註：作家、勵志演講人，因發現黃金圈法則而出名。他的 TEDx 演講「偉大的領袖如何激勵行動」是 TED 大會裡影片最多觀看數的第七名。

番演說提倡這個主意，而這個主意也在五角大廈流傳。不久之後，國防部長宣布在矽谷成立辦事處。史坦曼運用了心理學者羅伯・席爾迪尼（Robert Cialdini）稱之為「插足入門」的技巧，意指先提出一個小要求，以確保得到最初的允諾，之後才揭露出較大的要求。史坦曼以一個溫和而非激進的要求開場，藉此贏得了盟友。

如果拒絕節制自己的激進，聯盟往往會分裂。這就是「佔領華爾街」運動的一大失敗。那是二〇一一年一場反對經濟與社會不平等的抗議行動。在那一年，民調顯示大多數美國人支持此一運動，但是該運動不久之後就分崩離析。抗爭人士斯爾賈・波波維奇（Srdja Popovic）驚訝於該運動的極端立場疏離了大多數的潛在盟友。他主張，該運動的致命錯誤在於用「佔領」這個激進戰術來替該運動命名，只有少數人覺得那個名稱具有吸引力。他相信該團體假如把自己重新命名為「那百分之九十九的人」，該團體說不定還會存在。「佔領」那個名稱「暗示著要歸屬該團體的唯一途徑，就是扔下手邊的一切，而開始去佔領某個地方」，波波維奇寫道：「在和平抗議的龐大武器庫中，佔領只不過是其中一件武器——而且，更重要的是，這件武器往往只會吸引某種特定類型的人士參與……社會運動一向是在艱苦作戰，如果想要成功，就需要吸引更多偶發性的參與者。」「那百分之九十九的人」這個名稱具有包容性：邀請每個人來參與，並且使用他們自己偏好的戰術。藉由把該運動的名稱改得溫和一些，並且擴大所使用的方法，說不定就能贏得較主流公民的支持。

在婦權運動中，這就是「自戀於小差別」露出其醜陋面目之處。當安東尼和斯坦頓在一八六七年和種族歧視者崔恩合作，史東寫道，崔恩對婦權運動的支持「足以讓所有尚未被說服支持婦權運動的人譴責該運動」，她丈夫則提醒安東尼，這項結盟將意味著「對於替女性及黑人爭取投票權此一目標無法彌補的傷害」。[28]

可是安東尼不願改變她的激進信念，認為如果婦女不能得到投票權，那麼黑人也不該得到投票權。她和崔恩一起在堪薩斯州各地舉辦活動，並且接受他的資助來創辦一份婦權運動報紙。當史東為了她把她們的平權協會和崔恩牽扯在一起，因此損及該協會的名聲而質問她，安東尼惱羞成怒：「我知道妳是怎麼回事。妳是又羨慕、又生氣、又憎恨，因為我有一份報紙，而妳沒有。」斯坦頓站在安東尼那一邊，贊成她和崔恩合作的決定：「哪怕是接受魔鬼本人的協助，也會是正確的明智之舉，只要他不會引誘我們降低自己的水準。」

事實證明此一結盟的代價很高：堪薩斯州原本有機會成為第一個允許婦女投票的

28 原註：身為長期盟友，社會改革家威廉・蓋里森（William Lloyd Garrison）央求安東尼罷手：「以我所有的友好之情，以及對婦權運動的最高敬意，我還是忍不住要表達我的遺憾和驚愕，妳和斯坦頓女士竟然會失去理智去和崔恩那個頭腦不正常的小丑兼半個瘋子一起旅行並共同演說……妳們只會招致應得的嘲笑和譴責，而使妳們努力提倡的運動受到不必要的蔑視……崔恩也許有助於吸引觀眾，但是一隻袋鼠、一隻大猩猩或是河馬也能做到。」

州，但結果卻輸掉了那次表決，而給予黑人投票權的提案也輸了。許多熟悉內情之人認為，她們和崔恩的結盟要為這兩場失敗負責。幾年之後，當斯坦頓和安東尼成立了她們自己的協會，她們並未從過去的錯誤中學習，依然拒絕緩和她們的極端立場，認為凡是支持婦權運動的人都是朋友。另一次結盟也在婦權運動上投下陰影，斯坦頓和抗議人士維多莉亞・伍德哈爾（Victoria Woodhull）合作，伍德哈爾是第一位競選美國總統的女性，但是她以極端的行動計畫損害了婦權運動。伍德哈爾曾經當過妓女和江湖郎中，她提倡性愛自由，宣告她擁有「憲法與上天所賦予之不可剝奪的權利，想愛誰就愛誰，能愛多久就愛多久，只要我喜歡，每天都可以改變」。

反對婦權運動的人把伍德哈爾的立場當成證據，證明婦權運動其實是在提倡濫交性行為而非爭取投票權。大批會員離開安東尼和斯坦頓的組織，導致她們甚至無法聚集足夠的出席者來召開大會。就連支持婦權運動的議員也建議婦權運動人士擱置她們對投票權的追求。婦權運動人士評論道：伍德哈爾的活動「是把人從我們陣營裡嚇跑的最有效因子」，並且「使婦權運動倒退了二十年」。此一結盟「引發了激烈的批評」，嚴重到替安東尼寫傳記的人後來寫道，這波批評使得她先前所受到的抨擊就像「一場夏季陣雨之於密蘇里州的一場颶風」。

斯坦頓維持和伍德哈爾的結盟，未能看出溫和激進主義的價值。她忽視了自己人與外人評估同盟關係時的巨大差異，使得史東和許多從前的盟友及潛在盟友離她而去。研究管理的學者布萊克・艾許佛斯（Blake Ashforth）和彼得・賴因根（Peter Reingen）在一項新研究中闡明了她所犯的錯誤，這兩位學者發現，自己人和外人，對於「是誰在代表一個聯盟」有著不同的想法。對自己人來說，主要代表人物是位居團體中心、人脈最廣的那個人。對於那些婦權運動者來說，此一代表人物顯然是斯坦頓和安東尼。可是對於外人來說，代表此一團體的是觀點最極端的那個人。而那個人就是伍德哈爾：她個人的醜聞掩蓋了婦權運動的目的，並且使許多人感到疏離，這些人能夠接受「給予婦女投票權」這個比較溫和的想法，但不願接受婦女在性生活上獨立這個較為激進的想法。由於外人以安東尼和斯坦頓所結交的極端人物來評斷婦權運動，史東別無選擇，只好繼續拉開她的組織與她們的所作所為之間的距離。

比起「友敵」，敵人是更好的盟友

在電影《教父》第二集裡，艾爾帕西諾所飾演的麥可・柯里昂建議：「和朋友保持親密，但是更要和敵人保持親密。」可是，對於那些難以明確歸類是友是敵的人，我們該怎麼做？

通常我們把自己的人際關係放在一個從正面到負面的差異序列上來看。最親密的朋友支持我們，最大的敵人則積極對抗我們。可是研究顯示，我們需要畫出兩條獨立的軸線：一條表示出一份關係有多正面，另一條則表示出這份關係有多負面。在純粹正面和全然負面的關係之外，我們可能會有既正面又負面的人際關係。心理學家稱之為矛盾的人際關係。你也許知道所謂的「友敵」──他們有時支持你，有時卻暗中傷害你。

史東和斯坦頓及安東尼這兩人的關係是深深矛盾的：她們既是盟友，也是對手。一方面，她欣賞斯坦頓的機智和安東尼的勤奮，而且她們過去曾有過成績斐然的合作。另一方面，史東反對她們那些「瘋狂的朋友」和「胡亂結盟」，認為那會危及婦權運動的聲望。而且安東尼和斯坦頓常有表裡不一的行為。她們沒有得到史東的允許就在一張廣告上簽署她的名字，恭維她們那個種族歧視的贊助人。後來，史東在一八六九年秋天寫信給斯坦頓，提

正面性

負面性

	低	高
低	熟人： 不關心	朋友： 持續支持
高	敵人： 持續傷害	友敵： 曖昧不明

議「此一運動的所有友人誠懇地積極合作，勝過每個人各自為政」，並且向她保證，自己的組織「絕不會與妳的組織為敵」。然而，在史東的組織的成立大會上，安東尼卻試圖推選斯坦頓為主席，但沒有成功。史東邀請她上台，而安東尼結束發言時指控史東試圖「否定並排擠」她的組織。

一八七二年，斯坦頓跟史東接觸，提議和解，力勸她「讓過去的事過去。讓一切人身攻擊都在我們眼前的工作中被埋葬」。史東採取了一些安撫的舉措，在她的報紙上分享斯坦頓的文章和演說。然後她收到安東尼提議「合作並且進行有系統之活動」的一封信，邀請史東去羅徹斯特「解決我們同為一偉大女性的問題」。史東婉拒了。

基於後見之明，我們很容易判定史東的拒絕犯了固執的錯誤。假如她接受了，雙方的組織也許可以提早好幾年替婦女贏得投票權。可是如果去檢視矛盾的人際關係對我們所承受之壓力的影響，你就會在史東的抗拒中看出一些智慧。

為了找出處理矛盾的人際關係最有效的方式，明尼蘇達大學管理學教授蜜雪兒・達菲（Michelle Duffy）主持了一項研究，調查警員有多常受到他們最親密同事的暗中傷害和支持，也調查他們承受壓力的大小以及請假的情況。不出所料，負面的人際關係會造成壓力。如果警員覺得受到最親近同事的暗中傷害，他們對工作會變得比較不投入，較常未經許可就擅自休息，也較常請假不上班。

如果那些暗中傷害他們的同事有時也會支持他們的話，會發生什麼情況呢？情況並未改善，反而更糟。被同一個人暗中傷害和支持，這意味著對工作更不投入，更常缺席不上班。[29]負面的人際關係令人不愉快，但是這種關係是你可以預知的：如果一個同事總是暗中傷害你，你可以和對方保持距離，並且做好最壞的打算。可是如果你要處理一份矛盾的人際關係，你就得時時提防，設法弄清楚你究竟什麼時候可以信賴對方。如同達菲的研究團隊所解釋：「要應付態度不一致的人需要用上更多精神及應變手段。」

在一系列突破性的研究中，心理學者伯特・內野（Bert Uchino）發現，矛盾的人際關係的確比負面的人際關係更不健康。在一項研究中，有著較多的矛盾人際關係能預示出比例較高的壓力、憂鬱和對生活的不滿。在另一項研究中，較年長的成年人評估自己和人生中最重要的十個人之間的關係，並且完成兩件會引發焦慮的任務：在沒有準備的情況下做一番演講，以及做一個快速數學測驗。參與者擁有的矛盾人際關係愈多，他們的心跳在做那兩項任務時就愈常加速。

露西・史東明白關係矛盾時結盟的風險。一八七一年，她寫道：「最好別和那些人握手……她們近來是我們的敵人。我們無法確知她們現在是我們的朋友。」美國研究專家兼傳記作家安德瑞雅・科爾（Andrea Moore Kerr）指出，史東「無法預測或掌控斯坦頓或安東尼的行為」。根據貝克的說法，史東的回應是「試圖讓她的組織免於受到斯坦頓及安東尼勢力『可畏之噩夢』的感染。」

我們的本能是去切斷不好的人際關係，而去挽救矛盾的人際關係。但是有證據顯示我們應該採取相反的做法：斷絕和「友敵」來往，反而該嘗試讓敵人轉而投入我們的陣營。

在挑戰現狀的努力中，開創者往往忽視了他們的反對者。其邏輯是：既然某個人已經是在抗拒變革，就沒有必要把時間浪費在此人身上，而應該專注於加強你和那些已經在支持你的人之間的關係。

但是我們的最佳盟友並非那些一直支持我們的人，而是那些起初反對我們、繼而改變主意加入我們陣營的人。

半世紀之前，知名心理學家亞隆森（Elliot Aronson）進行了一系列的實驗，指出我們對「得到與失去別人尊重」往往比對尊重程度本身更為敏感。如果某人一向支持我們，我們就將之視為理所當然，可以忽視。而一個起初是敵手、後來卻熱情支持我們的人則會被我們視為真正的擁護者。亞隆森解釋：「某人對我們的喜愛如果與日俱增，我們喜歡此人就會勝過一個一直都喜歡我們的人。比起某人對我們的感覺一直是全然正面，如果某人最初對我們的負面感覺漸漸轉為正面，我們會覺得更有價值。」

29 原註：好消息是，如果警員被某個人暗中傷害，卻得到另一人的支持，那麼他們的情況就比較好。受到一位同事或主管的支持具有緩衝的效果，能使遭受暗中傷害原本會造成的壓力和請假缺席，不至於發生在警員身上。

如果我們特別喜愛態度轉變的敵手，他們對我們是否也有同樣的感受呢？答案是肯定的，而這就是說服敵對者改變的第二個好處。要轉而喜歡我們，他們必須格外努力去克服自己最初的負面印象，告訴自己：我想必是錯看那個人了。在那之後，為了避免再度改變心意而造成的內心衝突，他們會格外積極地和我們維持正面的關係。

第三點，也是最重要的一點是：我們過去的敵手最能有效說服其他人加入我們的運動。他們能替我們整理出更好的論點，因為他們了解抗拒者和觀望者的懷疑與疑慮。而且他們是更為可信的消息來源，因為他們並非只是過於樂觀的追隨者或唯命是從的人。在亞隆森的一項研究中，那些起初持負面態度、然後變得較為正面的人最能夠說服別人去改變自己的看法。而在比較近期的研究中，企業主管會隱隱受到那些與他們爭論之後讓步的董事會成員的影響，因為這表示他們的意見「顯得能禁得起批判的審視」。[30]

露西・史東沒有迴避她的敵人，而去找出他們，並且積極地與他們聯繫。她在改變知名女詩人茱莉亞・豪威（Julia Ward Howe）的態度方面有所助力，豪威是〈共和國戰歌〉（The Battle Hymn of the Republic）的作者。豪威曾受邀參加婦權運動的一次會議，她不情不願地前往，「帶著一顆抗拒的心」，她視史東為「討厭的人物」。可是在聽了史東演講之後，豪威成了一個親密盟友，也成了婦權運動最偉大的領導人物之一。

一八五五年，一個前來鬧場的人打斷了一場大會，聲稱婦權運動人士不適合婚姻，把婦權運動貶為「少數幾個失望的女人」的運動。露西・史東並未對他置之不理，而在演說中直接回應他的發言，觀眾為她此舉喝采：

先前的發言者，暗示此一運動是少數幾個失望女子的運動。打從我記憶所及的最初幾年起，我就是個失望的女人……當我要尋找一份職業時，我失望了……除了教師、裁縫和管家的工作之外，所有的職位都不對我開放。在教育上、在婚姻裡、在宗教上、在每一件事情上，失望是女性的命運。加深每個婦女心中這份失望，直到她不再為之屈服，這將是我的終生志業。

當史東四處去張貼宣告廢奴演說的海報，常有年輕男子跟在她後面把海報撕掉。史東問他們是否愛他們的母親。答案是「那還用說」。他們是否愛他們的姊妹？答案是「當然」。她說明在南方，和他們同齡的男子被賣為奴隸，再也看不見自己的家

30 原註：當然，並非每一份負面的人際關係都能被轉變。散文作家查克・克勞斯特曼（Chuck Klosterman）在普通對手（有可能成為盟友的對手）和死敵之間做了重要的劃分：「你有點喜歡你的對手，儘管你瞧不起他。如果你的對手邀你去喝雞尾酒，你會接受他的邀請……可是你絕對不會和你的死敵一起喝酒，除非你打算在他的杜松子酒裡下毒。」

人。如同科爾所說：「然後她邀請他們以『特別來賓』的身分去聽當晚的演講。事實證明這些在街頭吸收的成員是有用的盟友，能緩解其他惹是生非之徒帶來的危險。」

一八五九年，一位名叫法蘭西絲．威勒德（Frances Willard）的大學生在日記裡寫著露西．史東來到當地，並且註明：「我不喜歡她的觀點。」以她所持的保守看法，威勒德加入了禁酒運動，但是多年之後，她成了婦權運動最具影響力的領袖人物之一。她回想當年，認為是史東使她改變了心意：

我記得我當時很怕蘇珊，也很怕露西。但如今我愛她們，也尊敬她們，而我無法用言語來形容能得到這些女性的祝福是什麼感受，她們使像我這樣較為膽怯的人能一起加入，在世間的工作中佔有一席之地。假如沒有她們做開路先鋒，我們是不敢來的。

一八七六年，在威勒德領導下，促成了婦權運動人士與禁酒聯盟成員的合作。日後的研究將會指出，在接下來那二十年裡，每次威勒德造訪一個州，該州婦權運動與禁酒運動結盟的機率就大幅升高。她是如何說服保守的基督教婦女禁酒聯盟成員和自由派婦權運動人士合作的？我們可以在好萊塢發現使她成功的一個線索，在好萊塢，電影能否開拍，取決於編劇能否說服製片廠主管相信他們的願景。

熟悉感使喜愛漸增

一九九〇年代初期，一群編劇提議去做一件迪士尼公司從未做過的事：他們想拍一部建立在原創構想上的動畫片。拋開半世紀以來，根據歷久彌新的童話故事所改編的賣座動畫片傳統，像是《灰姑娘》和《白雪公主》，他們打算寫一個全新的故事。片廠主管傑佛瑞・凱森伯格（Jeffrey Katzenberg）抱持著懷疑的態度，告訴同事這是個實驗。導演鮑伯・明克夫（Bob Minkoff）回憶：「沒有人對這個點子有信心。在迪士尼，那被視為低預算的次級電影。」

那齣劇本最後成了《獅子王》，是一九九四年最賺錢的影片，贏得了兩項奧斯卡金像獎和一座金球獎。凱森伯格原本說如果這部片子能賺進五千萬美元，他就會感激得下跪。到了二〇一四年，該片已經賺進超過十億美元。

如同許多原創的主意，這部電影差點根本拍不成。最初的構想是「在非洲以獅子為主角的『小鹿斑比』」（用獅子來代替鹿）。可是在第一個劇本失敗之後，五位編劇聚在一起重新思考。他們坐下來討論了兩天，想出各種點子，編出一個關於王位繼承的史詩般故事，然後向迪士尼的一群主管投售這個故事。第一個做出回應的是執行長麥可・艾斯納（Michael Eisner），他沒有弄懂這個故事。為了找出賣點，他問道：「你們可以把這個故事寫成《李爾王》嗎？」

巧的是，導演明克夫幾個星期前才重新讀過這齣莎士比亞劇本，便解釋這個構想為何不適合。然後，一個坐在後排、名叫莫琳・唐利（Maureen Donley）的製作人提出了另一個與莎翁劇作有關的建議：「不，這是《哈姆雷特》。」

忽然之間，每個人都懂了。明克夫說：「大家一起發出恍然大悟的驚嘆。那當然是《哈姆雷特》——叔叔殺死了父親，而兒子得要替父親復仇。於是我們決定這部片將是以獅子為主角的《哈姆雷特》。」在這關鍵性的一刻，這部電影獲准拍攝。

為了了解「是什麼使這部電影免於被棄置的命運」，我去請教賈斯汀・伯格（Justin Berg），史丹佛大學研究創意的專家。伯格解釋，那些編劇必須要從獅子出發，假如他們從《哈姆雷特》出發，結果就會編出一部仿冒莎士比亞的動畫。以一個新穎的模式出發是開創性之鑰，但這也帶來了挑戰。

在一項實驗中，伯格請受試者設計一件能幫助大學生求職面談成功的產品。他指示他們從三環活頁夾這種熟悉的構想開始，然後再想出某個新穎的點子。結果他們想出的點子被書店經理和顧客評為稀鬆平常。根據伯格的說法，發想點子時的出發點就有如畫家在畫布上畫下的第一筆：它會形塑這幅畫其餘部分的繪製過程，限制我們的想像。從一個三環活頁夾出發，使得參與此一實驗的人提出顯而易見的產品，像是有夾層放履歷表和名片的檔案夾，實在算不上是能改變大局的點子。要想出具有開創性的點子，我們需要比較不尋常的出發點。

伯格給了幾位參與者一個比較新穎的出發點：用一隻直排輪溜冰鞋來取代那個三環活頁夾。他們不再受限於傳統的點子，所想出的點子在開創性上的得分提高了百分之三十七。一名參與者注意到，在求職面談時往往很難知道已經過了多少時間，而你不想因為看錶而顯得沒有禮貌、中斷和面試官的眼神接觸。他提出的解決辦法，是打造一只能藉由碰觸來得知時間的手錶，包含實體元素，像是直排輪溜冰鞋上的輪子，會隨著時間過去而改變形狀或紋理。

雖然一個新穎的出發點的確有助於增進點子的開創性，卻不見得能使觀眾群覺得我們的點子合意而且實用。為了解決這個問題，伯格先給了參與者「直排輪溜冰鞋」這個新穎的出發點，但是加上了一點變化：在他們想出自己的點子之後，他拿了一張圖片給他們看，圖上是在求職面談時常會用到的物品，然後請他們再多花幾分鐘去琢磨自己的構想。對那個想找出禮貌的計時方法的人來說，這就造成了重大的差別。在看過求職面談時常用的那些物品之後，同一個發明者想出的不再是一只能藉由碰觸來報時的手錶，而是一枝能藉由碰觸來報時的筆。

最可能成功的點子是從新穎之處出發，然後再加上熟悉的元素，這是利用了前文中談過的「曝光效應」。一般說來，有了一個新穎的出發點之後再注入熟悉的元素，會使得這些點子在實用性上的評分提高百分之十四，但不會犧牲一絲開創性。如同伯格所指出的，假如你用一枝筆而非一隻直排輪溜冰鞋來展開這個實驗，最後大概會想出跟一枝傳統的筆很像的東西。可是從某種就求職面試而言出人意料的東西出發，像是一隻直排輪溜冰鞋，然後再結合一枝筆令人熟悉之處，你就能發展出一個既新穎又實用的點子。

拿《獅子王》來說，當莫琳・唐利提議這齣劇本可以像是《哈姆雷特》，就發生了這種情況。這個熟悉點幫助片廠主管把這個新穎的大草原劇本和一個經典故事連結在一起。導演明克夫解釋：「這給了一大群人一個參考點。絕對的開創性可能會讓你失去眾人的支持。片廠主管得要賣出這部片子，所以他們在找那些能幫助他們理解的東西。這給了他們一點可以抓住的東西。」編寫《獅子王》的團隊接著從《哈姆雷特》學習。他

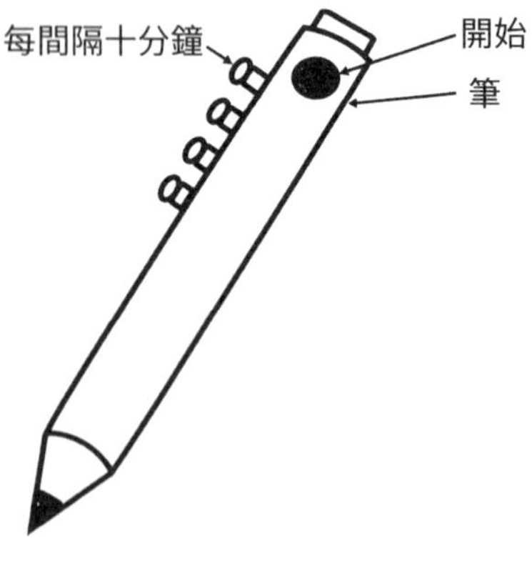

們明白劇中需要一個類似哈姆雷特著名獨白「生存還是死亡」（to be or not to be）的時刻，於是加進了一幕，在那一幕中，狒狒拉飛奇給辛巴上了一課，告訴他必須記得自己是誰。

在婦權運動中，直到一個新崛起的領導人物替此一運動注入了一點熟悉感，婦女禁酒聯盟的成員才加入行動。范德堡大學社會學者荷莉・麥肯曼（Holly McCammon）指出婦權運動者在爭取投票權時用了兩個主要論點：正義與社會改革。正義的論點著重於公平，強調投票權是婦女不可剝奪的權利。社會改革的論點則著重於社會的福祉，強調婦女養育子女、料理家務及道德上的美德能夠改善整個國家。在當時，正義的論點被視為激進，因為它違反了傳統性別角色的刻板印象，倡議男女兩性在各個領域都是平等的。社會改革的論點則比較溫和，因為它肯定了性別角色的刻板印象，指出保守人士原本就重視的女性特質也能對公眾生活有所貢獻。得到投票權的婦女能以一種「公眾母親」的形式有益於社會，藉由提倡教育、減少政府腐敗以及幫助窮人。

當麥肯曼及其同仁整理婦權運動在二十五年中所產生的演說、報紙專欄、旗幟標語和傳單，正義的論點出現得最早，也最頻繁。整體說來，婦權運動者有百分之三十的時間在宣揚正義的主張，相形之下，主張社會改革論點的頻率只有一半。可是基督教婦女禁酒聯盟的成員聽不進正義的論點，她們堅守傳統的性別角色，拒絕男女平等的觀念。社會改革論點也未能和熟悉的價值觀產生共鳴：保守的禁酒聯盟成員意在求取穩定，而非改變。婦權運動之所以能更廣泛地被接受，是因為禁酒聯盟新崛起的領袖人物法蘭西絲・威勒德聰明地重新擬定了論點。

婦權運動如何在美國西部獲勝

法蘭西絲・威勒德沒有使用正義的論點，也沒有使用社會改革的論點，甚至沒有提出是為了婦權而爭取投票權。

她稱之為「投票以保護家庭」。

威勒德把婦權運動視為「一種武器，用來保護家庭免受酗酒之暴虐」。她把投票權比喻成「一副強大的取火鏡」，承諾要用來「燒毀酒店，直到它凋零、在火紅的蒸氣中煙消雲散」。保護家庭是婦女禁酒聯盟成員熟悉的目標。如今她們可以利用婦權運動來達成她們想達成的目標：如果禁酒運動的支持者想要對抗酗酒問題，她們就需要去投票。如同貝克所寫：

> 那是種爭取婦女投票權的間接做法，建立在保護家庭的宗教理由上，而那把美國兩項最有力量的婦女改革運動連結在一起。安東尼和斯坦頓心中所想要的婦女投票權是一種普

世權利，對威勒德來說卻是一種工具……是一種吸引家庭婦女的策略。

針對基督教婦女禁酒聯盟與婦權運動人士長達四十年的結盟，麥肯曼主持了一項研究，研究數據顯示，婦權運動人士在某一州提出正義的論點之後，在接下來那一年裡，和該州婦女禁酒聯盟結盟的可能性並未提高，事實上，結盟的可能性還略微降低。可是一旦婦權運動者提出了保護家庭的概念，和該州的婦女禁酒聯盟合作的機率就明顯提高，而該州最後通過給予婦女投票權的機率也同樣大幅升高。[31]最後，在威勒德的領導下，婦女在好幾個州獲得了完整的投票權，也在十九個州得到學校董事會的投票權。此一論點在西部尤其有效。在「憲法第十九號修正案」給予婦女完整的投票權之前，西部各州及行政區通過立法給予婦女投票權的比例高達百分之八十一，相形之下，東部只有兩個州通過，南部則一個州也沒通過。

31 原註：威勒德提出的保護家庭論點持續促成明顯改變，但其程度則取決於時機。在當地的婦女禁酒聯盟受到威脅時，她發揮的影響力最大。當她所造訪的州沒能通過立法禁酒，或是酒館變得更為普及，婦女禁酒聯盟最可能和婦權運動者結盟。保守的婦女禁酒聯盟成員感覺到自己的任務面臨危險，開始把婦權運動視為她們對抗酗酒的戰爭中一件有價值的武器。麥肯曼及同仁說明：「威勒德協助婦女禁酒聯盟成員了解她們在政治上受挫的意義，把這些挫折詮釋為缺少政治力量的結果。威勒德說服婦女禁酒聯盟成員，說婦女的投票權能有助於通過禁酒的立法，使得婦女禁酒聯盟的想法與婦權運動者變得一致。」

婦權運動極不可能由法蘭西絲・威勒德發起。賈斯汀・伯格的研究指出，假如婦女從保護家庭這個熟悉的目標出發，她們也許永遠不會想到要去爭取投票權。要把一個具開創性的椿子打進土裡，往往需要激進的想法。可是一旦爭取投票權這個激進主意的種子已經埋下，開創的婦權運動人士就需要一個比較溫和的斡旋者來打動更廣大的聽眾群。對於禁酒運動人士，法蘭西絲・威勒德具有獨特的可信度，因為她在演講中援引了令他們感到自在的熟悉主張。她大量使用宗教修辭，常常引用《聖經》。

法蘭西絲・威勒德是典型的溫和激進派。貝克寫道：「在威勒德的領導下，沒有什麼顯得激進，哪怕她正邁向更進一步的目標。」她的行動提供了關於說服潛在夥伴來共同合作的兩個教訓。第一，我們需要以不同的方式來思考價值觀。與其假定其他人和我們有共同的原則，或是試圖去說服他們採納我們的原則，不如把我們的價值觀描述成追求他們價值觀的手段。要改變他人的理想很難，要把我們的行動計畫和別人固有的價值觀連結在一起則容易得多。

第二，我們可以從梅芮蒂・佩瑞隱瞞了「她想創造出無線電力」的真正目標那個例子中看出，透明公開未必總是最佳策略。開創者固然想要對潛在夥伴坦率，但他們偶爾需要換個方式來表達自己的主意，以吸引觀眾群。威勒德就把爭取投票權的主意藏在對抗酗酒這隻特洛伊木馬中偷渡進來。

不過，這個論點並沒有對每一個聽她演說的團體發生作用。正義的論點吸引了最激進的女性參與婦權運動，因為她們贊成兩性平等。「保護家庭」這個最溫和的論點則鞏固了和極端保守之婦女禁酒聯盟成員之間的結盟。不過，要說服其他盟友實際上轉而加入婦權運動，保護家庭這個論點就過於溫和。麥肯曼的研究顯示，要使更多婦女轉而相信婦權運動是個目標，而非達成其他目標的手段，就需要用到「金髮姑娘原則」：這是溫和社會改革的論點，社會運動的領導人要想「成功地吸收潛在的新成員，必須在現存的所有文化和挑戰現狀之間維持適度的平衡」。在婦權運動人士把她們所關注的議題表達為追求正義或保護家庭之後，各州婦權運動組織裡的成員人數並未改變，可是當她們強調：婦女如何能夠改善社會——通過給予婦女投票權的法律也能夠改善社會——之後，會員人數就激增。導演明克夫解釋：「開創性人人想要，但此事有個甜蜜點。如果一個主意的開創性不足，就會顯得無趣或缺乏新意。如果開創性太高，就有可能很難使聽眾群理解。目標是推向極致，而非把事情搞砸。」

在露西・史東的一生中，她在向那些已經參與婦權運動的婦女演說時，繼續以追求正義與平等為訴求。但是當她對圈外人演講，她就比較謹慎地納入社會改革的論點，並且尊重傳統的性別角色。一八五三年，當一名蠻橫的聽眾打斷了一場婦權大會的進行，史東走上講台。她並沒有先提出正義的論點，而先肯定婦女在家庭領域中的貢獻：「我想每個在自己家中握有大權的婦女，在家中散發愛、慈善與和平的美德，並且培養出能有助於改善這個世界的好男人，這樣的婦女比任何戴上王冠的頭顱居於更高的地位。」她指出婦女可以有更多貢獻，並且描述她們如何進入各行各業，謹慎地不把她們拿來和男性相比較。當她提起一位成為牧師的女性，聽眾發出噓聲，而史東再次提醒聽眾，她支持婦女在家庭中所扮演的角色：「有幾位男性發出噓聲，因為他們的母親沒有教導過他們不該這麼做。」

團結力量大：創造跨越衝突陣線的聯盟

經過了二十年的衝突，那兩個婦權運動組織終於漸漸在理念及戰術上有了交集。伊莉莎白・斯坦頓和蘇珊・安東尼在接下來十多年的時間，她們避免和激進分子結盟，如今她們把精力用來教育大眾。斯坦頓主持寫作一部婦權運動史，安東尼則旅行美國各地，進行演說和遊說，並且在兩件事情上同意露西・史東的做法：一是重視和禁酒聯盟成員的結盟，二是進行溫和的活動，只專注於爭取婦女投票權而非其他婦女議題。

幾年之前，在研究以色列和巴勒斯坦之間的衝突時，哈佛大學心理學家赫伯特・凱爾曼（Herbert Kelman）觀察到兩個團體之間的衝突，往往是由團體內部的衝突所引起並加深。雖然史東的組織支持雙方再度結合，在安東尼和斯坦頓的組織裡卻有爭議。斯坦頓反對和禁酒聯盟成員結盟，也反對只專注於爭取婦女投票權；多名成員不確定給予婦女投票權的法律，應該在州的層級還是在聯邦層級制訂，也不確定應該要爭取完整的投票權還是部分投票權。

史東雖然在爭取盟友上很有效率，卻不是和安東尼交涉的適當人選。當彼此之間充滿了深深的不信任，就像在這兩位女性之間一樣，要想結盟，關鍵在於：別讓敵對的個人擔任領袖，讓他們充當避雷針。如同艾許佛斯和賴因根所寫，此舉能使雙方組織的成員「把由競爭而起的分裂怪罪於」斯坦頓的激進立場，讓「雙方都比較能把衝突怪罪於另一方的煽動者」，同時鋪好道路讓他們去「和對手團體裡的其他成員合作」。要跨越衝突陣線去組成聯盟，凱爾曼發現，派出鷹派人物去談判很少能收到效果。你需要雙方團體裡的鴿派人物坐下來談，聆聽彼此的觀點，找出共同的目標和方法，並且共同設法解決問題。[32]

史東和安東尼看出「別讓鷹派人物參與討論」的好處，決定雙方各派自己組織中

32 原註：一九九〇年，凱爾曼把來自以色列和巴勒斯坦的重要領袖人物聚在一起，參與了一系列非正式的講習，在三年的時間裡定期聚會。一場典型的講習包括來自雙方國家的三至六名代表，再加上兩至四名推動者。各代表分享自己的觀點，避免彼此怪罪，也避免把自己的觀點合理化，同時著重於分析他們的互動對於衝突所產生的影響。在每位參與者都表達了自己所關切的事、也了解並接受其他每個人所關切的事之後，他們開始一起解決問題。在那一系列講習於一九九三年結束之後不久，「奧斯陸協議」簽署了。那是以色列政府和巴勒斯坦「解放組織第一次面對面直接達成協定。雙方領袖為此獲頒諾貝爾和平獎，而熟悉內情者讚揚凱爾曼努力促成了此事。

的七位成員組成一個共同委員會，來協商統一雙方組織協定的條件。然而，史東和安東尼所訂出的原則，不足以奠定達成共識的基礎，由於安東尼組織派出的委員會成員意見嚴重不合，必須另外任命一個八人委員會來協助她們。當她們終於達成共識，她們的提案與事先同意的原則相去甚遠，以至於史東的委員會缺少做決定的權限。

一八九〇年，協商統一雙方組織的努力已進行了三年，史東看出團結面臨的考驗以及交棒的重要：「年輕一輩想要統一，而還記得分裂原因的老一輩，不久後又即將逝去。」她的女兒和丈夫，成功地和安東尼的委員會協商出結盟的條件，雙方的組織終於合併了。就安東尼而言，她漸漸明白了溫和激進主義的價值，以至於斯坦頓發出抱怨：「露西和蘇珊眼裡都只有婦女投票權，沒有看見宗教上和社會上對女性的束縛。雙方組織裡的年輕女性也沒有看見，因此就讓她們結合吧，因為她們就只有一個意向和一個目的。」

雖然安東尼和斯坦頓始終沒有和史東重修舊好，當史東去世，她的偉大貢獻還是使她們不得不熱烈讚揚她。安東尼宣稱：「沒有人比露西・史東更得人心。在這場運動的整整五十年裡，從來沒有一位女性能像這位女性一樣走到一群聽眾面前而且融化每一位聽眾的心。她是舉世無雙的。」

在斯坦頓眼中，「美國沒有哪一位女性的去世，曾引發大眾如此普遍表達敬意的頌讚」。史東是「在『女性所受到的不公平待遇』這一議題上，真正使全國人心激動的第一人」，而她們在許多年前的意見不合，是由於「比起她自己所受到的不公，史東對奴隸所受到的不公感受更深，而我當時的理念是比較自私的」。

哲學家桑塔亞那（George Santayana）寫道：「不能銘記過去的人，注定要重蹈覆轍。」對於美國婦權運動來說，此言至少在兩個情況下被證明為真。一八九〇年，安東尼組織裡的兩名成員對於她策劃創立一個全國性組織，以及轉向溫和激進主義而感到震怒，她們脫離了該組織，成立了一個與之相競爭的團體，攻擊她們為統一組織所做的努力。此舉雖然被安東尼和斯坦頓壓制了，但是她們卻沒能提醒繼任者避免自戀於小差異。在二十世紀之初，在她們晚年，她們把全國婦權運動組織的領導權交給了卡麗・查普曼・凱特（Carrie Chapman Catt），她當時是禁酒運動人士以及基督教婦女禁酒聯盟的成員。

可是一名比較激進的女性愛麗斯・保羅（Alice Paul）不滿足於只是用演講、寫作和遊說等溫和戰術來爭取婦權，她偏好更大膽的行動。於是她展開了一場絕食抗議，拒絕凱特的超黨派立場，怪罪民主黨沒能給予婦女投票權。愛麗斯・保羅的行動是那般激進，也使得她被全國婦權運動組織開除，而她在一九一六年成立了自己的組織。到了一九一八年，全國婦權運動組織的成員超過一百萬，愛麗斯・保羅的組織成員則只有一萬，而且一如她的前輩，她避免和非裔美國人結盟。她的團體在白宮前站崗，嘲笑威爾遜總統，那也許有助於促成改變。「然而是凱特進步但不激進的領導，最終使得威爾遜去支持該項修正案。」一位旁觀者如此寫道。

一八九三年，露西・史東在臨終之際，向她女兒輕聲說了幾個字：「讓世界變得更好。」又再過了二十七年，「憲法第十九號修正案」才被通過。不過，當全美的婦女都獲得了完整的投票權，史東溫和激進主義的足跡歷歷在目。如同科爾的總結：「卡麗・查普曼・凱特在最終促成一九二〇年通過修正案的成功進展中，採用了史東所提供的組織模式。」

CHAPTER 6

反叛有其理由

手足、父母及良師如何培養出孩子的原創性

我們不是自己兄弟的守護者……而是以無數大大小小的方式塑造了我們的兄弟。

歐佛斯崔夫婦（Harry and Bonaro Overstreet）
美國作家暨學者

片刻之前，他冷靜地站在三壘上，調整頭上的帽子。這會兒，他的雙腳來回跳動，離開了壘包。他準備好要搶先奔向本壘。

他是棒球場上有史以來最偉大的球員之一，而他以前也曾站在這個位置上。他曾四度帶領球隊打進美國職棒大聯盟年度總冠軍賽，但四次都輸給了洋基隊。這一次他希望情況會改變。這是他第五度在冠軍賽中對上洋基隊的第一場比賽，而他的球隊在第八局以四比六落後。在兩人出局的情況下，他面臨著兩難的困境：他應該仰賴隊友擊出安打送他回本壘，還是孤注一擲試著盜回本壘？

盜壘在棒球賽中屬於風險最高的舉動，盜壘能提高你所屬隊伍得分的機率不到百分之三，而要想成功盜壘，你通常需要滑向壘包，這可能表示你的身體可能和一名內野手發生衝撞而造成疼痛。盜回本壘的風險甚至還要更高：盜向二壘或三壘時，投手是背向你，可是盜向本壘時，投手已經面向著壘包，很容易就能把球投向本壘。投手只需要擲球至六十呎之外，你卻得用雙腳跑九十呎的距離，等於是說，你得跑得比球更快。就算你認為你能做到，與在其他幾壘發生的衝撞相比，你在本壘受傷的機率高四倍。

在二〇一二年整個賽季當中，只有三名球員嘗試過盜回本壘。雖然棒球史上的盜壘王瑞奇・韓德森（Ricky Henderson）在生涯中盜壘超過一千四百次，卻只有一次是盜回本壘。盜壘次數居次的盧・布羅克（Lou Brock）成功盜壘過九百三十八次，盜回本壘的次數卻是零。

不過，場上這個人不一樣。他是現代棒球史上盜本壘次數的紀錄保持人——共十九次。在將近一百年裡，只有另外兩名球員曾經有過兩位數的盜本壘紀錄。

他曾經兩度創下聯盟盜壘紀錄，而你若是以為，他選擇盜本壘的決定，只是仰仗他的速度，那你得要再想一想。當時三十六歲的他，已經過了自己的顛峰期，由於受傷而缺席了三分之一個例行賽。六年前，他在一個賽季中盜壘三十七次；在這個賽季之前，他在兩個賽季裡的盜壘次數加起來才十幾次。他已經有了白髮，體重也增加了，體育記者稱他為「灰髮老胖子」。過去他被排在第四棒，那是球員夢寐以求的強打位置。如今他已掉到第七棒，下一年就要退休了。

他的速度比不上從前，但是他這一輩子都在其他人靜止不動時採取行動，而他不會在此刻罷休。他等待著適當的機會，然後向前猛衝。就在他滑進本壘時，捕手伸手觸殺他。無法確定裁判會怎麼判，裁判最後判他安全上壘。

最終，這一分太少，也來得太遲。他的隊伍輸掉了和洋基隊的第一場比賽。然而，他的努力具有象徵意義。用一位運動史學家的話來說，盜壘給他的球隊帶來「心理上的巨大提升」。此人自己也注意到了：「球隊燃起了新的熱情，不管那是不是由於我的盜壘。」他們贏得了這場世界大賽，贏得了眾人羨慕的冠軍。

許多年後，回想起該名球員的事蹟，一位記者寫道，他盜向本壘的嘗試「整體說來肯定是他在棒球界做出的第二大膽的事。」

最大膽的事是打破了膚色的藩籬。

要成為開創者，我們必須願意承擔一些風險。當我們違反主流，去推翻由來已久的傳統，我們永遠無法確定自己會不會成功。如同記者羅伯・奎倫（Robert Quillen）所寫：「進步總是涉及風險。你沒辦法把一隻腳留在一壘上而盜上二壘。」

自從傑基・羅賓森（Jack Robinson）於一九四七年成為棒球大聯盟的第一位黑人球員，他勇敢地面對各種挑戰，包括種族歧視的球員拒絕和他一起上場、對手故意用釘鞋割傷他、惡毒的信件和生命威脅。他後來成為第一個當上美國大公司副總裁的黑人，也成為美國第一個黑人棒球比賽播報員。是什麼給了他勇氣去反抗社會規範，並且堅毅地面對情緒、社會及身體上的風險？

我們可以在一個意想不到之處看出一些端倪，藉由檢視那些和他一樣喜歡盜壘的棒球員的家庭背景。在現代棒球史上，自從採用了一個例行賽季每隊進行一百六十二場比賽的規則之後，只有十名球員曾經在兩個不同賽季裡至少盜壘七十次。看看下面這張表。你看出了一種模式嗎？

棒球員	盜壘數 （兩個賽季）	出生地	家中 排行	家中 子女數
瑞奇 · 韓德森 （Rickey Henderson）	130 / 108	芝加哥，伊利諾州	4	7
盧 · 布羅克 （Lou Brock）	118 / 74	埃爾多拉多，阿肯色州	7	9
文斯 · 科爾曼 （Vince Coleman）	110 / 109	傑克森維爾，佛羅里達州	1	1
莫瑞 · 威爾斯 （Maury Wills）	104 / 94	華盛頓特區	7	13
榮恩 · 拉佛洛爾 （Ron LeFlore）	97 / 78	底特律，密西根州	3	4
奧馬爾 · 莫雷諾 （Omar Moreno）	96 / 77	阿穆埃耶斯港，巴拿馬	8	10
提姆 · 雷恩斯 （Tim Raines）	90 / 78	桑福德，弗羅里達	5	7
威利 · 威爾森 （Willie Wilson）	83 / 79	蒙哥馬利，阿拉巴馬州	1	1
馬奇斯 · 葛里森 （Marquis Grissom）	78 / 76	亞特蘭大，喬治亞州	14	15
肯尼 · 洛夫頓 （Kenny Lofton）	75 / 70	東芝加哥，印第安那州	1	1

為了弄清楚為何有些棒球員盜壘的次數多過其他球員，科學史學者法蘭克・薩洛威（Frank Sulloway）和心理學者李察・茲維根哈夫（Richard Zweigenhaft）做了件很聰明的事。他們找出了四百多個打職棒的兄弟檔，這使得他們能夠比較來自同一個家庭的個體，這些兄弟有一半的基因相同，被養育的方式也相似。而他們的研究結果揭露出一件驚人的事實：出生排行能預示出哪個兄弟更常試圖盜壘。

弟弟嘗試盜壘的可能性是哥哥的十點六倍。

整體說來，弟弟未必是更好的球員。例如，談到打擊率，弟弟就不佔優勢。而若是比較同為投手的兄弟，事實上哥哥在控球方面要略勝一籌，往往投出較多三振、較少四壞球保送。兄弟之間最主要的差別，在於冒險的傾向。除了更常試圖盜壘之外，弟弟被球擊中身體的可能性是哥哥的四點七倍，大概是因為他們打擊時更常大膽地緊靠本壘站立。而弟弟不僅是行動更大膽，他們成功的次數也多過哥哥。弟弟盜壘成功的可能性是哥哥的三點二倍。

事實上，由於喜歡冒險，做弟弟的甚至比較不會去打棒球。根據二十四項針對八千多人所做的各種研究，排行較後的孩子參加受傷機率較高之運動的可能性為一點四八倍，像是足球、橄欖球、拳擊、冰上曲棍球、體操、浮潛、高山滑雪和跳台滑雪、雪橇和賽車。排行老大者則偏好較安全的運動，像是棒球、高爾夫、網球、徑賽、自行車和划船。

如果排行較後的孩子選擇去打職棒，他們往往會選擇衝向壘包。看看現代棒球史上傲視同儕的前三名盜本壘者：三人都至少有三個兄姊。被稱為「現代盜壘之父」的傑基・羅賓森是五個孩子中的老么。現代棒球史上盜本壘次數次高的羅德・卡魯（Rod Carew）在五個孩子中排行老四。卡魯表示，除了要能敏銳的抓準時機，「也得要有相當的膽量」。他解釋，要盜向本壘，「我絲毫不能害怕自己會受傷。而我也並不害怕，因為我感覺到情況在我的掌控之中」。排名第三的保羅・莫利托（Paul Molitor）把盜向本壘稱為「一種勇氣遊戲」，他是八個孩子中的老四。

在上面那張盜壘排行榜中也出現了類似的模式。只有十名球員曾經在兩個賽季裡都至少盜壘七十次，而他們當中有一半至少有四個兄姊，有七個至少有兩個兄姊。這七位盜壘高手在家中小孩當中平均排行第六點九，有百分之七十一的手足年紀比他們大。

排行較後的孩子不僅在棒球場上更可能冒險，在政壇和科學界也一樣，對於社會及智識上的進步影響重大。在一項劃時代的研究中，薩洛威分析了科學上二十幾項重大變革與突破，從哥白尼的天文學到達爾文的演化論，從牛頓的力學到愛因斯坦的相對論。他召集了一百多位科學歷史學者來評估將近四千名科學家的立場，從高度支持當時盛行的觀點，到極度提倡新觀念。然後，他追溯出生排行在預測那些科學家會「捍衛現狀」還是「提倡一種革命性新理論」時所扮演的角色。在每個情況中，他考慮了人口中排行較後者要比排行老大者來得多這件事實，另外也考慮了社會階層、家庭大小，及其他可能影響結果的變因。

和老大相比，排行較後的科學家在牛頓的「萬有引力定律」及「運動定律」和愛因斯坦「特別相對論」被視為激進觀念之時，就加以承認的可能性超過三倍。在哥白尼發表了「地球繞著太陽旋轉」的模型之後五十年裡，比起排行老大的科學家，排行較後的科學家認可哥白尼模型的可能性為五點四倍。在伽利略發明望遠鏡並發表了支持該模型的發現之後，這個比例就降為一比一。由於該理論不再被視為激進，排行老大者支持該理論的比例就相同。

排行較後的孩子可能生來就帶有反叛性，關於這一點，最顯著的證據來自於薩洛威針對各科學家對演化論之反應所做的分析。他評估了從一七〇〇年至一八五九年間數百位科學家對演化觀念的反應，那是在達爾文發表他著名的研究結果之前。在達爾文之前，在一百一十七位排行較後的科學家中，有五十六位相信演化，在一百零三位排行老大的科學家中則只有九位相信。在達爾文發表了他的發現之後，與排行老大之科學家相比，排行較後之科學家支持演化者的人數從九點七倍降至四點六倍。隨著那些觀念在科學上逐漸被接受，身為老大者就能更自在地表示支持。

我們假設年紀較輕的科學家會比較年長的科學家，更容易接受帶有叛逆性的觀念，後者隨著年紀漸長而變得保守，並且固守自己的信念。可是令人驚訝地，出生排行的影響更甚於年齡。薩洛威寫道：「在接受演化論的程度上，排行較後的八十歲科學家就跟排行老大的二十五歲科學家一樣。」他主張演化論「之所以成為歷史事實，就只是因為在整體人口中，排行較後者在人數上多於排行老大者」。

整體而言，比起排行老大者，排行較後的科學家支持重大科學變革的可能性為兩倍。薩洛威說：「此一差異只是出於巧合的可能性遠低於十億分之一。就願意認可激進創新的程度而言，排行較後的科學家通常要比排行老大者超前半個世紀。」他去研究了三十一場政治革命，也得出了類似的結果：比起老大，排行較後者支持激進改變的可能性為兩倍。

身為典型的老大，這些研究結果起初令我感到不安。可是當我去了解有關排行的研究，我明白了這些模式並非都一成不變。我們無須把開創性讓給排行較後的孩子。藉由採用主要用於排行較後之子女身上的教養方式，我們可以把任何孩子都教養得更具有開創性。

本章檢視開創性的家庭根源。身為排行較後的孩子有何特別之處？家庭的大小有什麼影響？養育方式會造成什麼結果？而我們又該如何解釋那些不符合這種模式的個案？例如盜壘排行榜上那三名獨生子、叛逆的老大，還有排行較後卻遵循主流的人？我將把出生排行當成一個起點來檢視手足、父母及榜樣對我們的冒險傾向所造成的影響。要看出手足之間為何不像我們所預期的那般相似，我會檢視傑基・羅賓森所受到的教養方式，以及美國最具開創性之喜劇演員的家庭。你會發現孩子朝著建設性或破壞性的方向叛逆，是取決於什麼？為什麼叫小孩不要欺騙不是正確做法？哪些稱讚小孩的方式沒有效果？如何挑選正確的書讀給孩子聽？還有在猶太人遭受大屠殺時冒著生命危險去拯救猶太人的那些人，我們能從他們的父母身上學到什麼？

天生就是要反叛

一九四四年，時為陸軍中尉的傑基・羅賓森由於拒絕坐在公車後面，而受到軍法審判，比羅莎・帕克斯（Rosa Parks）在蒙哥馬利市一輛公車上拒絕讓座給白人的英勇反抗之舉還早了十多年。羅賓森回憶，公車司機「對我大吼，說我如果不坐到車尾去，他就會讓我惹上一堆麻煩。我火大地告訴他，我才不在乎會惹上麻煩」。針對他在世界大賽首戰中瘋狂衝向本壘之舉，他也做了類似的敘述。羅賓森解釋：「我忽然決定要撼動全局。在我們的球隊落後兩分的情況下，盜本壘不是棒球場上的最佳策略，但我就是這麼做了。我真的不在乎我到底能不能成功。」

「我才不在乎」和「我真的不在乎」揭露出傑基・羅賓森處理風險時的基本心態。根據史丹佛大學知名教授詹姆斯・馬奇（James March）的說法，許多人在做決定時是遵照一種「後果邏輯」（logic of consequence）：哪種行動路線會產生最好的結果？而你若是像羅賓森一樣不斷在挑戰現狀，你的行動方式就會有所不同，會改為遵照一種「適當性邏輯」（logic of appropriateness）：像我這樣的人在這種情況下會怎麼做？你並非向外看，試圖預測結果，而是向內求助於你的本質。你做決定的基礎在於你是個什麼樣的人，或是你想要當什麼樣的人。

當我們使用後果邏輯，我們總是找得到不要冒險的理由。適當性邏輯則解放了我們，使我們比較不去想什麼能保證讓我們得到自己想要的結果，而比較會按照發自內心的感受去行動，關於我們這樣的人應該怎麼做。而此一傾向有可能受到出生排行的影響。

許多年來，專家吹捧著身為老大的好處。家裡的第一個孩子通常為成功做好了準備，受益於殷勤的父母尚未被分割的注意力、時間和精神。證據顯示，老大比較可能贏得諾貝爾科學獎，成為美國國會議員，或在荷蘭的地方及全國性選舉中獲勝。他們似乎也更可能爬升至企業頂端：一項針對一千五百多位執行長所做的分析，揭露出排行老大者佔了百分之四十三。

在最近的一項研究中，義大利經濟學者馬可・博多尼（Marco Bertoni）和喬吉歐・布魯羅（Giorgio Brunello）決定更進一步檢視「出生排行對事業成功的影響」。他們追蹤了十幾個歐洲國家裡四千多人幾十年來的生活，發現在進入勞動市場時，排行老大者的起薪要比排行較後者高出百分之十四。排行老大者受益於較好的教育，使他們能得到較高的薪資。

不過，在事業初期的此一優勢，到了三十歲時就消失了。排行較後者的薪資成長得更快，因為他們願意更早跳槽，換至薪資較高的工作，也更常這麼做。那兩位經濟學家寫道：「比起排行較後者，老大比較不願意冒險。」他們指出排行較後者也比較容易養成喝酒和抽菸的壞習慣，另外也比較不會替自己開設退休金帳戶和購買壽險保單。心理學家狄恩・賽門頓解釋：「排行較後者之所以常常在標準化測驗中表現較差、學業成就較低、並且不喜選擇聲望高的職業，並非由於能力較差。不如說是排行較後者，可能覺得排行老大者所專注的這些事物代表著追求權威與順從主流，而他們不喜歡這麼做。」

雖然研究出生排行的科學逐漸取得了正當性，但這門科學在過去經歷過頗多波折，如今也還是會引起爭議。出生排行並不會決定你是什麼樣的人，只會影響你以某種特定方式發展的可能性。會造成影響的其他因素還有很多，包括你的生物特徵和人生經驗。要把出生排行的影響單獨拿出來研究本來就很棘手：你無法進行隨機抽樣，無法做經過控制的實驗，許多研究只比較了不同家庭中的手足，而比較嚴謹的做法應該是比較同一家庭中的手足，而且要如何處理同父異母或同母異父的手足、和繼父或繼母帶來的子女所形成的手足關係、領養的手足、已故的手足、同住的表（堂）兄弟姊妹，學界在這方面也缺少共識。在許多結論上，研究出生排行的專家在基本看法上仍有差異。身為社會科學家，我覺得我的責任在於審視證據，並且針對「何者似乎最有可能為真」分享我的看法。當我檢視那些數據，我發現出生排行對於性格及行為的預示能力高出我的預期。

在一項研究中，受試者替手足及自己的學業成就和叛逆情形評定等級。擁有高學歷者排行老大的可能性是排行老么的二點三倍。叛逆者排行老么的可能性則是排行老大的兩倍。當這些人被要求寫下他們一生中做過最叛逆或最不合常規的幾件事，排行較後者寫出的回答比較長，所描述的行為也比較不合常規。有幾百項研究指向相同的結論：雖然老大往往比較強勢，也比較認真進取，排行較後者卻比較願意冒險，也比較願意接受開創想法。老大往往維護現狀，排行較後者則傾向於挑戰現狀。[33]

針對排行較後者的「冒險傾向」，有兩個最主要的解釋。其一涉及孩子本身如何處理手足之間的競爭，其二則涉及父母對於排行較後之子女的教養方式有何不同。我們雖然不能控制出生排行，但卻可以影響出生排行的發展。

33 原註：相反的例子永遠都會有，我的重點是家庭中身為老大的子女和其餘子女之間的平均差異。針對排行中間的孩子所做的研究比較少，因為相對於界定老大和老么，要界定誰算是排行中間的孩子爭議比較多。薩洛威的論點是，平均來說，排行中間的孩子最善於使用外交手腕。面對強勢的老大，又被父母或兄姊阻止去管控弟妹，排行中間的孩子精通談判、說服和建立同盟之道。而把排行中間的孩子放在一個註腳裡來討論，這當中的諷刺我也注意到了。

挑選合適的立足點：藉由不參與競爭來競爭

看看許多手足，你會注意到一件令人困惑的事實：性格的大幅差異，並非存在於家庭之間，而存在於家庭之中。當同卵雙胞胎在同一個家庭裡成長，他們並不會比出生後被分開在不同的家庭裡長大的同卵雙胞胎更相似。哈佛大學心理學者史迪芬・平克（Steven Pinker）總結：「在非雙胞胎的手足身上也是如此——比起被分開撫養，他們在一起長大時也並不會更相似。至於因為收養而形成的手足，他們之間不會比從街上隨便找來的兩個人更相似。」就開創性而言也是如此。在成年之後，經收養而成的手足之間在「不遵從主流或具冒險傾向」上毫無相似之處，雖然他們是由相同的父母所養育出來的。

「挑選立足點」（niche picking）也許有助於理解這個謎團。此一概念源自醫師及心理治療師阿德勒（Alfred Adler），他認為佛洛伊德對父母教養方式的強調未能說明手足對於人格發展的重大影響。阿德勒的論點是，由於排行老大的孩子剛出生時是家中唯一的子女，他們起初會認同自己的父母。等到弟妹出生，排行老大的孩子面臨被「廢立」的危險，往往以模仿父母做為回應：他們強加規定於弟妹身上，並且維護自己對弟妹的權威，這就促成了弟妹的反抗。

面對直接與兄姊競爭的智力與體力考驗，較年幼的手足選擇用不同的方式來引人矚目。薩洛威寫道：「排行老大的孩子特別可能佔據有責任感之成功者的地位，這個地位一旦被佔據，較年幼的手足很難去有效競爭同一個位置。」[34]當然，這取決於手足之間的年齡差距。如果兩個孩子只相差一歲，較年幼的手足也許夠聰明或夠強壯而不必讓步；如果他們之間相差了七歲，那個位置就又對較年幼的手足開放，讓他可以參與而不必直接與兄姊競爭。在棒球界，比起年齡相差不到兩歲或是超過五歲的兄弟，相差兩歲到五歲之間的兄弟明顯更可能擔任不同的守備位置。傑基・羅賓森在大學時代是田徑選手，但是他跑不過他哥哥麥克，麥克比他大五歲，曾在兩百公尺短跑項目贏得奧運銀牌。羅賓森後來藉由贏得全美大學生跳遠冠軍來使自己與哥哥有所區別，並且加入加州大學洛杉磯分校的棒球隊與足球隊，另外也參加田徑賽並打棒球。

因為我好奇，能否也在其他家庭裡觀察到挑選立足點的現象，我把目光轉向喜劇界。喜劇本質上是一種反叛行為。有證據顯示，和全體人口的一般標準相比，喜劇演員往往比較具有開創性，也比較叛逆——而他們在這兩方面的得分愈高，在專業上獲

34 原註：在一項早期研究中，海倫・柯赫（Helen Koch）請老師評估來自有兩名子女之家庭中的三百多名學童，按照出生排行、性別、手足之性別、年齡以及社會階層來評比。排行老大的孩子在自信和強勢上的得分明顯較高，不管他們是男生還是女生。如同心理學者法蘭克・狄蒙（Frank Dumont）所指出：「平均而言，身為老大的女孩其實比她們身為老二的弟弟還要更男性化。她們往往表現得像強勢雄性動物。」

得的成功就愈大。畢竟，人們會發笑是因為一個笑話與預期不符，或是以一種無傷大雅的方式觸犯了一條神聖的原則，使得不可接受的事變得可以接受。要挑戰觀眾的預期、並且質疑核心價值，喜劇演員必須刻意去冒險，他們既要挑戰觀眾的預期並且質疑核心價值，但又不能得罪觀眾，使他們憤而關掉電視，因此喜劇演員需要創意。單單只是選擇成為喜劇演員就意味著拋棄穩定、可預期的事業前途。諧星金凱瑞的父親曾考慮過從事喜劇，但最後他選擇了會計，因為那是比較安全的選項。傑瑞・賽恩菲爾德曾說過一句妙語：「我從來沒有過正職。」

根據我們對「選擇立足點」的認識，我猜想排行較後的孩子比較可能成為偉大的喜劇演員。比較常見的職業已經被哥哥姊姊挑走了，因此，與其努力想比兄姊更聰明或更強壯，年紀較小的孩子不妨更搞笑。不同於其他天分，逗別人發笑的能力並不取決於年紀或成熟度。你的家庭愈大，你能用來凸顯自己的選項就愈少，而你選擇幽默做為立足點的可能性就愈高。

偉大的喜劇演員是否比較可能是老么而非老大呢？為了查明這一點，我分析了美國「喜劇中心頻道」（Comedy Central）二〇〇四年列出的史上百大諧星。這是開創性喜劇演員的名人榜，他們以挑戰社會規範與政治意識型態的叛逆性題材知名，榜上人物包括喬治・卡林（George Carlin）、克里斯・洛克（Chris Rock）、瓊・瑞佛斯（Joan Rivers）和喬恩・史都華（Jon Stewart）。

就統計學來說，老大和老么的人數應該相同。可是當我去追溯這一百位開創性喜劇演員的出生排行，卻發現他們當中有四十四個老么，老大則只有二十個。他們所來自的家庭平均有三點五個小孩，但他們當中卻有將近一半是家裡最小的孩子。平均而言，他們在手足中的排行，比起偶然率晚了百分之四十八。有兄弟姊妹的喜劇演員是老么的可能性比起機率的預測要高出百分之八十三。這麼多偉大的喜劇演員湊巧都是老么的機率是百萬分之二。

當我再去看特定幾個排行老么的喜劇演員，我發現他們的兄姊通常都佔據了較為常見的成就地位。史蒂芬・柯伯（Stephen Colbert）是十一個孩子當中的老么，他的兄姊當中包括一名智慧財產權律師、一名國會議員候選人和一名政府律師。雀兒喜・韓德勒（Chelsea Handler）的五個兄姊分別是機械工程師、廚師、會計師、律師和護士——全都是能取得資格證明和穩定薪資的職業。路易C.K.（Louis C.K.）的三個姊姊分別是醫師、教師和軟體工程師。吉姆・加菲根（Jim Gaffigan）的五個兄姊全都是經理人：三位銀行主管、一名百貨公司總經理和一名營運經理。梅爾・布魯克斯（Mel Brooks）的三個哥哥分別是化學家、書店老闆和公務員。[35]

35編註：這一段文字所提到的五位名人，皆是美國著名喜劇演員。

「挑選立足點」有助於解開手足為何並不特別相像的這個謎團；排行較後的孩子積極地試圖與眾不同。不過，此事不僅牽涉到孩子想要引人矚目。因為即使父母努力想維持一致的教養方式，父母對待子女的方式還是會依其出生排行而有所不同，使得孩子之間的性格差異愈來愈大。[36]

有關嚴格教養的「滑坡謬誤」

心理學家柴恩斯（Robert Zajonc）曾說，排行老大的孩子在成年人的世界裡長大，而你的兄姊愈多，你用來從其他孩子身上學習的時間就愈多。假如傑基・羅賓森是家裡的第一個孩子，他就會由他母親專注來養育。可是為了餵飽五個孩子，他的母親瑪莉必須工作。因此，羅賓森的姊姊威拉美回憶道：「我是個小媽媽。」她替他洗澡，替他穿衣服，餵他吃飯。當她去上幼稚園，她說服了母親讓她把小弟弟一起帶去上學。有一年的時間，三歲大的傑基・羅賓森整天在沙坑裡玩耍，他姊姊則不時把頭探出窗外，確定他沒事。同時，他哥哥法蘭克則準備好在打架時保護他。

當兄姊充當代理父母和榜樣，你要面對的規矩和懲罰沒那麼多，同時你享受著兄姊的保護。最終你也會更早去冒險：你不會去模仿成年人做出經過衡量和慎重考慮的選擇，而會拿其他小孩當榜樣。

就算父母沒有把自己的角色委派給孩子，父母往往在開始養育第一個孩子時嚴格執行紀律，在養育後面幾個孩子時則變得愈來愈有彈性。父母在有了經驗之後通常會放鬆下來，而且也沒有那麼多家務事給老么去做，因為兄姊會去做。當羅賓森加入住家附近的一個幫派，他經常被逮到偷東西和順手牽羊。不止一次，羅賓森的母親不但沒有處罰他，還走到警察局去跟隊長說他對她兒子太嚴厲。他的傳記作者瑪麗・凱・林厄（Mary Kay Linge）寫道：「他可以做這些荒唐行徑而安然無恙，因為他一向都……受到溺愛……畢竟傑基是家裡最小的孩子，他從來不必負擔他兄姊所負的責任。」[37]

36 原註：出生排行的效應不純粹是環境上的，我們有理由相信生物學上的因素也促成了此一效應。有證據顯示，一個男性的兄長愈多，他是同性戀的可能性就愈高。每多一個哥哥，就會使一個男性是同性戀的機率提高百分之三十三，可能是由於母親的免疫系統分泌更多睪酮素的抗體，影響了成長中的胎兒。此一出生排行效應只適用於男性，而且只跟兄長的人數有關，跟有幾個弟弟或是有幾個姊妹無關。學者估計每七個同性戀男子當中至少有一個可以把他們的同性戀傾向歸因於兄長效應，而在至少有三個哥哥的同性戀男子當中，出生排行的效應強過所有其他原因。

37 原註：父母對最小的孩子的反應，有可能朝較黑暗的方向發展。此一路線的典型受害者是安德烈・阿格西，史上第一個贏得網球四大公開賽及網球男子單打奧運金牌的選手。他父親夢想著培養出一個網球好手，當前面三個孩子都不符合要求，壓力就集中在老么安德烈身上。他父親愛罵人，強迫他連續練習好幾個小時，強行規定他每日的時程表，並且禁止他從事其他運動。安德烈成長時慘痛地意識到自己是「阿格西家族最後的希望」。安德烈藉由藐視網壇許多不成文的規定來反抗：他頂著摩霍克族髮型、前短後長髮型、戴耳環；不穿傳統的白色短褲，選擇穿丹寧布短褲和粉紅色短褲，並且和比他年長二十八歲的芭芭拉・史翠珊約會。阿格西回憶：「我沒有選擇，我不能決定我要做什麼、要當什麼樣的人，這令我發瘋。反叛是我每天能選擇的唯一一件事……反抗權威……傳送一個訊息給我父親，這是我人生中缺少選擇的反抗。」他的故事顯示出，父母能以兩種相反的方式養育出叛逆者：給孩子自主權並保護孩子不受罰，或是限制孩子的自由，以至於孩子起而反擊。

我們可以從《每日秀》製作人麗茲・溫斯泰德（Lizz Winstead）的經驗中，看見父母教養模式的這種轉變。《每日秀》是第一個以喜劇，來挑戰媒體報導時事陳規的新聞節目——看似是新聞，但卻同時加以戲謔模仿。溫斯泰德寫道：「當時我們打算藉由成為他們來嘲笑他們，以前從來沒有人這麼做過。」

溫斯泰德生長於明尼蘇達州，父母極端保守，身為五個孩子中的老么，她得到的自由遠比兄姊更多。「我爸媽不是我的對手，因為他們老了。我有很多自由活動的空間。我要做什麼就做什麼，不需要再去徵求他們的許可。我獨自搭公車，我徹夜不歸。他們去度假時把讀中學的我獨自留下。他們就只是已經沒力氣了，忘了去說：『妳不准這麼做。』」她小時候雖然不會游泳，母親卻也沒有警告她如果從游泳圈掉進湖中央會發生什麼事。溫斯泰德說：「我不知道自己應該要害怕。簡而言之，這就是為什麼我做每件事都魯莽地一頭栽進去。過去一如現在，我都把生活中的考驗視為挑戰，而非辛苦的戰鬥。父母明顯疏忽了我，結果是我一輩子都以無可救藥的大膽折磨著他們。」

溫斯泰德從小就必須表現突出以得到注意。如今，她擔任市長的哥哥金回想當年：「全家人都會不停地大聲說話，所以身為小不點的她得要說得更大聲。」十歲那年，溫斯泰德質問天主教老師為什麼狗和猶太人不能進天國。十二歲時，當一位神父說她不能擔任祭壇侍童（altar boy），她提出異議，提議讓自己成為祭壇女侍童

（altar girl），還寫了一封信向主教提倡這個主意，而父母並未勸阻她。就算父母反對她的價值觀，他們還是繼續支持她。許多年後，當她公開贊成墮胎，她無意間聽見父親說：「至少我女兒敢說出她的想法，不會隱瞞她是個什麼樣的人。」

家庭愈大，排行較後的孩子面對的規定就沒有那麼嚴格，可以去做兄姊當年不准做的事而不受罰。喜劇演員吉姆・加菲根開玩笑地說：「我來自一個很大的家庭——有九個父母。如果你是一個大家庭裡的老么，等到你成了青少年的時候，你爸媽已經老糊塗了。」

雖然許多開創者的勇於冒險，可以從他們身為老么所得到、不尋常的自主權和保護來解釋，但父母的這種教養方式，可以在任何排行的孩子中培養出叛逆者；也許只是在老么身上最為常見。有趣的是，薩洛威發現，要預測獨生子女的性格要比預測有手足之子的性格更為困難。獨生子女就像排行老大的孩子一樣在成年人的世界裡成長，並且認同自己的父母。而他們也像老么一樣受到強烈的保護，這使得他們「能更自由地成為激進分子」。

在出生排行上的證據凸顯了給予孩子具有原創性之自由的重要。不過，這樣做的一個危險是孩子也許會利用這種自由，而以使自己或他人遭受危險的方式去反叛。不論排行老幾，孩子一旦想要具有開創性，是什麼將會決定他要把這份開創性導向何方？我想知道傑基・羅賓森為何會拋棄幫派生活而成為民權運動人士，也想知道哪些因素會形塑孩子使用自由的方式，成為受尊敬的人還是反社會的人？變得積極主動還是被動？具有創造性還是破壞性？

回答此一問題是社會學者山繆・歐利納（Samuel Oliner）與教育學者珀爾・歐利納（Pearl Oliner）的畢生志業。他們進行了一項開創性的研究，針對在猶太人遭受大屠殺時期，冒著生命危險去拯救猶太人的非猶太人，把這些英勇的人拿來和一群鄰居相比較，這些鄰居生活在同一個鎮上，卻沒有對猶太人伸出援手。這些救人者和旁觀者有許多共同點：類似的教育背景、職業、家庭、所住城區、政治與宗教信仰。他們小時候叛逆的程度也相同——救人者就跟旁觀者一樣可能被父母處罰，為了偷竊、說謊、欺騙、挑釁、沒有去做父母交代的事。使救人者與旁觀者有所差異之處，在於他們的父母如何處罰壞行為以及稱讚好行為。

大哉解釋

許多年前，學者發現從兩歲到十歲，小孩子每隔六到九分鐘，就會被父母要求去改變自己的行為。一如發展心理學家馬丁・霍夫曼（Martin Hoffman）的總結，這「約略等於每天有五十次紀律衝突，或是每年一萬五千次！」

當那些在大屠殺時拯救猶太人的人回憶自己的童年，他們從父母那裡得到的是一種形式獨特的處罰。歐利納夫婦發現：多數救人者所偏好的字眼是「解釋」：

救人者的父母最與眾不同之處，在於他們的教養方式，仰賴講道理、解釋、建議如何補救已經造成的損害、勸說和忠告……講道理表達出對孩子的尊重……暗示假如小孩知道該怎麼做才對，或是懂得更多，他們就不會做出不當的行為。那表示對聆聽者的尊重，表現出信賴孩子有能力理解、成長並且改進。

在那些旁觀者的父母所使用的懲戒手段中，講道理只佔了百分之六，在那些救人者的父母所用的懲戒手段中卻佔了整整百分之二十一。一名救人者說她母親「會在我做錯事時告訴我。她從不處罰我或責罵我，而試著讓我明白我做錯了什麼」。

這種理性的懲戒做法也是那些不參與犯罪行為的青少年父母的特徵，那些挑戰自己那一行之正統觀念的開創者父母也一樣。在一項研究中，一般小孩的父母平均訂下六條規定，像是明確訂下做功課和上床睡覺的時間。至於具有高度創造力的孩子，其父母所訂下的規矩平均不到一條，並且傾向於「強調道德價值觀，而非特定的規定」，心理學家艾墨碧說。

如果父母的確認為應該堅持要有許多規定，他們解釋這些規定的方式就非常重要。新近的研究顯示，如果這些規定是以控制的方式強行施加在他們身上，藉由吼叫或是威脅要處罰他們，青少年會公然反抗規定。如果母親立下很多規矩，但是提供明確的理由說明這些規矩何以重要，青少年明顯就比較不會去違反，因為他們把這些規矩內化了。心理學家麥金農曾把美國最具創意之建築師和一群技術熟練卻缺少開創性的同儕加以比較，在這項研究中，使有創意的建築師與眾不同的一項因素，在於他們的父母在進行懲戒時會加上解釋。他們勾勒出自己的行為標準，並且以一套有關是非對錯的原則來解釋他們的基礎立場，提及道德、正直、尊重、好奇和堅忍等價值觀。不過「重點放在發展一個人的道德規範上」，麥金農寫道。最重要的是，養育出具有高度創意的建築師父母，給予孩子自主權去選擇自己的價值觀。

講理的確製造出一種矛盾：它既使得孩子更守規矩，也使得孩子更為叛逆。藉由解釋道德原則，父母鼓勵孩子自願去遵守符合重要價值觀的規定，而去質疑那些與重要價值觀不符的規定。良好的解釋能使孩子發展出一套通常與社會期待相符的道德規範；如果不相符，孩子會仰賴內心的價值羅盤而非外在的規定指南。

在施行懲戒時，有一種解釋方式特別能起作用。當歐利納夫婦檢視在大屠殺期間救人者從父母那兒得到的教誨，他們發現，那些父母傾向於「解釋某些行為何以不恰當，常提及這些行為對其他人所造成的後果」。那些旁觀者的父母，著重於要求孩子為了自己好而遵守規定，救人者的父母則鼓勵孩子去考慮他們的行為對其他人造成的影響。[38]

強調對其他人造成的後果，讓孩子把注意力轉向可能由於旁人行為而受到傷害的人所受的痛苦，引發對此人的同情。這也幫助孩子了解自己的行為在造成傷害上所扮演的角色，使孩子心生內疚。如同幽默作家爾瑪・邦貝克（Erma Bombeck）所說：「內疚是用之不竭的禮物。」同情與內疚這兩種道德情感使人想要矯正過去的錯誤，並且在未來表現得更好。

強調在其他人身上造成的後果，也能激發成年人的行動。在醫院裡，要鼓勵醫生及護士更常洗手，我和同事大衛・霍夫曼（David Hofmann）在靠近洗手乳出皂口的地方貼了兩種不同的標誌。

在接下來那兩週裡，每一所醫院都有一名小組成員暗中計算醫護人員在每次接觸病人前後洗手的次數，另有一個獨立團隊去量測每一個洗手乳盛裝器的消耗量。

左圖那個標誌沒發揮任何作用。右圖那個標誌則造成了顯著的差別：僅僅是以

38 原註：根據馬丁・霍夫曼的說法，要解釋行為對其他人造成的影響，應該依孩子的年齡而有不同的做法。孩子還很小的時候，父母可以先解釋他們的行為為何會對受害者造成可見的傷害：「如果你又去推他，他就會摔倒並且哭起來。」或是「如果你把雪扔在他們的步道上，他們就得再把步道掃乾淨。」隨著孩子漸漸成熟，父母可以開始解釋他們的行為對別人基本感受的影響：「你拿走瑪莉的洋娃娃的時候，你真的傷害了瑪莉，讓她很難過」或是「你不肯和他分享你的玩具讓他覺得很難過，就跟如果他不跟你分享他的玩具，你也會很難過一樣。」之後，父母可以把注意力指向比較微妙的感受：「她不高興，是因為她對她堆起來的塔很得意，而你把她的塔推倒了。」或是「盡量保持安靜，好讓他能睡久一點，等他醒來的時候就會覺得比較舒服。」

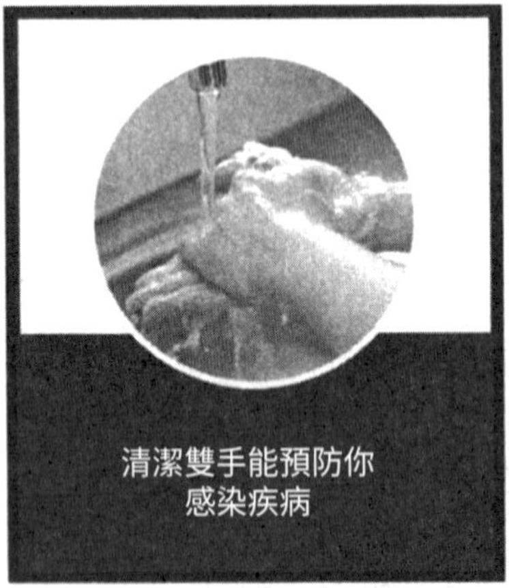
清潔雙手能預防你
感染疾病

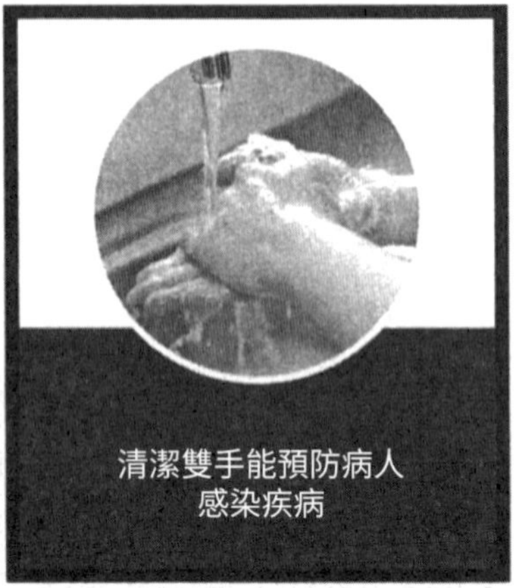
清潔雙手能預防病人
感染疾病

病人來取代你，就使得醫護人員洗手的次數增加了百分之十，用掉的洗手乳則增加了百分之四十五。

考慮到自身所訴諸的是「後果邏輯」：我會不會生病？醫生和護士可以迅速做出否定的回答：我待在醫院的時間很長，我並不總是洗手，而我很少生病，所以這大概不會對我造成影響。一般說來，我們往往過於自信自己不會受到傷害。可是考慮到病人則引發了「適當性邏輯」：像我這樣的人在這種情況下該怎麼做？這使得我們的評估從一種成本效益的計算，變成對價值觀以及是非對錯的思索：我有職業上與道德上的義務要照顧病人。

傑基・羅賓森人生中的第一個重大轉捩點，就源自於有人向他解釋了他的行為如何影響其他人。身為住家附近一個幫派的頭子，羅賓森朝汽車扔泥土，從窗戶向外面扔石頭，偷高爾夫球再賣回給打球的人，並且從當地的商店竊取食物和日用品。在犯下一次罪行之後，警長用槍押著他去監獄。眼見那個幫派胡作非為，一個名叫卡爾・安德森的機械工人把羅賓森拉到一邊。「他讓我看出繼續混幫派將會傷害我母親，」羅賓森寫道，「他說跟著大家起鬨不需要什麼勇氣，他告訴我勇氣和智力在於願意與眾不同。我很羞愧，沒有告訴卡爾他說得對極了，但是我深受感動。」一旦考慮到他的行為會如何影響到他母親，而羅賓森不想再令她失望，於是就脫離了那個幫派。[39]

名詞何以優於動詞

假設父母決定要給子女發揮開創性的自由，要如何才能培養出是非觀念？價值觀

39 原註：當我寫完這一段，我的兩個女兒在起居室裡跑來跑去，對我們才剛會爬的小兒子造成危險。我告訴她們不要再跑了，說了七次，而毫無效果。我明白我沒有遵照自己的建議，去向孩子解釋她們的行為對其他人造成的影響，於是我改變策略。我對六歲的女兒提出一個問題：「為什麼我叫妳們不要跑？」她露出擔心的表情，馬上回答道：「因為我們可能會傷到弟弟。」我問她：「妳想傷到他嗎？」她搖搖頭，而四歲大的女兒大聲喊道：「不想！」我宣布了一條新規定：不准在起居室裡跑來跑去，因為我們不想傷到任何人。我要兩個女兒負責執行這條規定，而她們立刻就停止了奔跑。她們的良好行為繼續保持。在那天下午剩下的時間裡，她們彼此監督，要對方不要跑來跑去。可是幾天之後，她們又跑了起來。那時候我才學到，在解釋我們的行為對其他人造成的影響時，再加上一句對原則的陳述最可能產生持續的效果。「她在哭，因為她想玩你的玩具」這句解釋本身並不會產生多少好處；比較有意義的陳述是：「她在哭，因為她想玩你的玩具，而在這個家裡我們總是分享彼此的東西。」

不僅是透過「父母對孩子的過失所做的反應」而形成。在那項針對猶太人大屠殺中的旁觀者與救人者所做的研究中，當歐利納夫婦問起他們從父母那裡學到的價值觀，比起旁觀者，救人者提起「適用於所有人類的道德價值」的可能性為三倍。救人者強調父母「教我要尊重全體人類」。雖然旁觀者也懷有道德價值，但他們把道德價值附著於特定行為和小團體成員身上：在學校要專心，不要和同學打架，對鄰居要有禮貌，對朋友要誠實，對家人要忠誠。

道德標準的塑造，有一部分是取決於「父母在孩子做了正確的事情之後所說的話」。上一次你看見一個孩子做出好行為時，你的反應是什麼？我猜你稱讚了那個行為，而非孩子本身。「那樣做真好，真是貼心。」藉由讚美那個行為，你強化了該行為，於是孩子學會去重複那個行為。

且慢。由心理學者瓊安・格魯塞克（Joan Grusec）所主持的一項研究如是說。在小孩子跟同伴分享了幾顆彈珠之後，其中幾個小孩被隨機指派得到針對他們的行為所做的稱讚：「你把自己的彈珠分幾顆給那些窮孩子是件好事。是的，這是件好事，也是件幫助別人的事。」另外幾個小孩則得到針對他們的人格所做的稱讚：「我想你是那種只要能做到就會幫助別人的人。是的，你很好心，而且樂於助人。」

在那之後，得到人格稱讚的小孩就更加慷慨。兩週之後，在那些被讚美為樂於助人者的小孩當中，有百分之四十五贈出手工藝材料，讓一所醫院裡的病童開心；而在那些助人行為受到稱讚的孩子中，則只有百分之十這麼做。當我們的人格受到稱讚，我們會將之內化成為自我概念的一部分。我們並非把自己看成在從事單一的道德行為，而開始發展出一種較為一致的自我概念，身為一個有道德的人。

肯定孩子的人格，在孩子開始形成強烈自我概念的時期似乎效果最強。例如，在一項研究中，對人格的稱讚，促進了八歲小孩的道德行為，但卻沒有促進五歲小孩或十歲小孩的道德行為。十歲小孩的自我概念可能已經形成到某種程度，以至於僅只一次的評語不會對他們產生影響；而五歲小孩可能還太小，以至於一次性的讚美不會產生真正的作用。當自我概念正在形成之際，稱讚人格就會留下持久的痕跡。[40]

不過，就算是在年紀很小的孩子當中，訴諸於人格也能在當下造成影響。在心理學者克里斯多夫・布萊恩（Christopher Bryan）所主持的一系列巧妙實驗中，三歲至

40 原註：此項針對稱讚人格之好處所做的研究，與另一批針對稱讚努力之重要性所做的著名研究之間，存在著一股耐人尋味的張力。在《心態致勝》（Mindset）這本書裡，史丹佛大學心理學者卡蘿・杜維克（Carol Dweck）描述其突破性的研究，顯示出當我們稱讚孩子的智力，他們會對自己的能力發展出一種固定觀念，導致他們在面臨失敗時放棄努力。與其跟孩子說他們有多聰明，比較明智的做法是稱讚他們的努力，這會鼓勵他們把自己的能力看成是可塑造的，並且堅持下去以克服障礙。我們該如何調解這兩種對立的概念，在道德領域稱讚其人，而在技能領域稱讚其行為？稱讚人格可能會讓孩子心想：「我是個好人，所以我可以做件壞事。」——或是，更可怕地，他可能會想：「我是個好人，那麼我做的怎麼可能會是壞事？」這就是運用懲戒何以如此重要的理由，如上文中所述：這能激發孩子發展出防止壞行為的明確道德標準與情感。我的看法是稱讚人格加上懲戒，能促成最具道德的選擇。

六歲的小孩，在被請求當幫手而非來幫忙時，他們去收拾積木、玩具和蠟筆的可能性就提高了百分之二十二至二十九。雖然他們的人格還遠遠尚未成形，他們也想掙得「幫手」這個身分。

布萊恩發現，訴諸於人格在成年人身上也很有效。他的研究團隊透過用語上的類似轉折，使作弊的情形減少了一半：他們不說「不要作弊」，而把訴求改為「不要當個作弊的人」。如果你被要求不要作弊，你可以去作弊而仍然在照鏡子時看見一個有道德的人。可是當別人請你別當個作弊的人，作弊的行為就會留下陰影；不道德的行為與你的身分本質緊緊相連，使得那種行為對你失去吸引力。作弊是一種用後果邏輯來評估的單一行動：我會不會被懲罰？身為作弊者則喚起了一種自我意識，觸發了適當性邏輯：我是個什麼樣的人？我想當什麼樣的人？

依此證據，布萊恩建議我們應該更深思熟慮地去擁抱名詞。「喝酒不開車」不妨改成「別當酒醉駕駛」。同樣的想法也可以應用在開創性上。當小孩畫了一張圖，與其說那張畫很有創意，我們可以說「你很有創意」。在一個青少年抗拒了從眾的誘惑之後，我們可以稱讚他是個不隨波逐流的人。

當我們把重點從行為轉移到人格上，對方就會以不同的方式來評估選擇。他們不再去問此一行為是否會達到他們想要的結果，他們之所以採取行動，是因為那樣做是對的。一位在猶太人大屠殺期間的救人者說過一句發人深省的話：「那就像是去拯救一個溺水的人。你不會去問他們信奉哪個上帝，你就只是去把他們救起來。」

父母為何不是最好的榜樣

我們可以給小孩很多自由，只要向他們說明他們的行為對其他人造成的後果，並且強調正確的道德選擇如何展現出良好的品格。這會使他們更可能以道德行為或創造性行為的形式發展出表達原創衝動的本能，而非做出越軌的行為。可是當孩子長大，他們往往沒有太高的志向。

當心理學者佩妮洛普・洛克伍德（Penelope Lockwood）和席娃・康妲（Ziva Kunda）請大學生列出他們在未來十年裡希望達成的事，他們想到的目標十分普通。另一群大學生則被指示去閱讀報上一篇介紹一位傑出同學的文章，讀過之後再列出他們的目標，他們的志向就高多了。有個榜樣，會提高了他們的抱負。

榜樣對於孩子如何長大去表現出自己的開創性具有根本的影響。當數百名畢業自拉德克利夫學院的女性在三十出頭時，被問起對她們一生影響最大的人，大多數人提及父母和良師。十七年後，心理學者比爾・彼得森（Bill Peterson）和艾碧嘉・史都華（Abigail Stewart）評量這些女性為了未來世代致力改善現況的程度，父母的影響，在這些女性促成有意義改變的動機中，只佔了不到百分之一。那些追求開創性的女性，在十七年前不是說自己受到父母的影響，而是受到良師的影響：「提及一位良師」對這些女性改善世界的渴望，造成了百分之十四的差異。

鼓勵孩子培養出強烈的價值觀，此事的弔詭之處，在於父母實際上限制了自己的影響力。父母可以培養孩子展現開創性的衝動，但是在某個時候，孩子需要在開創性上找到自己的榜樣，在他們所選擇的領域。在喜劇界，麗茲・溫斯泰德從喜劇演員羅絲安妮・巴爾（Roseanne Barr）那兒得到鼓舞——由於她在舞台上的才華，也由於她在舞台下對女性的支持。當溫斯泰德公開發表她叛逆的政治觀點，她父親妙語說道：「我搞砸了。我把妳養育成一個有主見的人，卻忘了告訴妳應該以我的意見為主見。」

要想鼓勵開創性，我們能採用的最佳手段，是介紹孩子認識各種不同的榜樣，以提高孩子的志向。傑基・羅賓森承認：「我有可能成為一個道地的少年犯，假如不是受到兩個人的影響。」其中一人是向他說明他混幫派的行為會傷害母親的那個機械工人，另一人則是年輕牧師卡爾・唐斯（Karl Downs）。唐斯注意到許多青少年上教堂是被父母強迫，也有許多人不再上教堂，因此他做出了一些不符常規的改變，在教堂裡開舞會，並且建了一座羽球場。許多教會成員抗議，緊緊抓住過去的傳統不放，但是唐斯堅持下來，為了讓孩子參與，他願意去挑戰正統觀念。羅賓森受到他的啟發，自願成為主日學的老師，並且下定決心要替其他人敞開大門，就像唐斯為他所做的一樣。

在棒球界，羅賓森在道奇隊老闆布蘭奇・瑞奇身上，找到了另一位具有開創性的良師，瑞奇雇用了他，打破了膚色的藩籬。當瑞奇把他叫進辦公室，羅賓森已經二十六歲了。瑞奇一直在尋找能跑而且能投擅打的黑人球員，一旦有了一批能力相當的人選，他就開始評估其性格，邀請他們來見面，佯稱要組成一個新的黑人棒球聯盟。當羅賓森中選，瑞奇鼓勵他在跑壘線上勇於冒險——「發狂地跑，盜壘盜得他們措手不及」——但卻力勸他在球場之外要更謹慎：「我想要一個有足夠勇氣不去反擊的球員。」

找到適當的良師並不容易。但我們可以在一個比較容易接觸到的地方找到榜樣：歷史上偉大開創者的故事。因爭取人權而獲頒諾貝爾和平獎的少女馬拉拉（Malala Yousafzai）在閱讀阿富汗女權鬥士米娜（Meena Keshwar Kamal）和金恩博士的傳記時深受感動，金恩博士和前南非總統曼德拉則是受到甘地的啟發。

在某些情況下，虛構的人物甚至可能是更好的榜樣。許多開創者在成長時，從他們最喜歡的小說裡找到自己的第一個英雄，書中主角施展創意來追求獨特的成就。被問起他們最喜歡的書，創業家伊隆・馬斯克（Elon Musk）和彼得・提爾都選擇了《魔戒》，一個史詩般的冒險故事，敘述一個矮人摧毀了一只危險的權力戒指。雪柔・桑德伯格和貝佐斯都說自己最喜歡的書是青少年奇幻小說《時間的皺摺》，書中的少女學到扭轉物理定律而在時間中旅行。祖克柏偏愛科幻小說《戰爭遊戲》，書中的地球在外星人攻擊下仰賴一群孩子來拯救。馬雲說他小時候最喜歡的書是《阿里巴巴和四十大盜》，關於一個樵夫採取主動以扭轉自己的命運。

有可能這些人小時候全都是具有高度開創性的孩子，這說明了他們最初為何會受到這些故事的吸引。但也可能是這些故事幫助他們提高志向。有研究顯示，如果兒童故事強調開創性成就，下一代就會有更多創新，這個結果引人注目。在一項研究中，心理學家追蹤自一八〇〇年至一九五〇年美國兒童故事中的獨特成就。從一八一〇年至一八五〇年，當美國兒童讀物中開創性成就的主題增加了百分之六十六，在一八五〇年至一八九〇年間的專利權數量就竄升了七倍。兒童讀物反映出當時流行的價值觀，也有助於培養那些價值觀：當故事強調開創性成就，專利權數量通常會在二十至四十年後竄升。如同心理學家賽門頓所做的總結：「要等接觸到這種成就意象的學童長大，並且對創造出新發明做出貢獻，這需要時間。」

不同於傳記，虛構故事中的角色可以做出從未被實現過的行動，使得不可能的事顯得有可能。法國作家儒勒・凡爾納（Jules Verne）在《海底兩萬哩》和《雲之帆》中的想像力，令現代潛水艇及直昇機的發明者目瞪口呆。建造出最早期一款火箭的科學家是從科幻小說家威爾斯（H.G. Wells）的一本小說裡得到觸發。設計出最早一些手機、平板電腦、導航裝置、可攜式外接硬碟、多媒體播放器的人曾看過《星際爭霸戰》中的角色使用類似裝置。當我們遇見歷史上和虛構故事中這些開創性的化身，後果邏輯就逐漸消失。我們不再那麼擔心如果失敗了會怎麼樣。

毫無疑問，下一代的開創者將會從《哈利波特》系列小說中汲取靈感，這一系列小說充滿了與開創性成就的關聯。哈利波特是唯一能戰勝佛地魔的巫師，他和朋友妙麗與榮恩一起學習了獨特的咒語，並且發明出對抗黑魔法的新方法。我們看見那群孩子在成功時精神大振，在失敗時垂頭喪氣。除了提供開創性的典範給一個世代的小孩，J．K．羅琳也在她的小說裡嵌進了一個道德訊息。最近的實驗顯示閱讀《哈利波特》能改善兒童對於邊緣族群的態度。當孩子看見哈利和妙麗由於沒有純正的巫師血統而遭到歧視，他們會產生同情，對於自己生活中的少數族群變得比較不懷抱偏見。

當小孩對於示範出開創性的主角的認同夠強烈，這說不定甚至會改變「挑選立足點」的發展方式。在手足當中，排行較後者往往在手足佔據了常見的立足點之後成為開創者。而不管我們在家中排行第幾，當我們在開創性上有著令人信服的榜樣，他們會擴展我們的意識，讓我們察覺以前未曾考慮過的立足點。傳統路徑的關閉不會導致我們去反叛，我們最喜歡的故事中的主角可以打開我們的心靈，讓我們看見非比尋常的道路，從而激發我們的開創性。

CHAPTER 7

重新思考「團體迷思」

有關強大企業文化、盲目崇拜與「魔鬼代言人」的迷思

事實上，我們在彼此身上唯一永遠不會原諒的罪過就是意見不合。

愛默生（Ralph Waldo Emerson）
美國思想家

站在舞台上，面對一群入迷的聽眾，一位科技界偶像從口袋裡掏出一件新玩意兒。它的體積比市場上的競爭產品小得多，在場之人都不敢相信自己的眼睛。這位創辦人的名聲，不僅來自他以戲劇化方式推出新產品的天賦，也由於他非凡的創意遠見、融合科學與藝術的熱情、對設計與品質的執著，以及對市場調查的不屑。「我們提供大眾他們甚至不知道自己想要的產品。」他在發表了一件革命性的精巧玩意兒之後這麼說，這件產品使自拍變得普及。

此人要求大家要「不同凡想」（Think Different）。他領導公司邁向偉大，重新定義了多項產業，後來卻被自家公司的董事會成員掃地出門，然後看著自己創下的帝國在他眼前瓦解。

雖然這個故事看似在描述賈伯斯，但這個目光遠大的夢想家其實是賈伯斯所崇拜的人物之一：艾德溫・蘭德，「寶麗來公司」（Polaroid）的創辦人。如今，蘭德最為世人熟知之事，是他發明了立即顯影的拍立得相機，培養出一整個世代的業餘攝影師，並且使安塞爾・亞當斯（Ansel Adams）得以拍出他著名的風景照片，使安迪・沃荷（Andy Warhol）得以製作那些名人肖像，也使得美國太空總署的太空人能捕捉到太陽的影像。但是蘭德的貢獻比這更大：他所發明的偏振濾光鏡仍被用於數十億產品中，從太陽眼鏡、數位手錶、袖珍型計算機到觀看３Ｄ電影的眼鏡。他也在替艾森豪總統構思並設計出Ｕ２偵察機一事中，扮演著重要角色，一舉改變了冷戰的情勢。

蘭德一共累積了五百三十五項專利，僅次於愛迪生，除此之外勝過在他之前的任何美國人。一九八五年，在賈伯斯被趕出蘋果公司的幾個月前，他曾表達了自己對蘭德的欽佩：「我們這個時代最偉大的發明家之一……此人是國之瑰寶。」

蘭德也許是個偉大的開創者，但他沒能把這些特質注入他的企業文化。在一種反諷的意外發展中，寶麗來是替數位相機開路的公司之一，最後卻由於數位相機而破產。早在一九八一年，該公司在電子成像就有了大幅進展。到了一九八〇年代末期，寶麗來的數位感應器能捕捉到的解析度是競爭對手產品的四倍。一個高品質的數位相機原型在一九九二年即已造出，但是電子成像部門直到一九九六年才得以說服公司同仁將之推出。寶麗來的該項產品雖然贏得了優良技術獎項，在市場上卻陷入苦戰，因為當時已有四十幾個競爭對手推出了自己的數位相機。

寶麗來敗在一個錯誤的假設上。在公司內部，大家普遍認為顧客永遠都會想把照片洗出來，而主要決策者沒有去質疑這個假設。這是「團體迷思」的典型例子：傾向於尋求共識而非鼓勵提出異議。團體迷思是開創性之敵；大家感受到遵從主流預設觀點的壓力，而沒有去提倡思考的多樣性。

在一項著名的分析中，耶魯大學心理學家厄文・詹尼斯（Irving Janis）指出團體迷思是美國多起外交政策災難背後的主因，包括豬玀灣事件及越戰。根據詹尼斯的說法，團體迷思發生在眾人「深陷於一個緊緊凝聚的小團體」，他們「竭力追求全體意見一致，勝過務實地去評估可供選擇的行動路線」。

在豬灣事件的慘敗之前，副國務卿切斯特・鮑爾斯（Chester Bowles）寫了一份備忘錄，反對派出古巴流亡人士去推翻卡斯楚，但這種意見被駁斥為太聽天由命。事實上，甘迺迪總統的顧問團中有好些人對於出兵豬灣懷有疑慮：其中幾人在團體成員要求下噤聲，另幾人則選擇保持沉默。總統要求舉行假投票，大多數人投票贊成出兵，而對話旋即轉移到執行出兵提案的戰略決策上。

詹尼斯的論點是，甘迺迪政府裡的成員擔心態度「過於嚴苛」會毀掉那種「舒適的群屬之感」。參與了那些討論的圈內人也認為這種凝聚力助長了團體迷思。負責甘迺迪和副總統詹森之間書信往來的比爾・莫怡斯（Bill Moyers）回憶：

> 處理國家安全事宜的那些人變得太過親近，彼此的私誼變得太好。他們處理國家事務的方式好像自己是個紳士俱樂部……如果你們十分親近……你就比較不想在辯論時把對手逼得無路可走，而且你往往允許對方表達觀點而不受質疑，就算質疑也頂多是以無關緊要的方式。

當一個團體這樣凝聚在一起，會發展出強大的組織文化，大家遵守並強烈相信相同的價值觀和規範。而擁有強大組織文化和運作得有如盲目崇拜之間只是一線之隔。

將近五十年的時間，領導者、決策者和記者都接受了詹尼斯的團體迷思論：凝聚力是危險的，強大的組織文化則會致命。要解決問題並且做出明智的決策，團體需要開創性的主意和異議觀點，所以我們必須確保團體成員不要太親密。假如甘迺迪總統的顧問團不是那麼緊密團結，他們可能會樂於接受少數意見，防止團體迷思，避免豬灣事件的災難。

這個有關凝聚力的理論只有一個小小的問題：它不正確。

詹尼斯於一九七三年完成這項分析，為時過早，他還無法取得與豬灣事件有關的機密文件和回憶錄。這些重要的資料來源，揭露出關鍵決策並非由一個緊緊凝聚的小團體做出。政治學者兼總統顧問李察・紐斯達（Richard Neustadt）說明甘迺迪總統舉行了「一系列特別會議，輪流與一小群首席顧問開會」。後來的研究也證明了培養凝聚力需要時間：一個成員不穩定的團體沒有機會形成親密感和同志情誼。多倫多大學教授格林・懷特（Glen Whyte）指出，在豬灣事件之後那一年，甘迺迪總統領導著大多由同一群顧問所組成的，一個具有凝聚力的團體，有效解除了古巴飛彈危機。史丹佛大學心理學者羅德瑞克・克瑞默（Roderick Kramer）說明，如今我們知道出兵古巴的共識「並非渴望維持該團體之凝聚力或團隊精神的結果」。

凝聚力也不會在其他任何地方造成團體迷思。詹尼斯的分析有另一個重大缺陷：他所研究的多半是做出不當決策的緊密團體。我們怎麼知道確實是凝聚力導致了團體做出失當的決定？而不是因為他們早餐都吃玉米片或是都穿繫有鞋帶的鞋子？要得出有關凝聚力的準確結論，他需要比較過壞決定和好決定，然後再確定具有凝聚力的團體是否比較可能成為團體迷思的受害者。

當學者檢視《財星》雜誌五百大企業中的七家公司高層經營團隊，他們成功與失敗的關鍵性決策，發現具凝聚力的團體尋求意見一致而駁回異議的可能性並沒有比較高。事實上，在許多情況下，具凝聚力的團體往往做出較佳的商業決定。在政治上也一樣。在一份大規模文獻回顧中，學者莎莉・富勒（Sally Riggs Fuller）和雷・艾戴格（Ray Aldag）寫道：「並沒有證據支持……被認為引發了團體迷思現象的凝聚力扮演著這樣的角色。」他們表示「團體凝聚力的好處」包括「促進溝通」，而團體成員「可能對自己的角色有足夠的把握，能去挑戰彼此」。在謹慎地細讀過資料之後，懷特的結論是：「凝聚力應該從團體迷思的模型中被剔除。」

在本章裡，我想要檢視真正造成團體迷思的原因是什麼，以及我們能做些什麼來防止團體迷思。為什麼有些具凝聚力的團體容易做出壞決定，另一些卻表現得很不錯？如何才能維持強大的組織文化卻不至於引發盲目崇拜？要理解如何對抗團體迷思，並鼓勵大家表達開創意見，我將會分析寶麗來的錯誤，並且深入研究一個組織，該組織中，身價上億的創辦人採用了一種極端做法，來防止遵從主流意見的壓力。你會得知為何反對意見往往沒人聽？為何大多數的團體使用「魔鬼代言人」的效果不佳？為何有時鼓勵大家抱怨問題而非解決問題是較佳的做法？為何讓大家分享自己的偏好可能會降低少數意見勝出的機率？最後，你會看出一般人與一般組織可以做些什麼來培養一種及早養成開創性的氣氛，並且長期維持。

創業藍圖始料未及的結果

一九九〇年代中期，一群專家對於「公司創辦人如何塑造自己公司的命運」開始感到好奇。在社會學者詹姆斯・巴倫（James Baron）的領導下，他們訪問了矽谷將近兩百家高科技新創公司的創辦人，涉及的產業從電腦硬體與軟體，到電信與網路、從醫療裝置與生物科技到研究、從製造業到半導體。巴倫及其同仁問起那些創辦人最初的創業藍圖：他們在創設公司時心裡所想的是哪種組織模型？

橫跨各產業，組織有三種主要模式：專業取向、明星取向和忠誠取向。專業取向強調雇用具有特殊技能的人選：創辦人尋找會寫JavaScript或C++程式的工程師，或是對於合成蛋白質有深厚知識的科學家。明星取向則把重點從現有的技能轉向未來的潛力，重視挑選或挖角最聰明的新人。這些人在特定領域的現有知識與技術也許比較少，但是他們具有天賦的智力，能取得這些知識與技術。

採用忠誠取向的創辦人，用人的方式就不同。技能和潛力固然很好，但「融入企業文化」則是必要條件。首要考量是雇用符合公司價值觀與規範的員工。忠誠取向也涉及一種激發員工動力的獨特做法。專業取向與明星取向的創辦人給予員工自主權和具有挑戰性的任務，採用忠誠取向的創辦人則努力在員工之間以及員工與組織之間建立起強固的情感連結。他們經常以家庭和愛這類字眼來描述組織中的夥伴情誼，而員工往往對於公司使命懷有強烈的熱情。

巴倫的研究團隊想看看哪一種創辦人藍圖能預示出最大的成功。當他們追蹤那些公司的情況，從一九九〇年代末期的網路熱到二〇〇〇年網路泡沫化，其中一種藍圖遠勝過另外兩種：忠誠取向。

當創辦人採用忠誠取向藍圖，公司的失敗率為零——沒有一家公司結束營業。而當創辦人使用另外兩種模式時，前途就沒有那麼光明了：明星取向的失敗率相當大，專業取向的失敗率則高出三倍。採用忠誠取向藍圖，也意味著公司更有機會將股票上市，首次公開發行股票的機率是明星取向藍圖的三倍之多，更是專業取向藍圖的四倍之多。[41]

由於許多新創公司會以新的執行長來取代創辦人，巴倫及其同仁也問起這些執行長他們自己的藍圖。即使控制了「執行長的藍圖」這項變因，創辦人的藍圖仍舊重要，而且若非更有重大意義，至少同樣具有重大意義。創辦人影響深遠。技能和明星短暫易逝，忠誠則能持久。

我們能在寶麗來公司的早期企業文化，看見忠誠取向藍圖的好處，該企業文化以認真、原創與品質等核心價值為中心。蘭德在研發拍立得相機時曾經接連工作了十八天，連衣服都沒換。針對最終的產品，他說：「這產品中的每一個概念都是新的。攝影的種類，成像的方式，攝影系統的種類，沖洗相片的方式，還有拍照的方式。」

當柯達公司雇用擁有理工科高學歷的男性，蘭德則尋找更多樣化的員工，雇用有藝術相關背景的女性，以及剛從海軍退伍的男性。就像矽谷那些採用忠誠取向藍圖的公司創辦人，他並不在乎員工的特殊技能或明星素質，而比較在乎他們是否會重視想出新穎點子並且努力完成使命。他的員工都是懷有同樣熱情與目標的人，感受到強烈的歸屬感和凝聚力。當你和同事及組織如此緊密相繫，你很難想像自己去別的地方工作。

41 原註：巴倫和合作同仁麥可・韓納（Michael Hannan）及黛安・波頓（Diane Burton）也追蹤了每一種藍圖有多常見。專業取向最為常見，有百分之三十一的創辦人採用，次常見的是忠誠取向，佔百分之十四，明星取向則佔百分之九。還有另外兩種藍圖——專制和官僚——各佔百分之六點六。這兩種模式都意味著依技能來雇用員工，但專制模式主要依靠金錢和直接監督來確保員工有所表現，而官僚模式則更著重於具有挑戰性的任務搭配詳細的規定和程序。不出所料，專制模式和官僚模式最可能失敗。其餘那三分之一的創辦人則使用這些藍圖的組合。專制模式失敗的可能性最高，比明星模式高八倍，混合模式與官僚模式的存活率則在專業模式與明星模式之間。

在發明拍立得相機之後，有助於寶麗來早期成功的兩項主要發明，是在底片科技上的進步。第一項是寶麗來的褐色底片，因為立即顯影的黑白相片容易褪色。在解決此一問題上，一位名叫梅若耶·摩爾斯（Meroë Morse）的女性實驗室領導人居功厥偉，她在大學裡主修藝術史，沒修過物理或化學，是色覺上一項開創性洞見的先驅。她全心投入工作，實驗室全天二十四小時運作，技術人員以三班制輪流工作。第二項突破則是即時彩色攝影技術——豪爾·羅傑斯（Howard Rogers）在埋頭苦幹十五年之後終於破解了彩色攝影的密碼，他是個汽車機械工人，不曾受過攝影方面的正式訓練。

成長的苦惱：重視忠誠之企業文化的黑暗面

在一個組織的生命階段初期，重視忠誠的企業文化固然有利，但長期下來卻會失去活力。在矽谷做的那項研究中，創辦人的忠誠取向藍圖雖然給了新創公司較佳的存活機會和上市機會，但一旦達成了這一點，這些公司就面臨股票市值成長緩慢的問題。建立在忠誠取向藍圖上的公司，其股價的成長速度要比明星取向藍圖慢百分之一百四十，也比專業取向藍圖慢百分之二十五；就連官僚模式的表現都比較好。看來就像高階主管教練馬歇·葛史密斯（Marshall Goldsmith）所說：過去帶你走到這一步的事物卻不能帶你走到下一步。當組織漸漸成熟，忠誠取向的企業文化是哪裡出了差錯？

巴倫及其同仁表示：「忠誠取向的公司比較難以吸引、留住或融合多樣化的員工。」有研究資料支持這個說法：心理學者班傑明・許奈德（Benjamin Schneider）發現組織往往隨著時間而變得更加同質化。隨著組織吸引、揀選、同化、留住相似的人，他們實際上消除了想法與價值觀上的多樣性。這種情況尤其可能發生在已經穩定、企業文化強烈重視忠誠的公司裡，在這些公司，用人是以相似性為基礎，員工面臨融入企業文化的強大壓力，不然就得離開。

史丹佛大學的社會學者傑斯柏・索倫森（Jesper Sørensen）發現在穩定的產業裡，具有這種企業文化的大公司在財務表現上比其他公司可靠。當員工獻身於共享的目標和價值觀，他們在可預測的環境中能有效執行工作。可是像在電腦業、太空業、航空業這些不穩定的環境中，強大企業文化的好處就消失了。一旦市場變得動盪，具有強大企業文化的大公司就過於封閉：他們較難看出公司需要改變，而且比較容易抗拒持不同想法之人的洞見。結果是這些公司沒有去學習和調適，在財務表現上並不比競爭對手更可靠。

這些發現可以直接套用在寶麗來的崛起與失敗上。在蘭德於一九四八年發明了立即顯影照相機之後，該公司快速崛起，營業額激增，從一九五〇年不到七百萬美元，到一九六〇年已將近一億美元，到了一九七六年更增加至九億五千萬美元。在這段期間，攝影產業維持著穩定：顧客喜歡能即時印出照片的高品質相機。可是當數位革命展開，市場變得動盪，寶麗來一度強勢的企業文化就瞠乎其後了。

一九八〇年，日本「索尼公司」的創辦人聖田昭夫與蘭德接觸，聖田昭夫透露，以化學方法沖洗相片可能不是未來的潮流，表達出合作研發數位相機的興趣。蘭德從化學與物理學的角度來看這個世界，而非從零與一的數位角度。他不理會聖田昭夫的這個主意，堅持顧客永遠都會想把照片洗出來，也堅持數位相片的品質將永遠比不上以化學方式沖洗出來的相片。

當公司在面對市場環境變遷時開始疲於應付，蘭德甚至變得更不願意接受外界的意見。一位年長同事說：「他留在身邊的都是願意聽他吩咐的忠實追隨者。」這時蘭德最得意的企劃案是Polavision，一種立即顯影的攝影機。當「寶麗來」的總裁威廉・麥昆（William McCune）質疑這個構想，蘭德向董事會抱怨，取得對這項企劃案的完全掌控，在一個獨立樓層工作，不允許不看好該企劃案的人進入。麥昆說：「他必須要能無視各種反對意見和那些表明事情何以不會成功的明顯理由。當他在做一件瘋狂而冒險的事，他小心翼翼地把自己跟任何抱持批判意見的人隔開。」

蘭德的反應再典型不過：在研究策略的麥可・麥克唐納（Michael McDonald）和詹姆斯・衛斯佛（James Westphal）所做一項研究中，公司的表現愈差，執行長就愈會向與自己觀點相同的朋友和同事尋求建議。他們偏好共識帶來的慰藉，勝過異議帶來的不快，這與他們應該要做的事正好背道而馳。唯有當執行長積極從那些不是朋友、而且能提出不同之洞見的人那裡收集建議，促使自己彌補錯誤並且追求創新，公司的表現才會改善。[42]

「少數觀點之所以重要，不是因為它們往往能夠勝出，而是因為它們能激發差異化的關注與想法」，柏克萊大學心理學者查蘭・奈米斯（Charlan Nemeth）說，她是研究集體決策的世界一流專家。「結果是，就算這些少數觀點是錯誤的，它們仍然有助於發現新穎的解決辦法和整體而言質量較佳的決策。」

反對意見即便錯誤也仍然有用。

奈米斯在一九八〇年代首度證明了這一點，而她的研究結果曾被複製過許多

42 原註：有個常見的想法，認為創造力在不受批評時能夠茁壯，但事情並非如此。這個想法在廣告興盛的一九五〇年代被提出來，當亞歷克斯・奧斯本（Alex Osborn）提出腦力激盪這個概念，他的第二條規則就是「先不要批評」。其假定是批評會使人沒有勇氣嘗試瘋狂的點子，然而，開創性的突破是在受到較多而非較少批評之後出現。在美國與法國所做的一項實驗中，受試者被指示去做腦力激盪，並且被隨機指派「不要批評」或是「儘管去辯論，甚至去批評」。進行辯論與批評的那幾組不害怕分享想法，所想出的點子比沒有進行辯論與批評的那幾組多了百分之十六。在風險高的創造性環境中，辯論和批評也會改善點子的品質。研究指出，在最成功的微生物學實驗室裡，當科學家展示新的證據，他們持懷疑態度的同事不會鼓掌，而會質疑那些說明並且提出可能的其他說明。在醫院也是如此：提出最多異議的團隊做出的決定最好，只要成員感覺到同事是為了彼此的最佳利益而提出異議。

次。在一項實驗中，受試者被要求從三位求職人選中做選擇。客觀而言，約翰是較優秀的人選，但是受試者並不明白這一點，他們在實驗開始時全都偏好錯誤的人選，林哥。如果有人提出理由說明該選擇另一個錯誤人選喬治，這就會使他們雇用那個正確人選的機率提高四倍。藉由把喬治納入考量來打亂共識，這鼓勵了小組成員進行擴散性思考。他們重新檢視聘僱的標準和每個人選的資格，這使得他們重新去考慮約翰。

在缺少反對意見的情況下，蘭德的立即顯影攝影機一敗塗地。這具攝影機雖然就科技而言很巧妙，但只有幾分鐘長的錄影帶，而市面上已有的手提錄影機則能夠錄下長達數小時的影片。研發這具立即顯影攝影機花掉了六億美元，於是董事會罷免了他。雖然蘭德和寶麗來斷了關係，但他的信念仍舊深植於公司的DNA裡，而員工被雇用、被同化來分享這些信念。他建立這個公司，想要它長久屹立，但他所採用的藍圖卻無意間注定了它將敗亡。蘭德懂得如何「不同凡想」，卻創立了一家不懂得「不同凡想」的公司。

有證據顯示，社會連結並不會導致團體迷思；團體迷思的主因是「過度自信」和「名聲考量」。在寶麗來，領導者堅持蘭德所採用的藍圖，過度相信顧客永遠都會想把照片洗出來，於是繼續製造便宜的相機，以求從出售底片上獲利，就好比出售便宜的刮鬍刀，以求在刀片上獲利一樣。當公司領導人面對數位相機這個主意，他們一再追問：「底片在哪裡？沒有底片嗎？」當有人提出預測利潤為百分之三十八，決策者語帶嘲笑地指出他們出售底片的利潤是百分之七十。電子成像部門的一位成員回憶那是場「持續的爭論」：「我們不斷挑戰現有商業模式的概念，質疑公司的核心事業老舊、過時、無法進步。」

那些持不同意見的人很快就被邊緣化。在領導者心中，持異議者不懂得一段「即時而又持久」的相片的價值。當一位名叫卡爾・楊科斯基（Carl Yankowski）的工程師受聘為負責寶麗來成像事業部門的副總裁，他提議收購擁有電子成像科技的新創公司。然而執行長麥克・布斯（Mac Booth）擱置這個主意，宣稱「寶麗來不賣不是自己發明的東西」，而終結了討論，這反映出他對於公司預測未來和創造出最佳產品的能力過度自信。布斯在一九八七年曾說：「我認為立即顯影將會是電子攝影中最重要的元素，而我們比世上任何人都更懂這一塊。凡是說立即顯影攝影已經瀕臨死亡的人就是把頭埋在沙裡。」

楊柯斯基記得，當他建議從外部找一位電子專家來帶領公司進入數位時代，布斯反駁道：「我不知道我該給你一拳還是把你解雇！」那樣做有損及公司名聲的風險。最後楊柯斯基放棄了，他離開了寶麗來，加入了索尼。在索尼他推出了PlayStation遊戲機，營業額在四年內幾乎翻倍。後來他又領導了運動品牌Reebok成功轉型，成為Palm公司的執行長。然而，儘管他在驅動創新和拯救衰退公司上如此成功，楊柯斯基還是感嘆：「我永遠克服不了盛行於寶麗來的那種企業文化。」他譴責那種「狹隘的思考」以及主要決策者那種「近親交配」的心態。曾在寶麗來待了二十七年的米爾頓・丹契（Milton Dentch）說：「我們當中的許多人肯定盲目地聽信過高階主管的話。那種在寶麗來幾世代管理階層裡根深蒂固的企業文化，總是會一再回到一種策略上，亦即驅動寶麗來成長的引擎，必須是『印出來的媒體』……真正的原因在於寶麗來的獨特企業文化。」[43]

寶麗來差點可以成為數位攝影的先驅，也可以輕易地迅速佔領市場。但其領導者卻在公司失火時隔岸觀火。假如他們能接受開創性主意，而非僵硬地固守蘭德對於以化學方式沖洗底片的信念，公司說不定會存活下來。你要如何才能建立起樂於接受異議的強大企業文化？

「不同凡想」之企業文化

當我向企業主管和學生做問卷調查，調查他們曾遇見過最強大的企業文化，壓倒性的勝出者是「橋水投資公司」（Bridgewater Associates）。橋水的總部設於康乃狄克州的一個小鎮，替政府、退休基金、大學及慈善機構管理超過一千七百億美元的資金。該公司創辦人所寫的兩百多條原則勾勒出其企業哲學。雖然該公司是管理金錢，那些原則卻沒有一個字跟投資有關，而是些金玉良言，關於你在工作或生活上可能遇到的任何情況中該如何思考與行動，像是如果你想做有意義的工作，或是如何建立有意義的人際關係。

這些原則被下載的次數超過兩百萬次，它們的範圍很廣，從哲學性的（「明白你無須畏懼真相」）到實用性的（「要知道行為修正通常需要十八個月的持續強化」）。他們雇用新員工是根據一項評量，看他們與這些原則所勾勒出的經營方式相合的程度。他們在一個仿效軍方新兵訓練的密集新人訓練營裡接受訓練，被要求去仔細思考這些原則並且加以討論，被放在強烈情緒化的情境中來練習這些原則，並且接受評估，看他們把這些原則融入行為中的程度。雖然公司裡總是有很多辯論，但橋水是個具有高度凝聚力的親密團體，員工常把公司稱為家庭，員工一做就做幾十年也是

43 原註：你也許會想，比較安全的策略，是從一種忠誠取向的企業文化開始，然後再改採另一種藍圖。雖然這看起來像是自然而然的解決之道，卻並不有效。改變藍圖既困難又危險。在矽谷做的那項研究中，有半數新創公司改變了藍圖——而這麼做的公司的失敗率提高了兩倍。相較於維持創辦人最初所使用模式的類似公司，偏離創辦人最初藍圖的公司失敗的機率提高了二點三倍。就算是小小的調整也足以引發大問題。在那些改變藍圖的公司中，半數以上只做了一項改變，像是根據潛力而非技能來雇用員工，但是這些公司仍舊因此受損。新的藍圖使離職率增加了百分之二十五以上。許多從前自覺是團隊一分子的員工決定離開公司去尋找更好的工作。而改變藍圖的公司後來如果仍舊成功地將股票上市，在接下來三年裡，其股票市值成長的速度比起那些維持最初藍圖的公司慢了將近三倍。整體而言，改變藍圖帶來的負面衝擊比換掉創辦人還大。令人意外的是：改變造成的負面影響在那些採用忠誠取向藍圖的公司上最為明顯。

常態。

在動盪的金融業，橋水有著重視忠誠的強大企業文化，但公司表現並未隨著時間而變弱。該公司有兩支主要基金，二十年來的報酬率都一直很高，被公認是金融史上替客戶賺到最多錢的對沖基金。二〇一〇年，橋水的獲利超過了谷歌、eBay、雅虎和亞馬遜的獲利總和。

橋水的秘密在於鼓勵員工表達開創想法。該公司一向以創新的投資策略受到稱讚，其中一項策略涉及降低風險，採用比典型投資基金更大程度的分散投資。而在二〇〇七年春天，橋水開始警告客戶金融危機即將來臨。照《巴倫週刊》（Barron's）的說法：「對於全球市場崩盤，沒有人比他們做了更好的準備。」

在投資界要想賺錢，你必須跟其他人想的不一樣。橋水以敦促每個員工提出反對意見來避免團體迷思。當員工分享獨立觀點，而非依從多數人的意見，橋水就有更高的機會做出其他人想不到的投資決定，看出其他人沒看出的金融趨勢。這使得該公司能在別人都看錯時能看得準。

我的目的不在於分析橋水優異的財務決策，而在於深入檢視構成這些決策之基礎的企業文化。這要從橋水的創辦人瑞・達利歐（Ray Dalio）說起。雖然他曾被稱為投資界的賈伯斯，但員工與他溝通時卻並未把他當成什麼稀罕人物。下面這封電子郵件是一個名叫吉姆的財富管理顧問，與一位重要的潛在客戶開會之後寄給達利歐的：

雷——你今天的表現只能拿到一個D……你隨口閒扯了五十分鐘……我們全都看得出來你根本沒有準備，因為假如你做了準備，你絕不會從一開始就這樣毫無條理。我們告訴過你，這個潛在客戶「非爭取到不可」……今天開會的情況實在很糟……這種情況不能再發生。

在一家典型的公司裡，寄出這樣一封嚴厲批評老闆的電子郵件會自毀前程。但達利歐並未惱羞成怒，而請其他也參加了那場會議的人提出誠實的意見，替他的表現打分數，從A到F。然後，橋水的共同執行長並未遮掩達利歐的缺失，也沒有去攻擊這封電子郵件的作者，而是複製了這段電郵寄給全公司，讓每個人都能從這番電郵往來中學習。

在許多組織裡，大家只會在關起門來的時候提出負面意見。如同幽默作家傑克・漢迪（Jack Handey）在《週六深夜現場秀》的「深思」單元裡所做的建議：在你批評別人之前，你應該穿上他們的鞋子走上一里路。這樣一來，當你批評他們的時候，你就遠在一里之外，而且擁有他們的鞋子。[44]

44 譯註：walk a mile in someone's shoes 本來是指設身處地去替別人想一想，在這裡是故意按字面解釋來開玩笑。

橋水期望員工直接對彼此說出擔憂和批評。達利歐在那些原則裡寫道：「別讓『忠誠』阻擋了真相和坦率。誰都沒有權利抱持批判意見而不說出來。」在典型的組織裡，提出異議的人會受到懲罰。在橋水，員工會依是否提出建言而受到評量，而且有可能會因為沒去挑戰現狀而被解雇。

強大的企業文化存在於員工強烈認同一套共享的價值觀與規範，但其效果卻取決於「那是何種價值觀與規範」。如果你要建立起強大的企業文化，最重要的就是讓多樣性成為你的核心價值之一。這就是橋水的強大企業文化與盲目崇拜不同之處：忠誠在於鼓勵提出異議。在雇用員工時，橋水沒有用相似性來衡量員工是否與企業文化相合，而是評估員工對企業文化的貢獻。[45]達利歐希望員工能夠獨立思考並且能使企業文化更豐富。藉由要求員工有責任提出異議，達利歐從根本上改變了大家做決定的方式。

在一種盲目崇拜中，核心價值是種教條。橋水則期望員工去質疑那些原則本身。在訓練期間，當員工學習那些原則，他們不斷被詢問：你們同意嗎？和達利歐一起編纂這些原則的查克・威德（Zack Wieder）說明：「我們有這些長期以來經過壓力測試的標準，你要不就是依照這些標準來行事，要不就是不同意，並且為了更好的標準而戰。」

在橋水，決策是根據其品質，而非交由最資深或地位最高的人來決定，如同在寶麗來所發生的情況。其目標在於創造出一種「只看主意好壞」的企業文化，讓最好的主意勝出。而若要讓最好的點子能被提出來，首先你需要絕對透明。

稍後我將會對達利歐的幾個原則提出質疑，但首先，我想說明他用來對付團體迷思的武器。

你認識的魔鬼

經過豬玀灣事件的慘敗，甘迺迪總統請他弟弟羅伯提出與多數意見相左的論點，並且考慮每一個主意。當詹尼斯分析團體迷思的毛病，他提出的一個主要矯正方法是指派一個「魔鬼代言人」。此一做法可追溯至一五八七年，當教宗西斯圖斯五世制訂了一個新程序來審查羅馬天主教會聖徒人選的資格。他指派了一個「信仰維護者」（promotor fidei），負責吹毛求疵地審核聖徒候選人的品格，並且質疑他們據稱所完

45 原註：如果你雇用與公司企業文化相合的人，最後你公司裡的人就只會強化彼此的觀點，而不會去挑戰彼此的觀點。西北大學社會學者蘿倫・瑞韋拉（Lauren Rivera）發現：「與企業文化相合成了一種新的歧視形式。」經常發生的情況是，這被「當成一種籠統的說法，來證明雇用與決策者相似之人並且拒絕雇用不相似之人乃是正當的」。在設計出蘋果電腦滑鼠的知名設計公司ＩＤＥＯ，經理人把與企業文化相合這個條件拋在腦後，而著重於潛在人選能對企業文化做出什麼改善。

成的神蹟，以反對將他們封為聖徒。這個信仰維護者和「上帝代言人」（advocatus Dei）進行辯論，後來便以魔鬼代言人知名。五百年之後，這實際上是大多數領導人用來鼓勵提出異議的做法：找個人來反對多數人的意見。不過，查蘭・奈米斯指出我們做此事的方式不對。

在一項由奈米斯的研究所啟動的實驗中，德國企業及政府的兩百多名主管被指派去代表一家要把生產線移至海外的公司。他們要在兩個國家當中做選擇——比方說秘魯和肯亞——在讀過一些基本資料之後，他們要在其中選擇一個。偏好秘魯的人和另外兩個有同樣偏好的人組成一個小組，在做決定之前，他們有十幾篇文章可讀，這些文章提供了關於那兩個國家更詳盡的資料。半數文章建議秘魯，半數則偏好肯亞，而他們沒有時間讀完全部的文章。

那些主管選擇多讀百分之二十六偏好秘魯的文章。這是心理學家所謂的「確認偏誤」（confirmation bias）：當你有了偏好，你會尋找支持此一偏好的資料，而忽視質疑此一偏好的資料。

可是，如果有一個小組成員被隨機指派去擔任魔鬼代言人，這種偏誤會有所改變嗎？此人的任務是去質疑多數人對秘魯的偏好，找出其缺點，並且質疑該小組的假定。

有了一個魔鬼代言人在場，那些主管變得比較持平：相較於對肯亞有利的文章，他們只多讀了百分之二對秘魯有利的文章。然而，那個唱反調的人所提出的意見最終不足以使他們改變心意。那些主管藉由公平地挑選文章對那個唱反調的人裝裝樣子，但他們對自己最初偏好的信心只減少了百分之四。由於確認偏誤，他們被那些肯定自己偏好的論點說服，而忽視那些未能肯定自己偏好的論點。要克服多數人的偏好，小組需要考慮閱讀更多違反此一偏好的文章，而非支持此一偏好的文章。

如果指派一個魔鬼代言人起不了作用，什麼能起作用呢？

那些學者組成了另外一批小組，每組含有兩名偏好秘魯的主管。至於小組的第三位成員，他們沒有指派一個魔鬼代言人來替肯亞說話，而選了一個確實偏好肯亞的人。這些小組選擇多讀百分之十四違反多數人偏好的文章。如今，他們對自己最初之偏好的信心減少了百分之十五。指派一個魔鬼代言人固然有其吸引力，但是發掘出一個魔鬼代言人卻更能發揮力量。被指定去提出異議的人就只是在扮演一個角色。這會造成兩個問題：他們主張少數觀點時不夠有力或是不夠一致，而小組成員就比較不會認真看待他們。奈米斯說明：「為了提出異議而提出異議不管用。『假裝的異議』也不管用，例如，倘若那只是在扮演一個角色。如果提出異議的動機不在於尋找真理或是找出最佳的解決辦法，而是出於其他考量，那就不管用。可是如果出自真心，提出異議就能刺激思考，能釐清事態並且給人勇氣。」

成功的秘密在於誠懇，一句古老的俗諺說：一旦你能裝出誠懇，事情就成功了。

事實上，要假裝誠懇並不容易。魔鬼代言人若要發揮最大的效果，他們必須真心相信自己所代表的立場，而小組成員也得要相信他們相信。在奈米斯所主持的一項實驗中，比起那些包含魔鬼代言人的小組，包含真心持異議者的小組針對問題想出的解決辦法多了百分之四十八，而且他們想出的辦法往往品質更高。不論小組成員是否知道那個魔鬼代言人其實懷著多數人的想法，還是不確定那人的真實意見，情況均是如此。而就算那個魔鬼代言人的確持少數觀點，如果告訴小組中其他成員那人被指定扮演唱反調的角色，就足以損害那人的說服力。[46]被指派提出異議者會受人懷疑，真心持異議者則會挑戰眾人對自己的懷疑。

雖然被指派的異議立場效果比較差，卻仍是個吸引人的選擇，因為它能提供掩護。當你屬於少數時，真心挑戰現狀是危險之舉。如果你能宣稱自己只是在扮演魔鬼代言人，你會自覺受到保護，免於遭受團體的批評或敵意。但奈米斯所發現的情況並非如此。比起被指派持異議者，真心持異議者並不會使團體成員更生氣，事實上還稍微更受喜愛（至少他們有原則）。

橋水投資公司並未指派魔鬼代言人，而是去發掘出他們。二〇一二年，瑞・達利歐發出一份問卷，要公司裡每個人都負責要求其他人說出自己的想法，以藉此找出真心抱持異議者：

- 在定期與你合作的同事當中，你相信即使在困難的情況下也會提出建言並且努力去了解事態的人佔了百分之幾？
- 你是這樣的人嗎？
- 讓我們考驗一下你的直率。在與你共事的人當中，有誰沒有盡到為正義而戰的本分？（請寫出三個名字）
- 你告訴過他們嗎？如果沒有，原因何在？

達利歐並且請員工針對此一問卷提出意見。當員工的意見湧入，結果發現，以一個對中心原則具有強烈共識的公司來說，此舉罕見地引起兩極化的反應。有些員工反對寫出名字，另一些員工則對問卷的格式感到猶豫。有一個人說那「很像納粹執政時的德國，與只問點子好壞的企業文化大相逕庭」。另一個人表示：「今天的問卷極其過分……為了一份十分特定的意見而要求我挑出三個人，而且以一種非常不帶感情的

46 原註：鑑於真心抱持異議者最能發揮效果的證據，我請教奈米斯她對羅伯・甘迺迪在古巴飛彈危機時被指派擔任魔鬼代言人有什麼看法。她回答：「我認為羅伯・甘迺迪當時的角色在於確保每一個可能性都受到質疑。他所做的，是至少讓他們能重新思考各種主張，至少能替這些主張辯護。我仍然不認為這能與真心持異議者發揮相同的效果，但那肯定勝過貿然判斷。」看來羅伯・甘迺迪比較不像個純粹的魔鬼代言人，而比較像是哈佛大學政治學者羅傑・波特（Roger Porter）所謂的「公正斡旋者」：帶領一群人經過一個有效的決策過程，提出不同的論據，並評估其品質。

方式來進行，讓此事顯示出一種心胸狹窄的尖刻。」

可是其他員工的反應卻相反：他們覺得橋水在遵行自己信奉的原則。如果有人不說出自己的想法，就會危及企業文化的核心。有一個人寫道：「那促使我去思考，並且引發對話——有人寫電郵告訴我她把我的名字放在不為正義而戰的名單裡——而我們達成了一致的意見。」另一個人則承認：「這可能是我兩年多來做過最艱難也最有價值的作業。」

達利歐喜歡這種意見紛雜的聲音，這給雙方提供了學習的機會。達利歐沒有指派一個魔鬼代言人，而揭發了大家實際上意見不合之處。達利歐說：「人類最大的悲劇來自眾人無法藉由經過深思的意見不合來弄清楚何者為真。」透過虛心辯論的過程，達利歐期望員工能調解彼此間的差異。不是由於某些人過於自信或其他人害怕說出意見而達成共識，而藉由吵個明白來達成意見一致。用預測專家保羅•沙佛（Paul Saffo）的話來說，規範是在於「有強烈的意見，但態度溫和」。

為了讓大家針對彼此對那項問卷的不同意見達成共識，達利歐主持了一次討論會。為了鼓勵平衡的對話，他選出三個抱持強烈負面意見的人和三個反應熱烈的人。達利歐向其中一名持批判意見的員工問起他的觀點。該員工表示他擔心「創造出一種指控的文化，感覺有點像麥卡錫主義的作風」。另一名員工也有同感，主張「列出名字感覺上相當狀況外」。

一名領導者反擊：「我認為不去分享這個資訊才是狀況外。」問卷資料揭露出對其他人懷有批判想法的人當中有四成都沒有說出這些想法，但每一個員工卻都想知道其他人心中的批判性想法。那場討論有幾十個人參與，熱烈進行了一個多小時。

身為一家資金管理公司的創辦人，達利歐為什麼要花這麼多時間來進行一場關於提出名字的對話？如果在「確保人人都說出心中想法」這件事上大家能夠意見一致，他們就不必太去擔心會有團體迷思的問題。達利歐就能有把握手下員工不會在他提出一個意見時感覺必須要點頭微笑，他的整個團隊會開誠布公地質疑他對市場的假定，而且他們也會這樣對待彼此。[47] 做決策建立在一種只看主意好壞的企業文化上，而非建立在地位的高低或民主制度上。

討論到最後，百分之九十七的橋水員工更擔心他們應負擔的責任太少而非太多。藉由花一個多小時來辯論此事，員工達成共識，認為他們需要驅策彼此來分享開創性想法，認為開誠布公能防止團體迷思，長此以往能避免做出無數的不當決

47 原註：重視開誠布公並不表示員工應該說出自己對所有事情的想法。一名員工解釋：「事情得要和目標有關。你可以對別人說你不喜歡他們的牛仔褲，但你就會受到批評，因為這件事有何要緊？」為了讓員工負起開誠布公的責任，在橋水，幾乎所有的會議和來訪都會錄影。如果你在抨擊別人，別人就理應要有機會從你的觀點中學習。如果你說的每一句話都被錄下來，你就也不妨坦率一點——如果你不坦率，別人反正也會發現。身為橋水員工，如果你在別人背後批評，他們會當著你的面說你是個可鄙的小人。如果你這樣做不只一次，就可能被要求打包走路。

定。藉由建立一種不斷鼓勵彼此表達不同意見的企業文化，達利歐創造出一種強大的方法來對抗一味順從。然而，他所追求的這種意見不合，與大多數領導者想要的正好相反。

找出礦坑裡的金絲雀

如果你是個正在向員工說話的領導者，你會在下面這個句子裡填入哪幾個字？

不要向我提出＿＿＿＿＿＿；向我提出＿＿＿＿＿＿。

這個問題是我從組織心理學家大衛・霍夫曼（David Hofmann）那裡聽來的，他在調查「英國石油公司」深水地平線鑽油井爆炸及漏油事件時提出這個問題，當時他是該調查委員會的成員。從那以後，我向數以千計的一批批領導者提出過這個問題，請他們大聲說出完整的句子。無一例外，總是有好幾個人異口同聲說出：「不要向我提出問題，向我提出解決辦法。」彷彿他們之前曾經多次排練過合唱似的。

對於領導者來說這似乎是明智之舉。我們不希望員工只會抱怨；如果他們看出某件事情不對，就應該主動設法去解決。如同研究管理的學者傑夫・艾德華茲（Jeff Edwards）所建議：如果你要去告訴國王他沒穿衣服，那你最好是個好裁縫。而且大量研究顯示，當員工提出解決辦法而非只提出問題，領導者的反應的確正面得多。

可是說到團體迷思，鼓勵員工提出解決辦法就有其黑暗面。在建立能揪出錯誤、改正錯誤並且預防錯誤的組織文化上，霍夫曼是舉世知名的權威。二〇〇三年，「哥倫比亞號」太空梭於重返大氣層時爆炸，在那之後，霍夫曼的研究在評估並記錄美國太空總署安全文化的改善上發揮了重要作用。他所協助製作的組織內部文化調查表由太空總署的全體員工填寫完成，而在那之後，共有一千多家公司的二十多萬名員工填寫過。霍夫曼發現，一種過度重視解決辦法的企業文化，會成為一種提出主張的文化，進而抑制詢問。如果別人總是指望你心裡已經有了答案，你去開會時會已經做好判斷，錯過從各種不同觀點學習的機會。哥倫比亞號太空梭升空一天之後，一件「神秘物體」被看見飄浮在軌道上。假如有人提出詢問，工作團隊也許會發現那件神秘物體造成了太空梭左翼上出現一個破洞，就能夠在熱氣進入太空梭之前加以修理。

如果你是法庭審判時的一名陪審員，提出主張不構成問題。由於十二名陪審員都聆聽了整樁案件，到了要商討的時候，他們可以開始討論被告是否有罪。然而，霍夫曼諄諄告誡：在一個組織裡的生活，其運作方式不同於法庭，而比較像是在一場長達十二小時的審判中，每個陪審員只聽了一小時的證詞，而且沒有兩個陪審員聽的是同一個小時。當一個團體的每個成員所得到的資訊都不同，在提出主張之前必須先提出詢問——這表示你得在尋找解決辦法之前先提出問題。為了確保問題會被提出來，領導者需要建立能發掘異議分子的機制。

二〇〇七年，谷歌人力營運部主管拉茲洛・博克（Laszlo Bock）決定把年度績效考評從十二月挪到三月，以避免假期前工作太趕。他的工作團隊試驗性地向幾十個人提出過這個主意，決定在一個星期五向全公司宣布此一改變。在週四傍晚，博克先用電郵通知了各部門主管，卻遭到激烈的反對。在下午六點到午夜之間，在收到幾百封電郵和四十通電話之後，博克被說服把績效考評提前至十月。在收到那些意見之前，他的部門成了團體迷思的受害者，只從看法相似的人那裡得到支持的意見。博克在《Google超級用人學》裡寫道：「此次經驗不僅強調出聆聽員工意見的重要，也凸顯了我們在做決定之前需要有讓員工提出意見的可靠管道。」

為了確保真心持異議者能及早說出他們的觀點，博克的團隊創造出「金絲雀團體」——那是一群來自公司各部門而且深受信賴的工程師，代表著多樣化的觀點，同時眾所周知，他們既能敏感察覺不利的情況，也勇於說出自己的看法。這個團體的名稱來自十九世紀利用金絲雀來偵測煤礦坑裡致命沼氣的做法。在谷歌的人力營運部提出政策上的重大改變之前，通常會先向金絲雀團體徵求批評意見。金絲雀團體有點像是顧問委員會，也有點像焦點團體，成為寶貴的安全裝置，確保谷歌員工的心聲能被聽見。博克手下團隊的一名成員說明，藉由事先徵詢他們的意見，「我們最大的抱怨者成了我們最有力的代言人」。

寶麗來從不曾有系統地使用金絲雀來喊出問題。形成對照的橋水公司則被設計成一整個公司都是金絲雀。在我針對該公司所做的第一番談話中，一名前資淺員工告訴我，她在公司裡被非正式地視為礦坑裡的金絲雀。我料想此一地位會使她的前途受阻，但是在她的績效考評裡，這被強調為她的一個主要優點，讓資深主管信賴她是此一企業文化的支持者。

瑞・達利歐不想要員工向他提出解決辦法，更期望他們提出問題。他最早的一項發明是「議題登錄表」，一個大家皆可存取的資料庫，讓員工能標示出他們發現的任何問題並且評估其嚴重性。要對抗團體迷思，能讓大家注意到問題就已經成功了一半，另一半則在於聆聽「該如何解決問題」的正確意見。針對後者，橋水的程序是聚集一群可信賴的人來診斷出問題所在，分享他們的推論，並且探究其原因以及可能的解決辦法。

雖然橋水歡迎所有人提出意見，但並非每個意見都受到同樣的重視。橋水採用的不是民主方式。投票會把權力交給多數人，當少數人也許有更好的意見。達利歐解釋：「一人一票的民主式決策是愚蠢的，因為不是每個人都同樣可信。」[48]

在橋水，每個員工在各個方面都有一個可信度分數。在體育界，針對每個球員歷年表現的統計數字是公開的。在棒球界，在你簽下一名球員之前，你可以看看他的平均打擊率、全壘打數和盜壘數，評估他的長處和短處，並且據此做出調整。達利歐希望橋水也能以同樣的方式運作，於是他創造出能以統計數字顯示出每個員工工作表現的「球員資料卡」，公司裡每個人都可以去看。如果你第一次與幾名橋水員工互動，你可以看見他們過去在七十七種不同層面的紀錄，包括價值觀、技能、做高階思考的能力、做務實思考的能力、維持高水準的能力、決斷力、心胸開放而果決、組織能力與可靠度。

在定期考核週期裡，員工評估彼此的各項特質，諸如正直、勇氣、活在真實中、不畏艱難、不容忍問題存在、願意觸及敏感問題、經過爭論而取得共識、並且要求別人負起責任。在考核週期之間，員工可以向公司裡任何人提出即時而公開的意見。員工可以隨時提出觀察，他們以這些衡量標準來評量同儕、領導者或屬下，並且簡短說明他們觀察到了什麼。這些球員資料卡，創造出員工的一幅「點描圖」，結合了考核週期與點數，並且併入了員工所做的各種評量。這些卡片顯示的資訊隨著時間而改變，揭露出誰最適合擔任哪個位置，並且以綠燈和紅燈標示出「可靠」和「要小心」的領域。

當你表達出一個意見，別人會依照你在該層面是否被視為可信而加以衡量。你的可信度代表「你的想法在此刻為正確」的可能性，而且是建立在你過去的判斷、推論和行為上。在你提出觀點時，公司期望你透過「告訴聽眾你有多自信」來考量自己的可信度。如果你有疑慮，你在此一領域又不被認為可信，那你一開始就不該有什麼意見，而應該藉由提出問題來學習。如果你是在表達一份強烈的信念，那你就該坦率表達，同事們將會檢測你論點的優劣。即便如此，你也該既抱持果決又心胸開放的態度。如同管理學者卡爾・維克（Karl Weick）所建議：「提出論點時就當你是對的，聆聽時就當你是錯的。」

48 原註：自從豬灣潰敗事件，就可清楚看出以民主式投票做為決策過程的無用，因為甘迺迪總統舉行假投票，而使得持反對意見者噤聲。甘迺迪總統從這次經驗中學到教訓，在古巴飛彈危機中，他試圖讓更多的反對意見被提出來。為了防止委員會基於政治理由而偏好能取悅他的意見，他首先限制自己在決策過程中扮演的角色，此舉迫使那群人針對範圍更廣的種種可能性做出較平衡的評估。如同心理學者安德瑞亞斯・莫齊許（Andreas Mojzisch）和史提方・舒茲哈特（Stefan Schulz-Hardt）的發現：「知道旁人的偏好會降低團體做決策的品質。」其次，他們沒有一次討論一個選項，而把每個選項拿來比較和對照。有證據顯示，當團體一次考量一種選項，多數人的偏好可能會太早浮現。比較好的做法是將幾種選項排序，因為比較你的第三和第四選擇，有可能使得將改變整個決定的資訊浮現。心理學者安德瑞雅・霍林茲海德（Andrea Hollingshead）發現，當團體被指示去將幾種可能的選擇排序，而非挑出最佳選項，他們比較會去考量每個選項，針對不受歡迎的選項分享資訊，從而做出好的決定。

當原則之間有所牴觸

可是，如果幾個可信的人彼此意見不合，會發生什麼事呢？二〇一四年夏天，「橋水」進行了一次匿名調查，來找出不曾被提出的異議。當共同執行長葛瑞格・詹森（Greg Jensen）主持一場全員大會來討論調查的結果，一個名叫艾舍麗的員工表示：有些人誤解了橋水的原則。葛瑞格問她是否在這種情形發生時糾正了對方，艾舍麗提到，她最近曾指出某人對公司原則的誤解。

藉由說出她的意見，艾舍麗示範了橋水的一項原則。可是葛瑞格並未回應她發言的本質，而指出她違反了橋水的另一個原則，該原則強調員工應了解「樹」與「林」之間的差異，並且小心地行走於兩者之間。他想要她綜合談論一般該如何處理類似情況，而非要她敘述一個特定的例子。

一位名叫崔娜・索斯克（Trina Soske）的資深經理人覺得葛瑞格此舉在領導上是個壞決定。雖然他試圖遵守橋水的一條原則，崔娜卻擔心艾舍麗——還有其他人——將來也許會不敢再發表意見。在大多數的組織裡，由於葛瑞格的地位比她高，在崔娜這個位置上的經理人多半會保持沉默，只在回家時心裡想著他是個笨蛋。但是崔娜寫出誠實的意見讓全公司的人都能讀到。她稱讚艾舍麗勇敢而正直地說出意見，並且告誡葛瑞格，說他的回應「與身為執行長的你所該示範的行為正好相反」。

在一個典型的組織裡，由於高階主管葛瑞格的意見會壓過崔娜的意見，她可能會因為批評他而危及自己的前途。但是在橋水，崔娜沒有受到懲罰，而爭端的解決並非建立在權威或資歷上，也不取決於誰說話最大聲、最有力。爭端的解決從一場電郵辯論開始：葛瑞格不同意崔娜的看法，因為他自覺坦率而直接；畢竟公司的第三條原則聲明「誰都沒有權利懷著批評意見而不說出來」。但是崔娜曾聽見兩個同事在非正式的談話中批評葛瑞格的行為。她寫電郵告訴他：「使大家不敢發言所造成的衝擊，將是你看不見也聽不見的。」她擔心葛瑞格的行為將會造成團體迷思，使大家寧可保持沉默也不去質疑領導者。葛瑞格則堅持自己的立場：當別人在他的背後批評他，崔娜沒有要求同事負起責任把他們的批判意見當面告訴他。她容許他們表現得像「可鄙的小人」，從而違反了橋水的一條原則。

高階主管如此坦然面對這種經過深思的意見不合是極其罕見的，但葛瑞格接下來做的事甚至更不尋常。他寫電郵給崔娜說：「我懷疑我們是否能夠自己解決這個爭議」，並且把副本寄給管理委員會的全體成員，那是一群已建立身為領導者之可信度的同仁。達利歐說明：「那就像是同意交由一位法官或一位調停者來處理。」藉由把彼此的意見不合提交到管理委員會，葛瑞格讓「想法的好壞」來決定誰是誰非。

不過，達利歐並沒有把事情留給管理委員會來解決，而是請葛瑞格和崔娜一起合作，把他們的衝突變成一個案例來跟橋水的全體員工分享。隨著把彼此之間的辯論透明化，他們不得不去詢問彼此的看法，而非一味主張自己的觀點。當這個案例完成，葛瑞格和崔娜各自想出了一些問題來詢問全體同仁，以繼續調查的過程。

在此一爭端出現了幾個月之後，討論仍在進行，而分析小組正準備要分享有關員工反應的資料。但是「解決爭議本身在某些方面，不比了解在未來該如何解決這類爭議並且對此取得共識來得重要，」查克・威德說明，「誰也不能壟斷真理（包括我們的執行長在內）。」

我忍不住想：假如寶麗來的領導者把那些在蘭德背後談論他的立即顯影攝像機有什麼問題的人稱為可鄙的小人，該公司如今是否仍會欣欣向榮？假如美國太空總署的組織文化允許這種坦率的意見不合，哥倫比亞號那七位太空人如今是否仍會健在？[49]

就算你的組織目前並不支持這種下對上的意見回饋，舉辦批評領導者的開放季或許會是著手改變這種企業文化的一個有效方式。在Index Group這家軟體公司，執行長湯姆・傑里提（Tom Gerrity）請一位顧問當著全體大約一百名員工說出所有他做錯的事。藉由示範出他願意接受批評，全公司的員工都變得更願意質疑他，也更願意質疑彼此。我也學到了在課堂上做類似的事。在開學第一個月後，我從學生那兒收集了匿名的意見，重點放在建設性的批評和改善建議上，然後用電郵把整批意見一字不改地寄給全班同學。下一次上課時，我簡述了我所認為的主要建議，請大家針對我的詮釋提出意見，並且提議針對這些問題做出改變。學生常說這番對話使他們能更自在地為改善這門課主動做出貢獻。

使員工能自在地去質疑高階主管的，並不只是達利歐的開放態度，而是在訓練之初，員工就被鼓勵去質疑那些原則。橋水揭示出我們可以從第一天起就鼓勵開創性，而非去等待員工累積經驗。在大多數組織裡，員工的社會化是被動的：我們忙著學習工作訣竅，讓自己熟悉企業文化。等到我們跟上速度，我們已經淹沒在工作裡，開始以公司的方式來看待世界。要讓員工留心改善企業文化的機會，早期階段就是最好的時機。

幾年前，高盛銀行請我去找出能吸引並留住幹練投資分析師的措施，藉由允許他們改善自己的工作環境。我們所採行的措施當中，有一項是初進公司時所做的一場面談。與其等到員工要離職時才去問他們的想法，主管藉由面談得知新進員工在剛加入組織時的想法。要建立一段關係，趁著門還開著時，要比扯開一扇已經被甩上的門來得容易。

49 編註：哥倫比亞號太空梭災難（Space Shuttle Columbia disaster）發生於二〇〇三年二月一日，該事故造成機上所有七名太空人遇難。

真相時刻

我很想知道瑞・達利歐和艾德溫・蘭德有無相似之處，他是否也緊抓著自己的藍圖不放？如果有人質疑他的原則，他會怎麼處理？我在橋水的調查足以讓我發展出自己的批判意見。由於發掘魔鬼代言人並且在做出主張之前先徹底進行詢問，該公司在避免團體迷思上異常出色，但這並不表示他們完美無缺。

不久之後，我就在達利歐家裡，與他同坐在廚房桌旁。若是在從前，我對於說出心中想法會有所猶豫。我一向不喜歡衝突，但我用來研究橋水的時間漸漸改變了我，我在提出批判意見時變得比較直接，而且還有誰會比這位強調開誠布公的先驅更適合質疑？我向達利歐說明我漸漸相信，誰都沒有權利懷著批判意見而不說出來，而由於這是他們的企業文化所重視的，我不會口下留情。「我是不會被得罪的。」他回答，表示我可以繼續往下說。

我說假如由我來主導，橋水的那些原則將會依重要性排出高下。葛瑞格和崔娜之間的意見不合集中於兩項不同的原則：坦率說出批評意見，以及鼓勵他人坦率說出他們的意見。這兩項原則出現在同一張表上，卻沒有任何資訊顯示哪一項原則更重要。心理學家謝洛姆・施瓦茨（Shalom Schwartz）花了四十多年的時間研究價值觀，他發現價值觀的主要目的，在於幫助我們在互相衝突的選項中做出選擇。施瓦茨說明：

「數個價值觀的相對重要性左右了行動。」

我向達利歐指出，當組織未能把各種原則排出優先順序，就會損及組織的表現。由學者莎妮・佛斯（Zannie Voss）、丹・卡柏（Dan Cable）、格連・佛斯（Glenn Voss）針對一百多家專業劇場所做的一項研究中，領導者評估五項價值標準的重要性：藝術表現力（創新的劇作）、娛樂性（觀眾滿意度）、回饋社區（提供使用機會、推廣和教育）、成就（被肯定為傑出）和財務表現（財務上可行）。當領導者對這些價值標準的重要性意見不合，其程度愈強烈，劇場的門票收入及淨所得就愈少。領導者所持的原則並不重要，只要他們能針對其重要性建立共識。

我又說，組織若是有著為數眾多的原則，確定相對重要性就格外重要。華頓商學院教授德魯・卡爾登（Drew Carton）曾針對一百五十多家醫院做過一項研究，發現一個令人信服的願景雖然必要，卻不足以使醫院在醫療及財務上有穩定的表現。一家醫院強調的核心原則愈多，一個鮮明的願景能帶來的益處就愈少。如果醫院的核心價值超過四項，明確的使命就不再有助於降低心臟病發的再住院率，或增加資產收益率。你的原則愈多，員工重視的價值標準不同或是對同一種價值標準的詮釋方式不同的機率就愈大。如果在有五到十項原則時這已經是個問題，那麼在有兩百項或超過兩百項原則時，問題不就更大了嗎？

「我同意你的看法，」達利歐說，「我能看出我也許沒說清楚那些原則的確有高下之分，因為這兩百項原則並非全都相同。一項原則就只是某一類一再發生的事件，以及如何處理該事件。人生由幾十億樁這類事件構成，如果你能從那幾十億縮減至兩百五十，你就能做出連結，『喔，這是其中之一。』」

我茅塞頓開：要形容人的特質，我們有許多分類可用，但要形容情況的特質卻只有少數幾種類別可用。如今我看出，之所以制訂為數眾多的原則有其價值，但我還是想知道哪些原則最重要。

幾年前，達利歐曾被問及他的夢想是否是讓每個人都按照這些原則來生活。「不，不，不，不，不，不，不，絕對不是。拜託，真的不是。」他再三強調。「那不是我的夢想……我的頭號原則就是你必須自行思考。」

「獨立尋找真理」高居所有原則之首，但我想看到達利歐更進一步定出其餘原則的高下。對領導者來說，面對著使資淺員工不敢說出意見的風險，是公開分享自己的批評意見比較重要呢？還是自我克制比較重要？達利歐承認：「對此我應該要表達得更明確一點。」我擔心自己得罪了他，但他忽然咧嘴一笑，問道：「就只有這些嗎？你就只能做到這樣嗎？」

要說出我的另一項意見比較困難，因為那觸及「只看主意好壞」這種企業文化的核心，此一文化要求大家為正義而戰並且尋求真理。但是橋水判定主意優劣的方式沒有達到我所認定的嚴格標準。要解決像是葛瑞格和崔娜之間意見不合這種問題，達利歐的預設做法，是從兩方各找出三個持強烈意見的可信同仁，讓他們進行討論與辯論，直到他們達成一致的意見。然而此舉把決定權交給了主觀意見，而眾所周知，主觀意見做為證據有其瑕疵。評判可信度需要兼顧到測驗結果、績效考核及其他評量，但還有一個主要成分是旁人的判斷。就像一名橋水員工曾向我描述的：「你藉由其他可信之人說你可信而取得可信度。」

自從羅馬天主教會指派魔鬼代言人來和上帝代言人辯論，這幾百年來，人類發展出一個比辯論更有力的工具來解決意見不合。這個工具叫做科學。我告訴達利歐，在醫學界，專家之間普遍有共識，認為證據的品質可以依說服力分為一到六級。黃金標準是一系列經過控制、得出客觀結果的隨機實驗。準確度最低的證據是：「受尊敬之權威或專家委員會的意見。」這些標準是一新興領域的一部分，亦即建立於證據上的管理及人力分析，鼓勵領導者設計實驗並收集數據，而非僅只仰賴邏輯、經驗、直覺和對話。

假如橋水由我當家，我會藉由進行一些小型實驗來解決葛瑞格和崔娜之間的爭論。在各種會議中，大家會被隨機指派說出自己的意見。在某些情況下，領導者會批評發言者所說的話，如同葛瑞格對艾舍麗所做；在其他情況下，領導者會肯定發言者的勇氣，就像崔娜希望葛瑞格去做的那樣；而在其餘時間裡，領導者兩者都做，或兩者都不做。然後我會追蹤與會者在往後的會議中說出他們關心之事的頻率與大膽程度。這在執行上也許很難，但我至少會評估那些看見葛瑞格批評艾舍麗的人——或是對此有負面反應的人——是否變得較少提出建言。

這一次，達利歐不表同意。「我也許是錯的。」他語帶保留，但他說明他偏好由可信之人互相進行辯論這種安排，因為這是獲得正確答案最快的方式，而且能讓雙方從彼此的推論中學習。多年來他在橋水測試過各種不同的企業文化實務做法，雖然它們並非經過控制的實驗，他覺得他看得夠多，足以判斷哪種做法有用。他相信專家之間經過深思的意見不合創造出一種高效率的觀念市場，而最好的主意會隨著時間而浮現。對此，我們同意彼此意見不同。對於經過三角校正的專家意見，達利歐比我更有信心。對我來說，一個重要測試，會是指派幾個小組依賴偏重於可信度的辯論，另幾個小組則進行實驗，看看哪些小組做出較佳的決定。然後，每個小組再嘗試相反的方法並且再分析嘗試的結果。身為社會科學家，我敢說平均而言，根據實驗來做決定的小組，其表現將會勝過那些由專家之間的辯論來引導的小組。不過，只有實驗數據才能告訴我們答案。

推動者與塑造者

值得稱道的是，達利歐自己進行了一項調查。他很想了解塑造這個世界的人，並且渴望了解這些人有什麼共同點，因此他訪問了當代許多具有影響力的開創者，並且研究了從富蘭克林、愛因斯坦到賈伯斯等歷史人物。當然，這些人全都充滿動力而且富有想像力，但引起我好奇的，是達利歐列出的另外三種特質。「塑造者」是獨立思考的人：好奇、不同流俗、而且叛逆。他們實踐一絲不苟、無階級之分的誠實，而且在面對風險時行動，因為他們對不成功的恐懼大於對失敗的恐懼。

達利歐本身就符合這個描述，而如今他所面臨的困難，是找到另一個塑造者來交棒。如果沒找到，橋水也許會像寶麗來的立即顯影照片一樣消失。但達利歐知道避免團體迷思不僅只關乎單一領導者的遠見。最偉大的塑造者不僅把開創性帶到這世上，也創造出能在其他人身上釋放出開創性的組織文化。

CHAPTER

8

挑戰現狀但維持穩定

處理焦慮、冷漠、矛盾及憤怒

我學到了勇敢並非無所畏懼，
而是戰勝了恐懼……
勇者不是不會感到恐懼的人，
而是戰勝恐懼的人。

曼德拉
前南非總統

二〇〇七年，一個名叫路易士・皮武（Lewis Pugh）的律師跳進北極海，身上僅僅穿戴泳褲、泳帽和蛙鏡。此時冰層已經融化，不再堅固結凍，而他計畫成為成功長泳橫渡北極的第一人。皮武在英國和南非成長，曾在「英國特種空勤隊」服役，也擔任過海事律師，後來成為地球上最傑出的冰水泳者。兩年前，他打破了北極寒海長泳的世界紀錄，也在同一年打破了南極的紀錄，從一座冰山上跳進南極海，游了整整一公里。

皮武被稱為「人類北極熊」，能做到一件從沒有人能做到的奇事：在游泳之前，他的核心體溫會從攝氏三十七度上升至三十八點三度。他團隊裡的運動科學家為此打造了一個新詞「預先生熱」（anticipatory thermogenesis），這似乎是幾十年巴夫洛夫式制約學習行為的結果：到了要潛入冰水中的時候，他的身體就會自動做好準備。皮武稱之為「自我加熱術」。不過，不同於世上許多頂尖運動員，他並不只想成為世界第一或是挑戰極限。他是個護衛海洋的環保人士，他希望以游泳來提高大家對氣候變遷的重視。

「鐵達尼號」的乘客在攝氏五度的海水裡送命。皮武去游南極海時，海水的溫度是攝氏零度，亦即淡水的冰點。在北極，他所面對的海水溫度甚至更為致命：低於攝氏零下一點六度。一名英國探險家在掉進那個溫度的海水之後，才三分鐘就由於凍傷而失去了好幾根手指，而皮武的工作團隊預估他這趟游泳需要將近二十分鐘。進行這項壯舉的兩天前，皮武下水練泳五分鐘，事後他的整個左手和右手的五根手指都失去知覺，過了四個月才恢復。他不但手指細胞破裂了，還呼吸急促，出現換氣過度的症狀。

皮武開始預見失敗，而非預見成功。他想：極深的海水通常不會令我害怕，可是這次不一樣。假如他失敗了，他就會死，而他的身體將會沉到四公里深的北極海底。恐懼麻痺了他，他開始懷疑自己能否生還。以他當時的情況，想像最理想的情境是否會比較好呢？

本章要檢視，我們抗拒主流時所涉及的情緒波動。我曾在一家醫療公司做過研究，檢驗員工知道多少情緒管理的有效策略，把他們的回答和專家的意見相比較，針對處理棘手情緒的最佳方式，像是碰到被降職、在做重要簡報前感到緊張、因犯錯而受責備、同事工作品質欠佳。那些在情緒管理測試中表現優異的員工，更常提出意見和建議來挑戰現狀，而這也使得主管對他們做出更有效能的評價。他們鼓起了勇氣去挑戰現狀，同時掌握了保持穩定的技巧。

要了解這些技巧，我將思考皮武如何熱身，勇敢面對冰冷的海水，還有金恩博士如何使民權運動人士保持冷靜。我也將探討一群民運人士如何推翻一個獨裁者，以及一位科技公司領導人如何說服工程師去改造他們的產品。研究有效管理情緒的策略能讓你得知在做計畫時，何時當個樂觀主義者比較好，何時當個悲觀主義者更合適。你也將得知使自己冷靜下來是否就能對抗恐懼，發洩情緒能否熄滅怒火，還有當成功機率不利於你的時候，要如何才能保持決心。

負面思考的正面力量

雖然許多開創者外表看起來像是信念和信心的燈塔，他們的內心卻充滿了矛盾和自我懷疑。當美國政府的傑出領導人們描述自己做過最困難的決定，他們說令他們感到掙扎的不是錯綜複雜的問題，而是做出需要勇氣的抉擇。由萊斯大學史考特・索能翰教授（Scott Sonenshein）所主持的一項新研究指出，即使是最投入的環保人士也時時在對抗心中的懷疑，不知道自己能否達成使命。選擇挑戰現狀是場艱難的戰役，而且一路上勢必會遭遇失敗、阻礙和挫折。

心理學者茱莉・諾倫（Julie Norem）研究了應付這些挑戰的兩種不同策略：策略性樂觀（strategic optimism）和防衛性悲觀（defensive pessimism）。策略性樂觀者預期最理想的狀況，保持冷靜並且設定很高的期望。防衛性悲觀者則預期最糟的情況，感到焦慮，並且想像所有可能會出錯的事。如果你是個防衛性悲觀者，在做一場重要演講的一週前，你會說服自己你注定會失敗，而且不只是普通的失敗：你會在台上摔一跤，然後忘記所有要說的話。

大多數人會假定當個策略性樂觀者比較好。然而諾倫發現，雖然防衛性悲觀者在分析、口語及創造性任務上表現得比較焦慮而且缺少自信，但他們的整體表現就跟策略性樂觀者一樣好。諾倫寫道：「起初我納悶這些人怎麼能表現得這麼好，儘管他們態度悲觀。不久之後，我漸漸明白他們之所以表現得這麼好，是因為他們的悲觀。」

在一項實驗中，諾倫和同仁請受試者投擲飛鏢。在擲飛鏢之前，他們被隨機指派去想像一次完美的表現、一次糟糕的表現，或是放鬆心情。防衛性悲觀者在想像過負面結果之後投擲飛鏢的準度，要比想像正面結果或是放輕鬆時高出百分之三十。在另一次實驗中，在一項需要專注力及準確度的任務上，比起事先被告知他們應該會表現得不錯，防衛性悲觀者在沒有受到鼓勵時的準確度高出百分之二十九。（相同的鼓勵話語卻使策略性樂觀者的準確度提高了百分之十四。）在準備做一次需要在腦中做加減法的心算測驗時（例如計算23－68＋51），防衛性悲觀者如果列出在測驗中可能發生的最糟情況以及他們會有什麼感受，比起去分散自己的注意，他們的得分會高出百分之二十五。

諾倫解釋：「防衛性悲觀是一種在特定情況下用來處理焦慮、恐懼和擔憂的策略。」當自我懷疑悄悄浮上心頭，防衛性悲觀者不會讓自己被恐懼癱瘓。他們刻意想像出一個災難性局面來加強自己的焦慮，並且將之轉化為動力。一旦考慮過最壞的情況，他們就一心想要避免讓最壞的情況發生，會考慮每一個相關細節，以確保自己不會一敗塗地，這使得他們能有一種「事情操之在我」的感覺。他們的焦慮在事前已經達到最高點，因此當事到臨頭，他們已準備好要成功。他們的信心並非源自於不知困難將至，而是來自務實的評估和詳盡的計畫。倘若沒感到焦慮，他們就會變得自滿；受到鼓勵則會使他們打消做計畫的念頭。如果你想破壞防衛性悲觀者的表現，只要讓他們開心就行了。

路易士・皮武通常是個樂觀者，能在旁人沒看出機會的地方看出機會，在其他人會放棄時堅持下去。不過，在進行重要的游泳之前幾週，他的準備方式往往像個防禦型悲觀者。他的動力主要不是來自自己團隊的高度期望，而來自那些不看好他的人對他的勸阻。兩年前，在準備那次打破紀錄的北極長泳時，他的動力來自於有個喜愛戶外活動的人，跟他說他不可能做到，說他會因此而死。在進行一次重要的游泳之前，他提醒自己去想那些不看好他的人，想像他們得意洋洋地看著自己的朋友，表示他不可能做到。他寫道：「身為第一個從事一項游泳的人，要比當第二個難上好幾倍。你不知道會發生什麼事。那份恐懼可以令人癱瘓。」

當皮武發著抖站在北極，他的本能警告他「災難即將展開」。但他沒有嘗試要樂觀起來，而發現他的負面思考「顯示出事情可能會在哪裡出錯，讓我不再自滿」。想像最糟的局面驅使他去做完善的準備，減低每一種可能的風險。[50]他開始擬訂計畫，減少游泳前待在冰上的時間，並且在游泳後立刻回到船上。他提到：「訣竅在於，讓恐懼成為你的朋友。恐懼會逼你去做更嚴謹的準備，並且更早看出潛在的問題。」那是重要的一步，但還不足以讓他堅持下去。在下文中，你將會看見，如果投入任務的決心很堅定，防衛性悲觀就是個寶貴的資源。可是當你的決心動搖，焦慮和懷疑就會造成反作用。

「不停地相信」

如果請一般人列出自己害怕的事，有一件事往往比死亡更常被提到：當眾演說。諧星傑瑞・賽恩菲爾德就曾開玩笑地說：「如果你必須參加一場葬禮，躺在棺材裡要勝過上台講悼詞。」

如果想要了解該如何應付恐懼，我們用不著去威脅別人的生命，只需要威脅讓他們上台。哈佛商學院教授艾莉森・布魯克斯（Alison Wood Brooks）請大學生發

50 原註：研究顯示，當美國總統的就職演說強調對未來的正面想法，他們任期內的就業率和國內生產總值就會衰退。當總統過於樂觀，經濟就會轉壞。負面想法可以讓我們去注意潛在的問題，缺少負面想法，則預示出我們不會做出預防及改善措施。

表一番具有說服力的演說，說說自己為何會是很好的工作夥伴。觀眾中坐著一個愛挑剔的實驗者，而所有的演說都將被錄影下來。事後將召集一個由同學組成的委員會，來評估每位講者的說服力和自信。在只有兩分鐘準備的情況下，許多學生顯然在發抖。

假如你處於這種情況，你會如何應付自己的恐懼？當布魯克斯請三百個美國上班族針對此事提出建議，最常見的勸告是「試著放鬆並且冷靜下來」。這是最顯而易見的建議，有九成以上的職業人士贊成。但這並非最佳建議。

在那些大學生發表演說之前，布魯克斯請他們大聲說出一句話。她隨機指派他們說出「我很冷靜」或是「我很興奮」。

冷靜相對於興奮，單是這一個詞就足以明顯改變他們演說的品質。當學生把自己的情緒歸類為興奮，他們的演說在說服力上得到的評分要比聲稱自己冷靜的學生高出百分之十七，在自信上的評分則高出百分之十五。把恐懼改稱為興奮也給了講者動力，使他們的演說長度平均增長了百分之二十九，讓他們有勇氣在台上多待三十七秒。在另一項實驗中，當學生在做一次困難的數學測驗之前感到緊張，如果有人對他們說「試著感到興奮」而非「試著保持冷靜」，他們的得分就會高出百分之二十二。

可是，把恐懼改稱為興奮，是對付緊張的最佳辦法嗎？為了弄清楚是否乾脆承認焦慮會比較好，布魯克斯給了學生另一件令人害怕的任務：請他們公開演唱八〇年代的搖滾樂。

站在一群同學面前，學生對著麥克風大聲唱出〈不停地相信〉（Don't Stop Believin）這首歌。任天堂遊戲主機Wii上的一個聲音辨識軟體，會依準確度從零到百分之一百替他們的演唱評分，評估其音量、音高和音長。得分高的人就會贏得一筆獎金。在他們開始唱之前，她隨機指派學生去說「我很焦慮」或「我很興奮」。

一個控制組在演唱之前什麼也沒說，他們的準確度得分平均為百分之六十九。把自己的情緒歸類為焦慮使得準確度降至百分之五十三。那並未幫助他們接受恐懼，反而加深了他們的害怕。把自己的情緒稱之為興奮則足以使準確度竄升至百分之八十。

若要克服恐懼，為什麼「感到興奮」的效果要勝過「試圖讓自己冷靜下來」？恐懼是一種強烈的情緒：你能感覺到自己一顆心怦怦亂跳，感到全身血液在竄流。在這種狀況下，試圖放鬆就好比在汽車時速一百二十公里時猛踩煞車。汽車的衝力仍在。與其試圖壓抑一種強烈的情緒，將之轉化成另一種情緒會比較容易——一種同樣強烈、卻會促使我們踩下油門的情緒。

在生理上，我們有一個「停止系統」（stop system）和一個「發動系統」（go system）。《安靜，就是力量》一書的作者蘇珊・坎恩（Susan Cain）解釋：「停止系統使你放慢速度，也使你小心警戒；發動系統則會使你加速，令你興奮。」與其按下停止鍵，我們可以藉由按下發動鍵來刺激自己在面對恐懼時採取行動。恐懼在於對未來沒有把握：我們擔心某件不好的事將會發生。但是由於事情尚未發生，也有可能會有好結果，不管機會多小。我們可以把專注力放在前進的理由上而踩下油門——我們對於豁出去唱歌所感到的那一絲興奮。

當我們尚未全心投入一件特定的行動，防衛性悲觀者的思考方式可能有害。由於我們尚未打定主意要往前衝，去想像悲慘的失敗只會啟動焦慮，引發「停止系統」，讓我們猛踩煞車。藉由去看事情的光明面，我們會提起熱忱並且啟動「發動系統」。

然而，一旦我們決定了行動路線，當焦慮悄悄浮現，採用防衛性悲觀者的思考方式並且正視焦慮就比較好。在這種情況下，與其試圖把擔憂和懷疑轉化成正面的情緒，我們不妨藉由接受自己的恐懼，進而把「發動系統」轉換至更高檔次。由於我們已經下定決心要奮力前進，去想像最糟的局面，能使我們能把焦慮轉化為動機，讓我們做好準備並且成功。神經科學上的研究指出，當我們感到焦慮，未知的情況要比負面的情況更令人害怕。如同茱莉・諾倫的描述，一旦想像過最糟的局面，「他們就感到更能控制情況。在某種意義上，他們的焦慮在自己做出實際表現之前就已經達到高峰。等到他們著手去做那件事，他們幾乎已經把一切都料理妥當。」

在之前的每一次冰水游泳中，路易士・皮武都懷著堅定的信念，相信自己會成功，因此防衛性悲觀者的策略能發揮效果：分析潛在的危險，使他盡可能做好萬全的準備。在北極，此一做法起初發揮了效果，可是在那趟災難性的試游之後，「我的信念系統破碎了……如果在這水裡待上五分鐘就對我的雙手造成了這種疼痛和傷害，待上二十分鐘會有什麼後果？」他擺脫不了自己可能會死在這趟游泳中的恐懼：「那趟愚蠢的試游給我的感覺跟我以前有過的任何感覺都不一樣。我不相信我能做到。」

當他的決心動搖，就該是擺脫防衛性悲觀的時候，改而專注於做這趟游泳的理由，以啟動「發動系統」。一個朋友給了他三個能使他振奮的點子：第一，他們將沿途插上各國國旗做為標誌，來提醒皮武，他這躺游泳之所以能夠成行是多虧了來自十個不同國家的二十九人的協助。在進行前幾趟游泳時，皮武是受到「那些不看好你的人的驅策」，而現在，他朋友要他「專注於那些相信你、激勵你的人」。第二，他應該回想一下父母如何鼓勵他重視環境保護。第三，他應該向前看，想想他在對抗氣候變遷一事上能留給後人的東西。皮武回想：「聽他這麼說之後，中止這躺游泳的念頭就消失了。」他潛入冰冷的海水，開始逆流而游。十八分鐘又五十秒之後，他成功游完全程，而且身體沒受到任何損傷。三年之後，他游泳橫渡了聖母峰上最高的湖泊。

皮武最大的阻礙，在於管理自己的恐懼，而許多開創者必須應付旁人的情緒。當其他人害怕採取行動，我們該如何啟動他們的發動系統？

二〇〇九年夏天，十五名年輕觀光客去塞爾維亞的首都貝爾格勒朝聖。他們的導遊是個三十多歲、瘦瘦高高的塞爾維亞人，帶著他們在市區廣場繞了一圈之後，他講了些故事給他們聽，關於這個國家最近的歷史：高漲的馬鈴薯價格、免費搖滾音樂會、與鄰國之間的戰爭。然而當導遊在評論塞爾維亞時加入了英國喜劇團體蒙提派森式的幽默和《魔戒》作者托爾金的想像力，[51]那群觀光客漸漸不耐煩起來。他們並非普通遊客，而是到貝爾格勒來學習如何推翻自己國家的獨裁者。

為了找出對抗暴君的方法，他們問導遊，他國家的人當年如何使塞爾維亞的獨裁者米洛塞維奇下台。[52]導遊告訴他們：你不需要去冒大的風險，可以在一些小地方表現你的反抗，例如開車開得比平常慢，把一堆乒乓球扔到街上，或是把食物色素放進噴泉，讓泉水變色。那群外國人嘲笑他的建議：這種無足輕重的行動在鐵幕上連個凹痕都不會留下。一個男子堅稱：這在我們的國家永遠不可能發生。一個女子提出質疑：獨裁者會乾脆把我們除掉。如果他規定三人以上的集會就不合法，我們要怎麼計畫一場革命？

他們並不知道，但是這些反對意見這個導遊以前全都聽過。他在二〇〇三年從喬治亞民運人士口中聽過，二〇〇四年從烏克蘭民運人士口中聽過，二〇〇五年從黎巴嫩的民運人士口中聽過，二〇〇八年則從馬爾地夫的民運人士口中聽過。而在每一個例子中，他們都克服了恐懼和冷漠，打倒了自己國家的獨裁者。

他們全都是斯爾賈・波波維奇這個導遊訓練出來的。

波波維奇是「抵抗組織」背後的智囊之一，那是推翻了米洛塞維奇的青年非暴力草根運動。十年前，他經歷了種族驅逐和戒嚴令，在他母親的房屋被轟炸時嚇得目瞪口呆。他曾經被捕入獄，也曾被毆打。當一名警察把一支手槍塞進他嘴裡，他看見自己的一生從他眼前閃過。

當心理學者丹・麥克亞當斯（Dan McAdams）和同仁請成年人敘述自己的人生故事，並且描繪他們一生的情緒軌跡，他們發現了兩種不同的可取模式。有些人有著持續的愉快經驗：他們一生中大部分的時候都感到心滿意足。被認為對社群做

51 編註：蒙提派森（Monty Python），是英國的一組超現實幽默表演團體。其創作的英國電視喜劇片《蒙提派森的飛行馬戲團》，於一九六九年十月五日在BBC上公開播出，一共播出了四季，共計四十五集。

52 編註：斯洛波丹・米洛塞維奇（一九四一～二〇〇六），南斯拉夫和塞爾維亞政治人物，曾擔任塞爾維亞總統、南斯拉夫聯邦共和國總統、塞爾維亞社會黨創始人和領導人等職。於二〇〇一年遭逮捕，二〇〇六年在海牙前南斯拉夫問題國際刑事法庭被以戰爭罪、危害人類罪和種族滅絕罪等罪名進行審判。二〇〇六年三月十一日，米洛塞維奇被發現在海牙聯合國拘留所牢房的床上死亡。

出開創貢獻的那些人則分享了更多先苦後甘的故事：他們早年辛苦，後來卻獲得成功。雖然遭遇過更多負面的事，他們卻對自己的生活更為滿意，也有更強的使命感。他們並非一直享受著好運氣，但經歷了苦盡甘來的奮鬥過程，他們認為這是一種更有價值的美好人生。開創性使道路變得比較崎嶇，卻也帶給我們更多快樂，讓我們覺得人生更有意義。波波維奇說：「真正的革命並非災難式的爆炸，而是在控制下的長期燃燒。」

波波維奇與一群朋友合作，領導了推翻米洛塞維奇的運動，替塞爾維亞帶來了民主，在那之後，他致力於訓練民運人士去領導非暴力革命。二〇一〇年，他在一年前訓練的那十五個外國人用他的方法打倒了埃及的獨裁者。並非每個團體都能成功，但我們可以從波波維奇的做法中學到如何去戰勝恐懼、克服冷漠、宣洩憤怒。他的第一個步驟和一位科技界領導人處理員工恐懼的方式有相似之處。

把激勵人心的工作外包

二〇〇八年二月，喬許・席爾弗曼（Josh Silverman）接掌了Skype，當時該公司正面臨很大的挑戰。Skype開創了電腦與電腦之間的免費通話，以及電話與電腦之間的廉價長途電話，因此快速成長，但公司沒能繼續維持這份成長，員工士氣卻大幅下跌。席爾弗曼決定在一項開創功能上豪賭一番：全螢幕視訊通話。四月時，他宣布了一個大膽的目標，要在年底推出能做視訊通話的Skype 4.0。席爾弗曼回憶：「當時許多員工流露出強烈的負面情緒。許多人認為這個改變太大，認為我們將會毀掉公司。」他們擔心期限太短，影像品質欠佳，而使用者會討厭全螢幕模式。

席爾弗曼沒有試圖讓他們冷靜下來，而決定藉由提出Skype的一個願景來激勵員工，激起他們對影像的熱情。在一系列全員大會中，他強調該項產品能對世人生活產生的影響，傳達出一份願景，後來他在與演員及投資人艾希頓庫奇談話時做了正式說明：「重點不在於打便宜電話，而在於當你們不在同一個房間時仍然能在一起。」

當開創者想出一個願景來把焦慮轉化為興奮，他們通常會攬下傳達這份願景的責任。然而，點子是你的並不表示你就是啟動發動系統的最佳人選。在一系列實驗中，大衛・霍夫曼和我發現，要傳達一份願景，最能激勵人心的方式，是把這個任務外包給那些實際上受益的人。想想那些負責替大學募款的人，對於要打電話給校友、打擾他們用餐、請他們捐款，這些募款員往往非常緊張。當兩名主管熱情地對他們說起他們募到的錢能夠造成什麼改變，這些電話募款員的工作效果並未提升。

然而，當主管把激勵募款員士氣的工作交給一名領獎學金的學生，募款員平均募得的金額就提高了三倍多，那名學生敘述募款員的努力使得他能負擔得起大學學費，並且去中國留學。在那名學生說這番話之前的那兩週裡，募款員平均募得的金額不到兩千五百美元，而在他說這番話之後的那兩週裡，募款員平均募得的金額就超過九千七百美元。[53]他們對主管心存懷疑，因為主管顯然有隱而不宣的動機，想說服他們更努力工作。當同樣的訊息來自一名拿獎學金的學生，就讓他們覺得更可信、更誠實、更真切。他們對那個學生產生共鳴，因此對於募款不再感到焦慮，而對於能募得更多捐款來幫助更多像這樣的學生感到興奮。

不過，這並不表示領導者需要完全置身事外。在後來的研究中，我發現先由領導者描述出願景，再邀請一名顧客以個人故事替這個願景注入生命，就能激勵員工發揮最高表現。領導者的訊息提供了一個宏大的願景來使車子發動，使用者的故事則提供了情感上的號召來踩下油門。

在Skype，席爾弗曼知道要啟動發動系統的最佳方式不是只透過他所說的話。他先談起Skype使他自己的小孩能和祖父母建立起深厚的關係，雖然他們所住的地方遠在八個時區以外，然後他在公司的全員大會上固定邀請Skype的使用者來講話，替他的願景注入生命。一對已婚夫妻分享他們在訂婚期間曾經有一年分隔兩地，「全靠著每天用Skype通話」來維繫情感。一名軍人說起他被派駐在伊拉克時靠著Skype來維持親密的親子關係，他們甚至一起拆開聖誕禮物。席爾弗曼說：「把顧客帶進來，使員工和自己的使命產生連結，打動了他們的心和腦。這有助於讓員工看出我們能對世界造成多大的影響。」

因為明白Skype的重點在於連結人群，公司團隊的焦慮被興奮取代。他們受到鼓舞，要打造出能促成更多有意義之交談的視訊功能，如期推出能做高品質、全螢幕視訊通話的Skype 4.0。沒多久，Skype的使用人數就每天增加三十八萬，到了那一年最後一季末尾，用戶使用Skype做電腦到電腦通話的三百六十一億分鐘裡有三分之一以上都是視訊通話。在席爾弗曼分享他的願景並且讓使用者來激勵工作團隊之後不到三年，微軟就以八十五億美元收購了Skype，公司市值成長了三倍。

在塞爾維亞，波波維奇和朋友藉由把激勵士氣的工作外包而發動了「反抗」組織

53原註：我們想要證明即使訊息不變，出自一個受益人口中還是會比出自主管口中更為有效。因此，在下一個實驗裡，我們請受試者校訂一名外籍研究生所寫的一篇論文，文章裡有許多文法上的小錯誤。我們說明這是為了一項計畫，該計畫協助外籍學生改進他們的論文，好讓他們找到工作。為了舉例說明這種校訂可以造成差別，我們隨機指派受試者觀看一段影片的兩個版本，影片中是同一名女子說起一個學生在接受了此計畫的協助之後得到了三個工作機會。該女子自我介紹她名叫皮莉雅・帕托，在一個版本中她自稱為此一計畫的負責人，在另一個版本中則自稱是受惠於此計畫的學生。看見負責人說起該計畫的成效沒造成任何差別：平均而言，該組受試者在論文裡找出的錯誤少於二十五個，就跟根本沒看影片的控制組一樣多。可是當她自稱為受惠於此計畫的學生，該組受試者平均挑出的錯誤就有三十三個，提高了百分之三十四。我們也給受試者機會去自由地寫點意見給那名學生，並且請獨立的評分者來評估這些意見有多少建設性和幫助。比起看見負責人發言之影片的受試者，看見受惠者影片的人所給的意見較佳，得分高出百分之二十一。

的革命。他們知道單是一個具有群眾魅力的領導者所說的話不足以戰勝暴力獨裁者的恐怖統治。許多有資格領導的人選過於害怕，不願意危及自己的性命，而就算他們能找到一個，米洛塞維奇也可以藉由除掉那個勇敢的人來壓制反抗。於是，波波維奇他們沒有指派一名領導者來啟動發動系統，而把激勵士氣的工作交給一個標誌：一個握緊的黑色拳頭。

這番努力始於一九九八年秋天，那時波波維奇和他的朋友還是大學生。他們用噴漆在市區廣場四周畫了三百個握緊的拳頭，並且在貝爾格勒各處的建築物上貼上有此圖像的貼紙。他說，如果沒有這個拳頭，那場革命就絕不會發生。

二〇一〇年春天，在訓練了那批埃及民運人士之後一年，波波維奇在一個報攤前面

猛然停下腳步。「反抗」組織那個握拳標誌出現在一份報紙的頭版，在一張照片中一名女子拿在手裡的海報上，上方的標題是：「這個拳頭撼動了開羅！」那些埃及民運人士選擇把激勵士氣的工作交給同一個標誌來刺激自己的發動系統。這個拳頭為何會具有如此強大的激勵力量？

少數的力量

在一個經典實驗中，心理學家所羅門・阿希（Solomon Asch）請受試者判斷幾條不同線段的長度。想像你和另外七個人被帶進一個房間，展示給你們看的是下面這個圖像：（圖左）

你的任務是看看左邊那個線段，然後決定與它長度相同的是線段A、B還是C。正

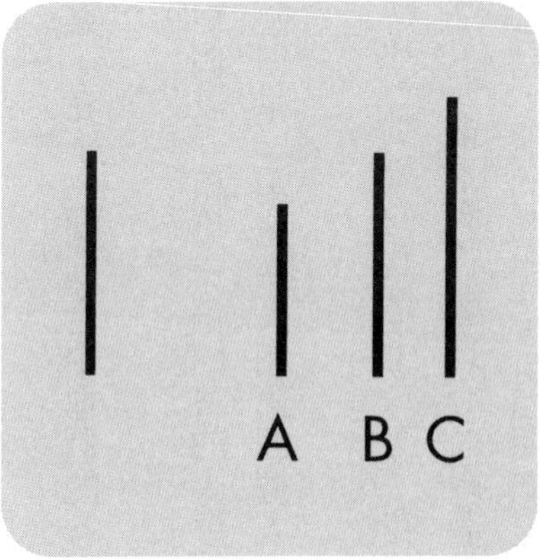

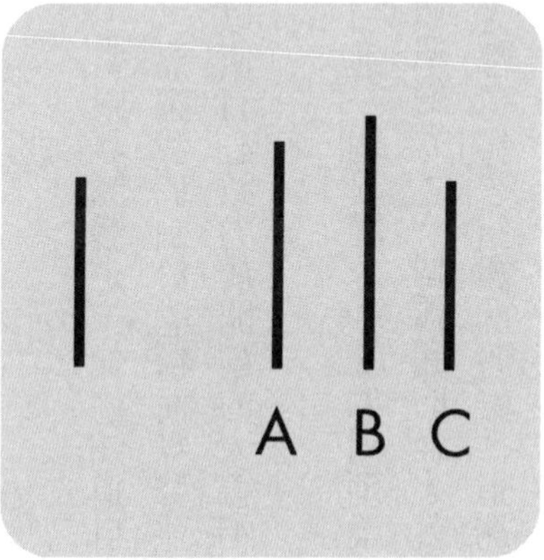

確答案顯然是B，而同組的每個人都給出了這個答案。在下一個回合中你們的答案也都相同。然後來了第三個測驗：（圖右）

這一次，正確的答案顯然是C。可是很奇怪，你們這一組第一個回答的人堅持答案是B。當第二個回答的人也說是B，你驚訝得目瞪口呆。第三個人和第四個人也都說答案是B。這時你會怎麼回答呢？

你這組當中的其他人是跟研究團隊串通好的同謀。試驗一共是十八次，在其中十二次，其他人被指示故意說出錯誤的答案，來確定你會不會昧著良心而跟著多數走。在超過三分之一的次數中，受試者會追隨主流意見：他們選擇了自己明知道長度並不相符的那個線段，只因為小組中其他人做了這樣的選擇。四分之三的受試者至少有一次會追隨眾人而給出錯誤的答案。

當人們個別接受測試，他們幾乎從來不會出錯。當跟著團體走，他們知道自己給的答案不正確，但卻害怕說出別的答案會受到嘲笑。要讓我們由於恐懼而噤聲並不需要一個暴力的獨裁者。單是獨自持有一種意見就足以使有心致力於開創的人害怕到去追隨大眾。

要鼓勵大家不去追隨多數，最簡單的方法就是引進一個異議分子。如同創業家德瑞克・席佛斯（Derek Sivers）所說：「有了第一個追隨者，一個孤獨的怪人就搖身一變成了領袖。」如果你跟七個人在一起，其中六人都選擇了錯誤的答案，但剩下那一人卻選擇了正確的答案，你會追隨多數的可能性就大幅降低，答錯的次數從百分之三十七降至百分之五點五。阿希寫道：「只要有一個同伴支持你，就大大減少了多數人帶來的壓力。」

單是知道自己不是唯一的反抗者，就使得拒絕追隨多數變得容易許多。即使人數少，情感的力量仍舊存在。用著名人類學家瑪格麗特・米德（Margaret Mead）的話來說：「絕不要懷疑一小群深思的公民能夠改變世界；其實，唯一改變過世界的就是他們。」要感覺你不孤單，你並不需要一大群人來加入你。席嘉・巴薩德（Sigal Barsade）和哈坎・奧茲西利克（Hakan Ozcelik）所做的研究顯示，在企業和政府組織裡，只要有一個朋友就足以大幅減少孤獨感。

如果你想要別人去孤軍奮戰，你得讓他們知道他們並不孤單。這就是「反抗」運動和另外幾場革命成功的第一個秘訣。當波波維奇和朋友讓那個拳頭在貝爾格勒到處出現，他們還加上了一些標語，像是「起來反抗，因為我愛塞爾維亞」、「智取體制」、「反抗直到勝利！」在那之前，私底下反對米洛塞維奇的塞爾維亞人害怕當眾表現出反對。而看見反抗組織那個拳頭標誌讓他們明白，還有其他人願意挺身而出。後來，當該運動的成員被逮捕，警察問他們主使人是誰，波波維奇和朋友訓練他們回答自己是「反抗組織的兩萬名領袖之一」。

在世界各地，靠著表示出背後有更大之團體支持的小型行動來啟動發動系統，反抗運動幫助了眾人戰勝恐懼。在訓練那批埃及民運人士時，波波維奇分享了一個發生在一九八三年的故事，當智利礦工發動一場抗議活動來反對當時的獨裁者皮諾契特將軍。他們沒有冒險進行罷工，而呼籲全國人民藉由把燈光一開一關來表示反抗。大家並不害怕這麼做，而且他們很快就看見鄰居也不害怕這麼做。那些礦工也慫恿大家慢慢開車。計程車司機放慢了車速，公車司機也一樣。沒多久，行人在街上也以慢動作行走，開汽車和卡車的人以蝸速行駛。波波維奇寫了那本鼓舞人心的《革命藍圖》（Blueprint for Revolution），在書中他說明在眾人採取這些行動之前：

> 大家害怕公開談論對皮諾契特的厭惡，因此，如果你討厭那個獨裁者，你也許會以為自己是唯一一個討厭他的人。智利人曾說緩慢開車這類手段使得大家明白「我們是多數，他們才是少數」。而妙就妙在那樣做一點也不冒險：慢慢開車就連在北韓也不算違法。

在波蘭，當民運人士反對新聞裡充斥著政府的謊言，他們知道單單只是關掉電視無法讓同胞知道他們準備好起而抗議，於是他們把電視機放在手推車上遊街。沒多久，同樣的事就發生在波蘭各地的城鎮，而反對黨最終贏得了政權。在敘利亞，民運人士把紅色的食物色素倒進大馬士革各廣場上的噴泉裡，象徵著人民不會接受獨裁者阿塞德的血腥統治。大家不必面對身為隻身反抗者突出於人群中的那種恐怖，而能夠把自己視為一個團體的成員。當叛逆感覺上像是一種追隨多數的行為，要叛逆就容易得多。既然其他人也參與了，所以我們也不妨加入。

在塞爾維亞，「反抗」組織找到了一種巧妙的方法來啟動發動系統。國家當時的處境是如此悲慘，要培養興奮之情並不容易。波波維奇和朋友有辦法把恐懼轉化成另一種強烈的正面情緒：歡樂。拋開像甘地之類的偉大道德領袖那種嚴肅、堅毅的舉止，「反抗」組織用幽默感來吸引盟友並顛覆敵人。他們送生日禮物給米洛塞維奇：一張去荷蘭海牙的單程車票，讓他為了戰爭罪行去國際法庭接受審判，還有一副手銬和一套囚服。為了慶祝月蝕，他們邀請在市區購物的人從一具望遠鏡看出去，所看見的是米洛塞維奇月蝕般的臉。後來，「反抗」組織用有著米洛塞維奇肖像的T恤製作了一支廣告。一個婦人站在洗衣機旁說：「十年來我都想洗掉這塊汙漬。相信我，我什麼都試過了。不過現在有了一款新型洗衣機，有一種強效洗程……可以永久清除這種汙漬和類似的汙漬。」在另一個場合，當群眾聚集在一起，一名「反抗」組織成員抓起麥克風宣布：

> 我們此刻在尼什警察局前面報導。這是一個恐怖分子的實例，在塞爾維亞和黑山共和國的邊境上。這名恐怖分子身高大約六尺，穿著恐怖組織「反抗」的T恤。他戴著眼鏡，這表示他書讀得很多。讀很多書在這個國家是危險的，所以請大家小心提防。

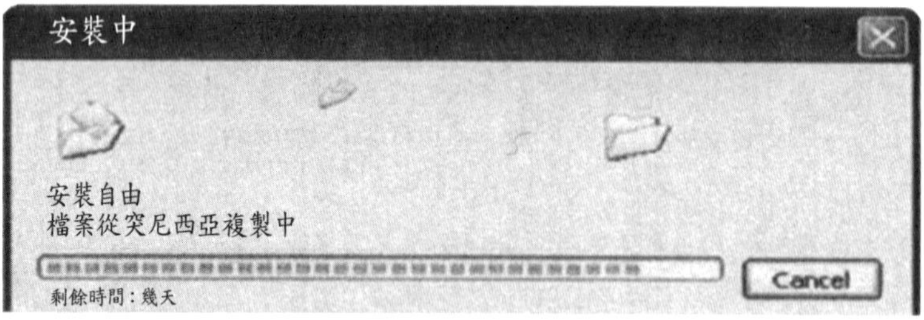
安裝中
安裝自由
檔案從突尼西亞複製中
Cancel
剩餘時間：幾天

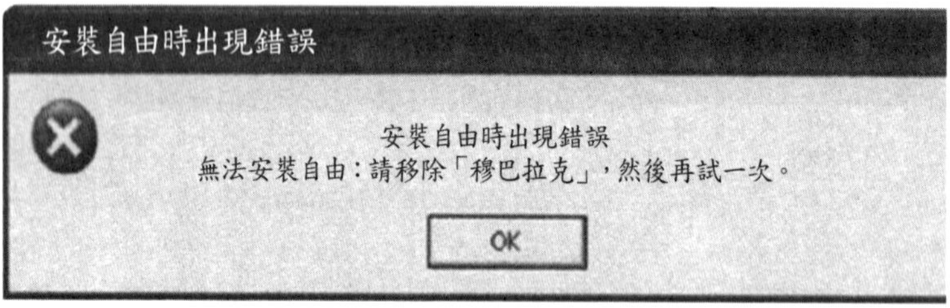
安裝自由時出現錯誤
安裝自由時出現錯誤
無法安裝自由：請移除「穆巴拉克」，然後再試一次。
OK

波波維奇在他舉辦的講習會裡訓練革命分子用幽默感來對抗恐懼。在他花了時間訓練那些埃及民運人士之後不久，一個圖像開始在埃及流傳——諧仿微軟Window的程式安裝對話框。（上圖）

另外加上一個表示錯誤的對話框。（下圖）

當這個圖像流傳開來，恐懼漸漸消失。當你嘲笑你反抗的對象，在直言不諱時就不容易感到害怕。

波波維奇把有效展現幽默稱之為「使對手進退兩難的行動」（dilemma actions）：使壓迫者陷入左右為難的雙輸局面。在敘利亞，民運人士在幾千個乒乓球上印上「自由」、「忍無可忍」等口號，再把這些乒乓球倒在大馬士革的街道上。波波維奇說，當敘利亞人聽見這些乒乓球跳動的聲音，他們知道「非暴力的反對人士正把手指戳進阿薩德政權的眼睛」。沒多久，警察就出現了，「氣呼呼而且氣喘吁吁地在首都四處搜索，把那些乒乓球一個個撿起來」。波波維奇說明：「警察似乎不明白那些乒乓球只不過是這齣鬧劇中的道具。身為當政者的執法人員，他們自己才是擔綱演出小丑的主角。」

我們很容易就能看出用這種幽默感來對抗不苟言笑的獨裁者為何能夠成功，而這在一般環境中也能發揮效果。史丹佛大學教授羅伯・蘇頓描述過一群經常忍受主治醫師辱罵的年輕外科醫師。他們被欺負得太厲害，於是他們開始選出一個「本週混球主治」。每個星期五在酒吧的減價時段聚會時，他們就會先提名人選再投票選出獲勝者。他們特別討厭其中一個外科醫師，於是訂出一條規則：如果出現票數相同的情況，該名外科醫師就會獲勝——哪怕他在該週並未進入前兩名。他們在一本皮面日誌裡記錄下那些最沒口德的醫師的姓名，簡要說明當週冠軍勝出的原因。這份幽默使得那些主治醫師的行為比較不至於打擊年輕醫師的士氣，最後也減輕了他們的恐懼。他們鼓起勇氣把這本日誌傳給每年新進的住院總醫師。二十年後，這本日誌仍被醫院的實習醫師使用。當年創造這本日誌的那些外科醫師已經在全國各醫院爬升至掌權者的地位，他們立誓不犯下同樣的毛病，也不容許自己當年遭受的對待再次發生。

凡是在恐懼瀰漫的地方，波波維奇就看見搞笑所能扮演的角色。他沒有試圖讓停止系統減速，而用笑聲來加速發動系統。當你手中沒有權力，把強烈的負面情緒轉化為正面情緒就是種有力的方法。在他舉行的一場講習會中，大學生對於學費過高感到十分氣憤。在聽了波波維奇的故事之後，他們提議去找大學校長，把他們只靠泡麵充飢的照片拿給他看，並且打算每週去校長家吃飯。波波維奇微笑點頭表示贊同：不管他們是否真會這麼做，至少他已經教會他們如何用幽默感來對抗恐懼。波波維奇建議，如果校長不歡迎他們上門用餐，那他們應該請校長至少把剩菜留給他們。[54]

但是波波維奇還有一則比較灰暗的訊息要傳達：爭取自由的奮鬥不是只有美好的一面。從外表看來，波波維奇是典型的樂觀主義者。當其他人活在冷漠中，他替塞爾維亞想像出更好的未來。當其他人被恐懼麻痺，他為大家帶來了笑聲，並且滿懷希望，相信一群大學生能夠擊敗一個難纏的獨裁者。可是當我問起他的信心是否曾經動搖過，他馬上給了肯定的回答：「我曾經對自己有過懷疑嗎？一直都有，整整十年。」即便是今天，雖然他已領導過一次成功的革命，並且訓練了許多民運人士去推翻獨裁者，他仍會想起在那些革命中喪失的生命，並且自覺要為了教導不足而負責。

鼓動大家推著電視機去遊街是一回事，給他們勇氣去從事更有意義的行動則是更大的挑戰。當我向波波維奇問起開創者該如何啟動發動系統來動員大家做出更大的努力，他回答我們常見的做法都錯了。

火燒眉睫

二〇〇〇年新年前夕，波波維奇和朋友在「共和廣場」辦了一場慶祝活動。他們請到了塞爾維亞當紅的搖滾樂團並且放出風聲，說午夜時分將會有一場「嗆辣紅椒合唱團」的現場演唱，那是個轟動國際的樂團，在塞爾維亞也大受歡迎。數千民眾擠在貝爾格勒市區的廣場上，隨著本地樂團的演奏起舞，興奮地等待壓軸秀。午夜前一分鐘，廣場上熄了燈，大家開始倒數。可是等到時鐘敲響十二下，那個知名的搖滾樂團並未出現。

54 原註：處理焦慮時，興奮和搞笑並非唯一能夠啟動發動系統的正面情緒。當美國軍隊替貓王的人員資料建檔，政府職員還使用手動打字機來填寫那些表格。到了一九八〇年代，IBM的電動打字機取代了過時的手動打字機，但是除此之外改變不大。到了要用桌上型電腦把整個過程自動化時，負責填寫這些表格的公務員就擔心自己的工作最終將被電腦取代。領導者沒有試圖讓他們冷靜下來或是叫他們放心，而以喚起好奇心的方式來啟動發動系統。上級指示把電腦放在這些公務員慣用的打字機旁邊，只宣布過些日子將會舉行測試計畫；他們甚至沒有把電線插頭插上。過了大約一星期，他們在電腦上安裝了幾種簡單的遊戲，並且鼓勵那些職員在休息時間去玩玩看。那些職員非常感興趣，以至於幾個月後，當他們開始接受正式訓練，他們已經自行學會了一些基本操作。當年參與此事的一名主管布萊恩・戈申（Brian Goshen）回憶：「等我們準備好開始使用電腦時，他們對電腦已經不再害怕，在面對這項新科技時感到自在。」

唯一能聽見的聲音是一段哀淒的音樂。震驚的觀眾無言地聆聽，這時一個名叫鮑里斯・塔迪奇（Boris Tadic）的心理學者從舞台後面傳送出一則明確的訊息：「我們沒什麼好慶祝的。過去這一年充滿了戰爭和壓迫，但事情不必這樣下去。讓我們好好把握未來這一年，因為二〇〇〇年就是那一年。」他請大家回家去想一想自己會採取什麼行動。

管理學教授琳恩・安德森（Lynne Andersson）和湯瑪斯・貝特曼（Thomas Bateman）剖析了此舉造成的衝擊。他們針對數百名在自己公司裡提倡環保議題的經理人與員工做了研究，發現成功者與失敗者在許多方面並無二致，諸如他們所表達出的情感、所用的比喻或邏輯論證、與利益相關者所做的商議、或是把環保運動定義為機會或威脅。造成成敗差別的因素，在於有無急迫感。要說服領導者支持此事、成立特別小組、投注時間和金錢，那些環保人士必須明確表達何以需要在此刻採取這個開創性行動。

哈佛大學教授約翰・科特研究過一百多家試圖做出重大變革的公司，他發現這些公司犯的第一個錯誤，就是沒有營造出急迫感。半數以上的領導者都沒能說服員工必須進行變革，而且就是現在。科特寫道：「公司高層低估了要把員工趕出舒適圈有多困難。少了急迫感……大家就不會做出必要的犧牲，而會固守現狀、抗拒改變。」「反抗」組織用口號來傳達出急迫感，像是「時候到了」和「他完蛋了」。當他們宣布「這就是那一年」，塞爾維亞人明白他們迫切需要馬上採取行動。

要進一步闡明在新年除夕叫大家回家這類舉動的效果，讓我們來看一下一份研究，這份研究徹底改變了一個學術領域，並催生了另一個領域，最終獲得了諾貝爾獎。想像你是一家汽車製造公司的經營者，由於經濟上遇到的挑戰，你必須關閉三個工廠，裁掉六千名員工。你可以在兩個計畫之中選一個：

A計畫能保住三個工廠當中的一個，保住兩千個職位。

B計畫有三分之一的機會能保住全部三座工廠和六千個職位，但有三分之二的機會連一座工廠、一個職位都保不住。

大多數人偏好選擇A計畫。在那份原始研究中，八成的人只求安全而不願冒險。不過，假設我們給了你一組不同的選項：

A計畫會失去兩座工廠和四千個職位。

B計畫有三分之二的機率會失去全部三座工廠和六千個職位，但有三分之一的機會連一座工廠、一個職位都不會損失。

從邏輯上來看，這組選項跟第一組選項是相同的。可是在心理上，這兩組選項給人的感覺卻不同。在後一組選項中，百分之八十二的人偏好B計畫。和第一組選項相比，大家的偏好有了一百八十度的轉變。

在第一種情況中，選項是以我們能得到的好處來呈現。我們會偏好A計畫是因為在涉及獲利時，我們傾向於避免風險。如果有確定能得到的利益，我們就想緊緊抓住並且加以保護。我們保守行事，以確保留住兩千個職位，而不去冒可能會讓我們連一個職位都保不住的風險。畢竟一鳥在手勝過二鳥在林。

可是在第二種情況中，呈現在我們面前的是確定的損失。於是我們願意竭盡所能去避免損失，哪怕這意味著可能使我們蒙受更大損失的風險。反正我們都會失去幾千個職位，所以我們拋開謹慎，豪賭一把，希望自己什麼都不會損失。

此一研究路線是由心理學家阿莫斯・特沃斯基（Amos Tversky）和丹尼爾・康納曼所進行，促成了「行為經濟學」的興起，並且讓康納曼獲頒諾貝爾獎。此一研究揭露：只要改變一下說法，去強調損失而非收穫，就能大幅改變大家對風險的偏好。這份認知對於如何鼓勵大家去承擔風險產生了重大影響。

如果想要別人改變行為，是強調改變所帶來的益處比較好呢？還是強調不改變所要付出的代價比較好？根據彼得・沙洛維（Peter Salovey）的說法，這取決於他們把新行為視為安全還是危險。沙洛維是首先提出「情緒智力」此一概念的人，目前他擔任耶魯大學校長。如果人們認為那個行為是安全的，我們就該強調他們這樣做之後能得到的所有好處，而他們會想要立即行動以獲得那些確定能得到的好處。可是如果他們認為一種行為有風險，這種做法就起不了作用。他們已經滿足於現狀，因此改變能帶來的好處就不具有吸引力，而停止系統就會啟動。因此，我們該做的，是去破壞現狀的穩定，強調如果我們不改變就會發生哪些不好的事。在不去冒險就必然會蒙受損失的情況下，冒險就變得比較有吸引力。肯定會蒙受損失的可能性，就會啟動發動系統。

製藥大廠默克的執行長肯尼斯・弗雷齊（Kenneth Frazier）決定要使公司的高階主管更積極地去領導創新和改變。他請他們做了件激進的事：想出會使默克藥廠倒閉的點子。

在接下來那兩個小時裡，這些主管分組討論，假裝自己是默克藥廠的主要競爭對手。隨著他們想出會擊敗自家產品的藥物和錯失的重要市場，氣氛愈來愈熱烈。然後，他們接到的挑戰是翻轉自己所扮演的角色，去想出該如何抵禦這類威脅。[55]

55 原註：這個練習利用了採取進攻與防守時的心理差異。卡內基美隆大學教授阿妮塔・伍利（Anita Woolley）研究情報界的反恐團隊，發現當團隊採取守勢，他們往往只求安全，試圖防止競相出現的所有威脅。他們蒐集大量情報，但可能會被情報淹沒而信心大減。當團隊採取攻勢，他們會考慮許多具有創意的可能性，然後反覆推演出一、兩個攻擊計畫。

這個「毀掉公司」的練習十分有力，因為它改用強調損失的方式來呈現一件強調好處的活動。在商討創新機會時，領導者並不傾向於冒險，可是當他們考慮到競爭對手可能會把他們整垮，他們明白不去創新會是個風險。創新的急迫性就顯而易見。

要對抗冷漠，大多數的變革推動者著重於提出一個能激勵人心的未來願景。這的確是個應該要傳達的重要訊息，但並非應該首先進行的溝通。如果你想要人們去冒險，你首先得讓他們知道現狀錯在哪裡。要把人們趕出舒適圈，你必須培養出對現況的不滿、沮喪或憤怒，使之成為確定的損失。專門研究精采簡報的溝通專家南西・杜爾特（Nancy Duarte）說「史上最偉大的溝通者」會先確定「現狀是什麼」，然後拿來和「理想中的情況」相比較，讓「兩者之間的差距愈大愈好」。

我們可以在美國歷史上最受尊敬的兩場演說中看見這個先後次序。小羅斯福總統在他著名的就職演說中先以承認現況開場。承諾要「坦白而勇敢地講明真相」，他先描述了經濟大蕭條的悲慘困境，然後才轉而敘述理想中的情況，揭示他希望創造出新的工作機會，並且預言：「這個偉大的國家……將會復興，將會繁榮……我們唯一需要懼怕的就只有懼怕本身。」

當我們回想金恩博士那篇歷史性的演講，最突出的閃亮意象，是一個更光明的未來。不過，在那篇長達十六分鐘的演說裡，直到第十一分鐘他才首度提起他的夢想。在提出對改變所懷的希望之前，金恩強調現狀中令人無法接受的情況。在引言中，他宣稱儘管有「解放黑奴宣言」的承諾，「一百年後的今天，在種族隔離的鐐銬和種族歧視的枷鎖下，黑人的生活仍舊悲哀地百般受限」。

藉由描述黑人所受的苦難，進而營造出急迫感之後，金恩轉而描述理想中的情況：「但我們拒絕相信正義的銀行已經破產。」他把整篇演講超過三分之二的篇幅都用在這種左右開弓的交替敘述上，表達出對現況的義憤以及對未來抱持的希望，在過去的狀況和未來可能的狀況之間來回交替。用社會學者派翠莎・瓦西列夫斯基（Patricia Wasielewski）的話來說，「金恩說出了群眾對於眼前不平等情況的憤怒」，加強了他們「認為這種情況必須改變的決心」。在他揭露了今日的夢魘之後，聽眾已準備好被他對明日的夢想所感動。

心理學者邱敏貞（Minjung Koo，韓文音譯）和艾伊蕾特・費許巴赫（Ayelet Fishbach）發現，如果我們在達成目標的途中感到懷疑，這時應該要選擇向前看還是向後看，這取決於我們投入的程度。如果我們的決心正在動搖，要堅持下去的最好辦法，是去想想自己已有的進展。當我們看出自己的付出與收穫，放棄顯得是種浪費，而我們的信心和決心就會升高。在「反抗」運動的初期，波波維奇和他朋友藉由逗人發笑以及累積小小的勝利來對抗懷疑和恐懼。他們能夠藉此回顧過去，察覺自己的進展，這能把焦慮轉化成熱情，從而堅定他們獻身的決心。

決心一旦加強，比較好的做法則是藉由強調「尚待完成的工作」而往前看，不要再瞥向後視鏡。當我們決心要達成一個目標，點燃我們心中熱火的，是現況與理想情況之間的鴻溝。在塞爾維亞，當「反抗」運動吸引了一群不再被恐懼壓抑的忠誠追隨者，就該讓他們看清前面還有多遠的路要走。

這就是為什麼波波維奇和他朋友在新年前夕中斷了音樂會，叫貝爾格勒的市民回家。在不到兩年的時間裡，「反抗」組織累積了超過七萬名成員，有一百三十個不同的分支組織。可是要想推翻米洛塞維奇，他們會需要幾百萬張選票。幾年之前，米洛塞維奇同意舉行一次相對民主的選舉，並且在選舉中獲勝。他的手下掌控了投票箱。就算塞爾維亞人民可以投票讓他下台，他會認輸嗎？波波維奇和他的盟友明白他們需要激起強烈的情緒在全國各地推展行動。該是動搖現狀並且啟動發動系統的時候，藉由提醒眾人現狀令人難以忍受，所以沒什麼好慶祝的。管理學大師湯姆・彼得斯（Tom Peters）建議，「與其培養勇氣」，不如培養出「對現狀某種程度的憤怒，讓人不得不採取行動」。

演出必須繼續

憤怒能抵銷冷漠：我們覺得自己受到虧待，因而被迫反抗。但這也可能會做得太過火。憤怒不僅會啟動發動系統，也會朝油門砸下一塊重重的磚頭。憤怒是使人說出意見並且採取行動的一股力量，但也會減少他們發聲和行動的效果。學者黛博拉・梅爾森和莫琳・斯庫利表示，關鍵在於「同時保持冷靜和衝動。衝動能激發行動和改變，冷靜則把行動和改變塑造成為合理而可行的形式」。可是一旦熱血沸騰，我們要如何保持冷靜？

按照柏克萊大學社會學家亞莉・霍奇斯柴德（Arlie Hochschild）的說法，當你感覺到焦慮或憤怒這種強烈的情緒，你有兩種應付方式：「表面演出」（surface acting）和「深層演出」（deep acting，或譯為「行如所感」）。表面演出是指戴上面具——調整你的說話方式、姿態和表情，表現出你很鎮靜。如果你是個空服員，而一名生氣的乘客正對你咆哮，你也許會露出微笑假裝親切。你調整自己的表情，但你的內心狀態並未改變。你很氣這名乘客，而對方可能也知道。俄國戲劇大師康斯坦丁・史坦尼斯拉夫斯基（Constantin Stanislavski）曾說，在表面演出中，演員永遠無法真正融入角色中。他們始終意識到觀眾的存在，而他們的表演永遠無法具有真實感。史坦尼斯拉夫斯基曾寫道，表面演出「既無法溫暖你的心靈，也無法深深打動你的心……靠這種技巧無法表達出人類微妙深刻的情感」。

在戲劇界被稱為「方法演技」（method acting）的深層演出中，你實際上成為你想扮演的角色。深層演出是改變你的內心感受，並非只改變你的外在表情。拿上面那個例子來說，如果你是那名空服員，你可以想像那名乘客十分緊張、害怕飛行、或是正經歷一場折磨人的離婚。你對這名乘客感到同情，於是自然而然露出微笑，流露出更為真心的親切表情。深層演出消除了你的真實自我與你所扮演之角色之間的差異。你不再是在表演，因為你確實經驗了那個角色的真心感受。

路易士・皮武在展開一趟冰水游泳之前就進行了深層演出。他一邊聆聽饒舌歌手阿姆和吹牛老爹的歌曲，一邊在腦中喚起他還在英國特種空勤隊服役時從飛機上往下跳的鮮明記憶。他重新體驗他想再次經歷的那股強烈的興奮。奧斯卡獎影帝丹尼爾戴路易斯則更進一步。為了演出改編自亞瑟・米勒劇作《熔爐》之電影《激情年代》中的一個角色，他建造了一棟使用十七世紀器具的屋子，過著沒有自來水也沒有電的生活。當他在電影《我的左腳》中飾演一名患有腦性麻痺的作家，在整個拍片過程中他都坐在輪椅上，說著破碎的方言，讓工作人員用湯匙餵他吃飯。身為演員，他終究仍是在飾演一個角色，但深層演出的目的在於感受到他想要表現出來的情緒。

事實證明，要管理情緒，深層演出是比表面演出更能持久的策略。研究顯示，表面演出使我們筋疲力盡：要裝出我們並未真正感受到的情緒既令人緊張，又令人疲倦。如果我們想要表現出一組情緒，就需要實際上經驗這組情緒。

波波維奇和同仁在訓練民運人士時透過角色扮演練習來教他們深層演出。例如，在馬爾地夫，他們讓那些人練習扮演企業領袖、飯店老闆、島上長者、住在印度的外僑、警察和保全人員。這讓他們有機會去預期別人會有什麼反應，並且練習自己的反應。

煽動熱情

在羅莎・帕克斯由於在蒙哥馬利市一輛公車上拒絕讓座給白人而被逮捕之後，不到一年，最高法院宣布種族隔離措施不合法。為了讓市民準備好面對在各種族受平等待遇的公車上可能發生的種族衝突，金恩博士與非暴力運動專家協力，像是詹姆斯・勞森（James Lawson）、貝爾德・羅斯汀（Bayard Rustin）、格連・史邁利（Glenn Smiley），替幾千名阿拉巴馬州黑人設計並舉辦了講習會。他們擺放了一排排的椅子來模擬一輛公車，從觀眾中指派十幾個人來扮演司機和乘客。扮演「白人乘客」的人謾罵黑人乘客，對他們吐口水、把口香糖甩在他們頭髮上、把菸灰彈在他們頭髮上、把牛奶倒在他們頭上、把番茄醬和芥末醬噴到他們臉上。

在這個深層演出的練習中，金恩想讓黑人市民憤怒到足以起而抗議，但不至於憤怒到要訴諸暴力。要處理他們的憤怒，什麼是最佳方式？最常見的策略是發洩。心理治療師建議我們用打枕頭或是尖叫的方式來發洩怒氣。佛洛伊德說，表達出壓抑的憤怒能讓我們釋放壓力並且得到感情淨化。在《老大靠邊閃》這部電影中，比利・克里斯托飾演一名精神科醫師，受命幫助黑幫老大勞勃狄尼諾處理他的憤怒。克里斯托建議他去打枕頭，而狄尼諾掏出一把槍，對準了沙發，開始對一個靠枕射擊。克里斯托嚇得發抖，問道：「你覺得舒服一點了嗎？」狄尼諾回答：「沒錯。」

為了測試發洩是否有助於處理憤怒，心理學者布萊德•布希曼（Brad Bushman）設計了一個狡猾的實驗來使人生氣。受試者被要求寫一篇作文，針對他們是否反對墮胎，還是贊成合法墮胎。然後他們從一個持相反觀點的同學那裡拿到一份嚴苛的書面意見，把他們的作文評為沒有條理、毫無創意、文筆很差、不清不楚、缺少說服力、品質低劣，再加上一句：「這是我讀過最差勁的作文！」

收到這份意見的受試者很生氣，接著他們被隨機指派做出三種反應當中的一種：發洩、轉移注意、控制。發洩組的受試者被允許去打一個沙袋，隨他們想打多久就打多久，想打多用力就打多用力，一邊想著那個批評他們作文的混蛋，並且看著他的照片。轉移注意組也打沙袋，但被指示去想著自己在鍛鍊身體，同時看著一張某人在健身的照片。至於控制組則沒有沙袋，受試者在別人處理電腦時安靜地坐了兩分鐘。哪一組的人會對那個侮辱他們的同學表現出最大的攻擊性？

為了弄清楚這一點，布希曼讓每一組都有機會用噪音去折磨那個批評他們作文的人，讓他們自行決定噪音轟炸的音量和持續時間。

發洩組的人攻擊性最強。比起轉移注意組和控制組，他們用更強烈的噪音去攻擊那個批評他們的人，按住控制鈕的時間也更長。其中一個受試者想起那份侮辱人的意見，氣到打沙袋還不足以洩憤：他把實驗室的牆壁打出了一個洞。

發洩並不能熄滅怒火，而會助長怒火。當我們發洩怒氣，我們重重踩在發動系統的油門上，攻擊觸怒我們的對象。然而，打沙袋而不去想著觸怒我們的對象，則維持著「發動系統」的運作，使我們能夠去思考別種回應方式。安靜地坐著則會啟動停止系統。[56]

在另外幾項研究中，布許曼證明了發洩起不了作用，哪怕你認為能有作用或是能讓你覺得心裡舒服。你在發洩之後感覺愈舒服，你的攻擊性就會愈強：不僅是針對批評你的人，也針對無辜的旁觀者。

在民權運動中，「避免發洩怒氣」是訓練民權運動人士時的中心主題。由於非暴力的反抗有賴於控制怒氣，金恩和同仁在他們舉辦的講習會中協力阻止大家當場發洩

56 原註：感情淨化似乎在過了一段時間之後最能發揮作用。在九一一恐怖攻擊事件之後，超過九千名心理輔導員一批批抵達紐約，希望能預防「創傷後壓力症候群」並且減輕焦慮、憂鬱和悲傷等症候。心理學者提摩西・威爾森（Timothy Wilson）描述許多輔導員進行「危機事件壓力解說會」，鼓勵受創者及旁觀者儘快花幾個小時來表達他們的想法和感受。遺憾的是，這對於當地居民、消防隊員和其他近身經歷這樁悲劇的人並沒有什麼幫助。在一項針對火災中嚴重燒傷者所做的研究中，那些參加過危機事件壓力解說會的人在一年多以後發生創傷後壓力症候群、憂鬱症和焦慮症的比率更高。心理學者詹姆斯・潘尼貝克（James Pennebaker）證明了，要表達我們對於一樁緊張事件或創傷事件的想法和感受，最有益的時間點，是在我們有了一些時間來處理這樁事件之後，我們沒有因為憤怒而盲目或是充滿痛苦時。

怒氣。金恩回憶：「有時候扮演白人的人表演得太過投入，我們不得不從旁溫和地勸止。」而扮演黑人的市民往往「忘了自己的非暴力角色而用力回擊；每次發生這種情況，我們就把他的話語和行動導往另一個方向」。在每次表演之後，團體成員就提供意見和建議，以求能做出更有建設性的回應。

發洩的根本問題，在於它把注意力集中在造成不公義的那個人身上。你愈是去想那個虧待你的人，你就愈激烈地想去攻擊對方做為報復。波波維奇說明：「憤怒是個有力的動員工具，可是如果你激起眾人的義憤，他們也許會開始砸破東西。」二○○○年新年前夕午夜，當「反抗」組織中止了音樂會，關掉燈光，並且播放悲傷的音樂，現場就只看得見一個巨大的螢幕，播放著由一張張照片組成的幻燈片，沒有一張照片上是眾人所厭惡的米洛塞維奇。

那些照片上是在米洛塞維奇統治下被殺害的塞爾維亞軍人和警察。

要有效地疏導憤怒，我們必須去想一想那些受害者，而不是為了加害人所造成的損害而發洩。研究管理的安德魯・布洛斯基（Andrew Brodsky）、約書亞・馬格里斯（Joshua Margolis）和喬・布羅克納（Joe Brockner）發現，聚焦於遭受不公義對待的受害者能激勵我們對掌權者說出真相。在一場實驗中，成年人目睹一個執行長付給自己過高的薪水而苛扣一位優秀員工的酬勞。當他們被提示把注意力放在那位受到不公平對待的員工身上，他們去質疑那位執行長給薪決定的可能性就提高了百分之四十六。

在民權運動中，金恩博士經常呼籲大家去注意受到暴力及不公義對待的受害者。一九五六年，他在替蒙哥馬利市罷乘公車運動辯護的演講中宣稱：「我們並非想要擊敗或羞辱白人，而是想讓我們的孩子不必去過一種心靈永久死亡的生活。」專注於受害者啟動了心理學家所謂的「移情憤怒」（empathic anger），一種想替別人討回公道的欲望。這能啟動「發動系統」，但也能讓我們去思索如何才能最適當地尊重受害者的尊嚴。研究證明了，當我們對別人生氣，我們想要報復或報仇。可是當我們替別人生氣，我們會追求正義和一個更好的制度。我們不僅是想要懲罰，而想要協助。

當「反抗」組織播出死亡士兵的影像，同情的腎上腺素就在塞爾維亞人的血液裡湧動，讓他們異口同聲地發出呼喊：「讓我們好好把握這一年。」他們不是為了實際上推翻獨裁者而感到興奮，但他們感覺到的義憤足以讓他們下定決心去推翻他。用波波維奇的話來說：「那時空氣中有股能量，是任何搖滾樂團都無法營造出來的。每個人都覺得自己有件重要的事要做。」

那年秋天，「反抗」組織動員了塞爾維亞史上最高的投票人數，擊敗了米洛塞維奇，並且引進了民主的新時代。四年後，鮑里斯・塔迪奇當選塞爾維亞總統，他就是那一夜跟大家說沒什麼好慶祝的，叫大家回家去的那個心理學者。

美國作家懷特（E. B. White）曾寫道：「早上起床時，我在改善世界和享受世界的欲望間掙扎。這使得我很難替這一天做計畫。」

《獨立宣言》承諾給予美國人生存、自由和追求幸福之不可剝奪的權利。在對幸福的追求中，許多人選擇了享受世界現有的狀態。開創者則欣然接受困難的挑戰，努力讓世界變得更好。藉由努力改善生活和自由，他們也許會暫時放棄某些樂趣，擱置自己的幸福。然而，長期而言，他們有機會創造出一個更好的世界。而此事——借用心理學家布萊恩・利托（Brian Little）的話——將帶來另一種不同的滿足。在對幸福的追求中，成為開創者不是最容易的路徑，但這使我們全心準備好享受追求的幸福。

行動計畫

要想釋放出開創性，下面有幾項實用的行動可供你採行。頭幾個步驟有助於使個人想出、認出、提出並且倡導新點子。下一組行動則是讓領導者鼓勵新點子的產生，並且建立歡迎員工提出異議的組織文化。最後一組建議則是提供給父母和老師，讓他們協助孩童自在地採取對抗現狀的創新態度或道德立場。

如果想做一次免費評量來評估你的開創性，請造訪www.adamgrant.net這個網站。

個人行動：

A．想出並認出開創點子

1. 質疑現狀。不要將現狀視為理所當然，而要去問現狀為何會存在。只要記得規則和制度都是由人所設立的，你就會明白它們並非不可改變，同時也會開始思索該如何加以改善。

2. 把你想出的點子增至三倍。一如優秀的棒球員平均每打擊三次才會擊出一支安打，每個開創者也會有揮棒落空的時候。增進你開創性的最佳辦法，就是產出更多點子。

3. 深度接觸新領域。當你擴展自己的參考架構，你的開創性就會增加。一種做法是去學習一門新技藝，就像那些獲頒諾貝爾獎的科學家一樣，他們藉由從事繪畫、彈琴、舞蹈或文藝創作來拓展自己的創造力。另一個策略是嘗試輪換工作：讓自己接受訓練去擔任一個需要一套新知識與技能的職位。第三個做法則是去認識一種不同的文化，就像那些時裝設計師，他們在一個與本國文化迥異的異國生活時會變得更有創意。要拓展自己的經驗，你未必非得要出國，也可以藉由閱讀相關書籍而沉浸在不同的文化與習俗中。

4. 策略性拖延。在發想新點子時，在進展尚未完成之前刻意停下來。在腦力激盪或寫作過程當中暫時休息一下，有助於讓你進行擴散式思考並且讓點子有時間慢慢成形。

5. 多請同儕提供意見。要判斷自己點子的優劣很難，因為你往往過於興奮，而且你若非該領域的專家，就也不能信賴自己的直覺。要仰賴主管提供意見也非易事，他們在評估點子時往往過於吹毛求疵。要得到最準確的評論，試著把你的點子向同儕提出來，他們能看出其中的潛力和機會。

B．提出並倡導開創點子

6. 平衡你的風險組合。當你打算在一個領域冒險，可以藉由在生活的另一個領域格外謹慎來抵銷風險。就像那些創業家在測試自己的點子時仍保留原本的全職工作，或是像中情局的卡門・梅蒂納，她一邊在局裡推動使用網路，同時也接下了防範安全漏洞的工作。此舉能幫助你避免去冒不必要的風險。

7. 強調不支持你的點子的理由。還記得本書第三章裡提到的創業家魯弗斯・葛里斯康嗎？他告訴投資人為何不該投資他的公司。你也可以這麼做。首先敘述你點子的三個最大弱點，再請對方列出不該支持這個點子的更多理由。假定你的點子具有一些優點，當別人難以想出反對這個點子的理由，他們就會更注意到這個點子的優點。

8. 讓別人更熟悉你的點子。反覆地說出你的點子，這會使人更容易接受一個跳脫常規的主意。在接觸一個點子十到二十次之後，對方的反應通常會變得較為正面，尤其是每次接觸的時間短，而且兩次接觸之間相隔數日，並且和其他點子摻雜在一起。你也可以把你的原創構想與聽眾已經了解的別種概念相連結，以增加其吸引力，例如把電影《獅子王》的劇本包裝成獅子版的《哈姆雷特》。

9. 向不同的聽眾提出你的點子。不要去找與你持相同價值觀的好好先生，嘗試去接觸與你使用相同方法的難搞之人。在美國海軍，一個名叫班恩・科爾曼（Ben Kohlmann）的年輕飛行員聚集了一群由於挑戰權威而受到懲戒的年輕軍官，成立了一個效果極佳的「快速創新小組」。他們都有基於原則而提出異議的紀錄，雖然各自懷有不同的目標，但身為忠誠反對派的習慣則十分契合。你的最佳盟友是那些一向強硬並且和你使用類似方法來解決問題的人。

10.當個溫和的激進派。如果你的點子很極端，就把它藏在一個比較符合常規的目標裡。如此一來，你不必改變眾人的心意，而可以訴諸於他們已經持有的價值觀或信仰。你可以使用一具特洛伊木馬，就像梅芮迪斯・佩瑞所採用的做法，當她藏起她想發明無線電力的願景，而只是請對方設計一個變換器。你也可以把你的提議當成是達成其他人所重視之目標的手段而提出來，如同法蘭西絲・威勒德把婦女投票權說成能使保守派婦女保護家庭免受酗酒之害的方法。如果你已經被人視為過度極端，你不妨卸下領導者的身分，轉而扮演「避雷針」，讓比較溫和的人接下領導的工作。

C・管理情緒

11.在你已決心投入或是心中尚不確定時採取不同的方式來激勵自己。如果你已決心去行動，就專注於尚待完成的進展，你會受到激勵去將之完成。如果你的信念動搖，就想想你已經有了的進展。既然你已經走了這麼遠，現在你怎麼能放棄？

12.不要設法冷靜下來。如果你很緊張，要放鬆下來很難。比較容易的是把焦慮轉化成興趣與熱情之類的強烈正面情緒。想一想你渴望挑戰現狀的理由，以及可能產生的正面結果。

13.專注於受害者，而非加害者。面對不公義時，去想加害者會激起憤怒和攻擊性。把注意力轉移到受害者身上則使你更能產生同情之心，增加了你以具有建設性的方式疏導怒氣的機會。你不會試圖去懲罰那些造成傷害的人，而更可能去協助那些受到傷害的人。

14.明白你不孤單。就算只有一個盟友也足以大幅增加你採取行動的意願。去找到一個相信你心中願景的人，並且一起著手來解決問題。

15.記得如果你不去積極採取行動，現狀就會維持下去。想一想對現狀不滿時的四種反應：離開、建言、堅持下去、不予理會。只有離開和建言能改善你的處境。如果你多少能掌控情況，那麼建言也許是最佳途徑；如果你不能掌控情況，也許就該去尋找能擴展自身影響力的選擇，或是離開。

領導者行動：

A．鼓勵開創想法

1.舉辦一場創新比賽。若只是隨時歡迎大家針對任何主題提出建議，並不能抓住忙碌之人的注意力，創新比賽能高度有效地收集大量的新穎點子並且篩選出最好的幾個。與其設置意見箱，不如在一個時限內呼籲大家提出點子來解決一個特定的問題，或是滿足一種未被發現的需要。給員工三週時間來琢磨提案，然後讓他們評估彼此的點子，讓最具開創性的提案進入下一回合。給獲勝者一筆預算、一個工作小組以及相關的指導和贊助，來把他們的主意付諸實行。

2. 把自己想像成敵人。我們之所以想不出新點子，往往是由於缺少急迫感。你可以藉由做「毀掉公司」這個練習來營造出急迫感，這個練習是「未來思潮公司」（futurethink）執行長麗莎・波德爾（Lisa Bodell）想出來的。把一群員工聚在一起，請他們花一個小時做腦力激盪，想想要如何讓自家公司倒閉，或是打垮自己公司最受歡迎的產品、服務或科技。然後請大家討論出最嚴重的威脅，以及如何把威脅化為機會，轉守為攻。

3. 邀請不同職位、不同層級的員工來提出點子。在「夢工廠動畫公司」，就連會計師和律師也受過提出拍片點子的訓練，並且被鼓勵提出點子。這種對創意工作的參與能增加技能的多樣性，使員工對工作更感興趣，同時也增加了公司取得新點子的機會。而讓員工參與提出點子還有另一個好處：當他們參與了發想點子的過程，便會採用創造者的心態，使他們比較不會漏看可行的點子，也更能夠判斷同事所提出之點子的優劣。

4. 舉辦一個「反對日」。由於大家很難找出時間來考慮開創性觀點，我最喜歡的一種做法，是在課堂和研討會上舉辦「反對日」。把企業主管和學生分成小組，每一組選擇一種被大家普遍視為理所當然的假定、信念或知識領域。請各組去問「相反的情況在何時為真？」再向大家簡報他們的想法。

5. 禁止使用「喜歡」、「喜愛」和「討厭」這些字眼。在DoSomething.org這個非營利組織裡，執行長南西・盧布林（Nancy Lublin）禁止員工使用喜歡、喜愛和討厭這些字眼，因為這些字眼太容易使人在尚未進行分析的情況下就做出本能的反應。她不准員工說他們偏好某一個網頁勝過另一個，而要求他們用陳述的方式說明自己的論點，像是：「這個網頁比較能打動人，因為其標題比其他幾種網頁更清晰易讀。」這能鼓勵大家貢獻出新點子，而非只是拒絕現有的點子。

B．建立鼓勵開創性的組織文化

6. 雇用員工不要看他們是否與組織文化相合，而要看他們能對組織文化有何貢獻。當領導者重視員工是否與組織文化相合，他們就會雇用與他們想法相似的人。開創性並非來自那些能配合組織文化的人，而是來自那些能豐富組織文化的人。在進行面試之前，找出組織中目前所缺少的多元背景、技能和人格特質，然後在招募過程中格外重視這些屬性。

7. 把離職面談改為到職面談。與其等到員工已經要走的時候再去問他們的想法，不如在他們剛進公司時就詢問他們的意見。在員工到職培訓時坐下來和新進員工談一談，有助於讓他們覺得受到重視，也有助於收集新穎的建議。問問他們加入公司的理由，也問問什麼能讓他們留下來，並且鼓勵他們像個「企業文化偵探」一樣思考。他們可以利用自己介於局外人與局內人之間的觀點來調查哪些做法已經陳舊過時，哪些該保留，也能看出在公司所信奉之價值觀與所制訂之價值觀之間潛在的矛盾。

8.請員工提出問題，而非解決辦法。如果大家急於找出答案，你就會聽到更多的主張而非詢問，錯失了機會去利用所有可用的廣泛知識。採用橋水投資公司的議題登錄表，你能創造出一份公開文件，讓工作團隊一看見問題就標記出來。每個月把大家聚集在一起檢討這些問題，並且弄清楚哪些問題值得去解決。

9.不要再指派「魔鬼代言人」，而是去把他們找出來。反對意見即使錯誤也仍然有用，但只有真心而且前後一致的反對意見才能發揮作用。不要指派人員去扮演魔鬼代言人，而去找出真心持少數意見的人，並且邀請他們來介紹自己的觀點。要找出這些人，可以嘗試任命一個「資訊經理」（information manager），指定專人來負責找出個別團隊成員，再開會弄清楚他們的想法。

10.歡迎批評。如果你所鼓吹的事你自己卻做不到，就很難鼓勵員工提出異議。當瑞・達利歐收到一封電子郵件批評他在一場重要會議中的表現，他把這封電郵轉寄給全公司，藉此表明他歡迎負面意見。藉由邀請員工公開批評你，你可以定下基調，使大家更坦誠地溝通，哪怕他們的想法並不受歡迎。

父母及老師的行動：

1. 問問孩子他們的榜樣會怎麼做。當孩子透過開創者的眼睛來看問題，他們就能自由地採取積極行動。詢問孩子在家庭及學校中有哪些事情是他們想要改善的，再請他們找出一個由於非凡的創造力和發明才能而令他們佩服的真實人物或虛構人物。那個人物在這種情況下會怎麼做呢？

2. 把優良行為和道德品格相連結。許多父母和老師會稱讚助人的行為，但孩子若被稱讚為樂於助人者，他們就會更加慷慨大方，因為樂於助人成為他們身分認同的一部分。如果你看見一個孩子做了件好事，試著說：「你是個好人，因為你——」當孩子被要求去當個有道德的人，他們就也會變得更有道德，因為他們想要贏得這個身分。如果你想要孩子跟別人分享玩具，不要問他：「你願意分享嗎？」而是問他：「你想當個樂於分享的人嗎？」

3. 說明不良行為會對別人造成什麼後果。當孩子行為不當，幫助他們看出自己的行為會傷害到別人。「你認為這會讓他有什麼感受？」當孩子考慮到對別人造成的負面影響，就會開始感到同情和內疚，這能增強他們想改正錯誤的動機，也能避免同樣的行為在將來再度發生。

4. 強調價值觀勝過強調規則。規則設下限制，教導孩子採用一種固定的觀點來看待世界。價值觀則鼓勵孩子自己把行為原則內化。當你說起行為標準，向孩子敘述你為何重視某些理想，並且詢問孩子這些理想何以重要。就像猶太人大屠殺期間那些英勇救人者的父母一樣。

5. 創造出新穎的立足點讓孩子去追求。一如排行較後的孩子會在傳統的立足點對他們關閉時去尋找更有開創性的立足點，我們可以協助孩子開拓出新的立足點。我最喜歡的一種技巧是「拼圖式合作學習」：讓學生一起做一件團體作業，並且指派每一個人單獨做一部分。例如，如果要針對羅斯福總統夫人艾蓮娜寫一篇讀書報告，指定一個學生負責她的童年，另一個學生負責她的少女時期，再請第三個學生負責她在婦權運動中扮演的角色。研究顯示此舉能減少偏見，孩子會學到尊重每個人的特殊長處。這也能給他們空間，讓他們去考慮有開創性的點子，而不至於成為團體迷思的受害者。要進一步提高創新思考的機會，請孩子去考慮一種不同的參考架構。假如羅斯福夫人在中國長大，她的童年會有什麼不同？她會選擇去從事哪種奮鬥？

致謝

Acknowledgement

第二次寫書和第一次不同。這一次，我沒有扔掉十萬三千字之後再從頭來過，但我也更加意識到我寫的書也許真有人讀，這使得我挑剔起自己的品味。幸好我太太愛麗森具有識別開創性和品質的驚人能力（同時也剛好擁有叢林貓般的靈敏嗅覺）。她能立刻看出哪個方向具有價值，哪個方向臭氣難當。若沒有她，我的寫作過程會減少許多趣味。她耐心地和我討論每個想法，深情地閱讀每一章的初稿，並且熟練地改寫數個段落並重新組織。她的標準很高，如果她感到滿意，我就知道我也會感到滿意。倘若少了她身為作者和讀者的熱情，少了她身為妻子和母親的同情，就不會有這本書。

我的經紀人理查・派恩（Richard Pine）是個道地的開創者，他協助我發展寫作此書的念頭，並且在每一個階段提供睿智的建議。和瑞克・科特（Rick Kot）合作是種享受，他不僅僅是個編輯，而以程度罕見的善意豐富了此書的內容，並且深思熟慮地琢磨此書的架構，把這本書當成自己的孩子一樣來協助。

雪柔・桑德伯格細讀了每一個字，強化了此書的邏輯與風格，並且提供實用的建議，大幅改善了這本書。她的貢獻超出我的想像。賈斯汀・伯格耐心閱讀一份份初稿，和我做了數不清的對話，並且提供了許多創意來改善文字內容和敘述方式。瑞伯・瑞伯爾（Reb Rebele）讀了整篇初稿，針對構想與寫作提出深刻的詢問和專家的指導，結合這兩者是他的專長。丹・品克（Dan Pink）提供了許多協助，建議我寫談時機的那一章，提醒了我「自戀於小差別」這個概念，並且介紹我認識文中所述的一個魅力人物。

我有幸能和亞歷西斯・赫胥黎（Alexis Hurley）、伊莉莎・羅德斯坦（Eliza Rothstein）和「墨水瓶」（InkWell）團隊的其餘成員合作，還有「維京出版公司」敬業的工作團隊，尤其是負責宣傳的Carolyn Coleburn、Kristin Matzen和Lindsay Prevette，負責編輯的Jane Cavolina、Diego Nunez和Jeannette Williams，以及負責封面及內文設計的Pete Garceau、Jakub Gojda、Roseanne Serra和Alissa Theodor。線上問卷調查網站SurveyMonkey的Jon Cohen和Sarah Cho動作迅速而有效率，慷慨地設計並發出一份問卷調查，使我們得以測試各種小標題，並且收集有關封面設計及構想的意見。

華頓商學院的同事給予我的幫助無比珍貴，尤其是Sigal Barsade、Drew Carton、Samir Nurmohamed和Nancy Rothbard。我也要特別感謝「影響力實驗室」（Impact

Lab）和Lindsay Miller，為了他們展現出的堅定熱忱。寫作此書也深深受益於Geoff Garrett、Mike Gibbons、Amy Gutmann、Dan Levinthal和Nicolaj Siggelkow的支持。為了他們所提供的洞見並且介紹我認識書中所描述或引用的人物，我要感謝Jennifer Aaker、Teresa Amabile、Niko Canner、Rosanne Cash、Christine Choi、Kate Drane、Lisa Gevelber、David Hornik、Tom Hulme、Jimmy Kaltreider、Daphne Koller、John Michel、Andrew Ng、Bobby Turner和Lauren Zalaznick。

我也要感謝Josh Berman、Jesse Beyroutey、Wendy De La Rosa、Priti Joshi、Stacey Kalish、Victoria Sakal和Jenny Wang替我找出相關故事和例子；感謝James An、Sarah Beckoff、Kelsey Gliva、Nicole Granet、Shlomo Klapper、Nick LoBuglio、Casey Moore、Nicole Pollack、Julianna Pillemer、Sreyas Raghavan、Anna Reighart、Eric Shapiro、Jacob Tupler、Danielle Tussing和Kimberly Yao一直針對各章的初稿提供意見。我還要感謝許多人觸發了討論開創者的對話，包括Sue Ashford、Caroline Barlerin、Kipp Bradford、Danielle Celermajer、Annicken Day、Kathryn Dekas、Lisa Donchak、Angela Duckworth、Jane Dutton、Mike Feinberg、Anna Fraser、Malcolm Gladwell、Marc Grossman、Saar Gur、Julie Hanna、Emily Hunt、Karin Klein、Josh Kopelman、Stephanie Landry、Ellen Langer、Ryan Leirvik、Dave Levin、Tamar Lisbona、Brian Little、Nancy Lublin、Joshua Marcuse、Cade Massey、Deb Mills-

Scofield、Sean Parker、Meredith Petrin、Phebe Port、Rick Price、Ben Rattray、Fred Rosen、Spencer Scharff、Nell Scovell、Scott Sherman、Phil Tetlock、Colleen Tucker、Jeanine Wright還有Amy Wrzesniewski。（對了，我也要感謝要求我寫這篇謝詞的Stacy Brand和Kevin Brand。）

我的多位家人都曾在某個時刻塑造並鼓勵了開創性，包括我的父母馬克和蘇珊、我妹妹崔西、祖父母傑伊和瑪麗安・格蘭特、已逝的外公外婆保羅和佛羅倫斯・巴瑞克，以及我的岳父母尼爾和亞德莉安・史維特。

我們的孩子喬安娜、伊蓮娜和亨利在我心中無比重要，而且他們引導我用不同的方式來思考這本書。他們教了我一件事：要成為開創者，成年人需要少花點時間學習，而多花點時間忘記所學。他們也激勵我要少去追隨主流，但願能替他們創造出一個更好的世界。

國家圖書館出版品預行編目資料

開創心態：華頓商學院最具影響力教授，不墨守成規的破局智慧 / 亞當．格蘭特 著；姬健梅 譯. -- 二版. -- 臺北市：平安文化有限公司, 2025. 08
336 面；21×14.8 公分. --（平安叢書；第 859 種）(Upward；186)
譯自：Originals: How Non-Conformists Move the World
ISBN 978-626-7650-67-7（平裝）

1.CST: 創造性思考 2.CST: 職場成功法

176.4　　114009854

平安叢書第 0859 種
UPWARD 186

開創心態

華頓商學院最具影響力教授，不墨守成規的破局智慧

Originals:
How Non-Conformists Move the World

本書為 2016 年出版之《反叛，改變世界的力量》經重新編輯校潤之全新版。

作　　者—亞當．格蘭特
譯　　者—姬健梅
發 行 人—平　雲
出版發行—平安文化有限公司
臺北市敦化北路120巷50號
電話◎02-27168888
郵撥帳號◎18420815號
皇冠出版社(香港)有限公司
香港銅鑼灣道180號百樂商業中心
19字樓1903室
電話◎2529-1778　傳真◎2527-0904
總 編 輯—許婷婷
副總編輯—平　靜
責任編輯—陳思宇
行銷企劃—薛晴方
封面設計—兒日設計
內頁設計—李偉涵
著作完成日期—2016年
二版一刷日期—2025年8月

讀者服務傳真專線◎02-27150507
電腦編號◎425186
ISBN◎978-626-7650-67-7
Printed in Taiwan
本書定價◎新臺幣380元/港幣127元